"十二五"普通高等教育本科国家级规划教材

北京高等教育精品教材
BEIJING GAODENG JIAOYU JINGPIN JIAOCAI

21世纪汉语言专业规划教材
专业基础教材系列

语言学纲要

（第五版）

叶蜚声　徐通锵　著
王洪君　李　娟　第四版修订
　　　　董秀芳　第五版修订

北京大学出版社
PEKING UNIVERSITY PRESS

图书在版编目 (CIP) 数据

语言学纲要 / 叶蜚声, 徐通锵著. -- 5 版. -- 北京：北京大学出版社, 2025.8. -- (21 世纪汉语言专业规划教材). -- ISBN 978-7-301-36217-4
Ⅰ.H0
中国国家版本馆 CIP 数据核字第 2025BQ8612 号

书　　　名	语言学纲要（第五版）
	YUYANXUE GANGYAO (DI-WU BAN)
著作责任者	叶蜚声　徐通锵　著
	王洪君　李　娟　第四版修订
	董秀芳　第五版修订
责 任 编 辑	崔　蕊
标 准 书 号	ISBN 978-7-301-36217-4
出 版 发 行	北京大学出版社
地　　　址	北京市海淀区成府路 205 号　100871
网　　　址	http://www.pup.cn　　新浪微博：@北京大学出版社
电 子 邮 箱	zpup@pup.cn
电　　　话	邮购部 010-62752015　发行部 010-62750672
	编辑部 010-62754144
印 刷 者	三河市北燕印装有限公司
经 销 者	新华书店
	650 毫米 ×980 毫米　16 开本　18 印张　291 千字
	1981 年 10 月第 1 版　1991 年 5 月第 2 版
	1997 年 4 月第 3 版　2010 年 1 月第 4 版
	2025 年 8 月第 5 版　2025 年 8 月第 1 次印刷
定　　　价	79.00 元（含数字教材）

未经许可，不得以任何方式复制或抄袭本书之部分或全部内容。
版权所有，侵权必究
举报电话：010-62752024　电子邮箱：fd@pup.cn
图书如有印装质量问题，请与出版部联系，电话：010-62756370

第五版修订说明

本次修订的总原则是追求简洁明快,总目的是让教材更易理解,更便于读者学习。具体做法有以下几点:

第一,尽量避免大段的文字说明,把较长的段落尽量按照层次分成小段,使论述与语言例证错落间出。

第二,删去原版中一些重复的表述。

第三,重点的内容讲透彻,限于篇幅不能讲透彻的地方干脆不讲,因此删去了原版中一些较为难懂而又没有展开讲清的知识点。

第四,修正了原版中存在的个别错误,包括论述上的不妥之处及引例上的错误,更新了原版所引文献的版次。

第五,调整了原版的一些章节安排,将第一章和第二章合并为第一章。

下面分章说明修改的主要内容。

1. 导言

"导言"的结构层次做了重新安排。第一部分是"语言的普遍性和多样性",目的是在谈语言学之前先从语言现象谈起以便于理解,先介绍语言的一些普遍现象以引起读者的兴趣。第二部分是"语言学的学科性质"。这两部分是将原版第一部分"语言学的对象和学科性质"进行了拆解分述,具体的内容也做了比较大的改动。第三部分是"语言学的历史",包括了原版第一部分中的一些内容。第四部分"语言学在科学体系中的地位"和第五部分"语言学的应用价值"在原版第二部分和第三部分的基础上做了一些调整。

2. 第一章 语言的功能和性质

原版的第一章和第二章论述的都是语言学的研究对象——语言,我们将其合并为一章。语言的功能是从外部功用讲语言,语言的性质是从内部特点讲语言,二者合起来构成对语言的完整说明,因此可以合并为一章。第一节"语言的功能",讨论语言的社会功能和思维功能两个方面,"语言的思维功能"部分,增加了"儿童在语言习得中对语言规则的总结"。第二节

"语言是符号系统",是从内部构成讲语言的性质,增加了"符号概说"这一部分,介绍了符号的不同类型。"语言符号的任意性"这一部分,增加了对语言符号任意性的证据的论述,并对拟声词的性质进行了较为详细的分析。原版第二章第二节中"语言符号的层级体系"讲解得较为复杂,出现了后面语法部分才会讲到的一些概念,比如"词""语素""词组""句子""音位"等,理解起来比较困难,因此我们做了很多删减。第三节"语言符号系统是人类特有的",删去其中的"任意性"这一部分,一是因为语言符号的任意性问题在前面刚刚讲过,二是因为"动物语言"(即动物交流信息的手段)也有一定任意性,因此任意性上的差别不是人的语言与"动物语言"之间的本质差别。"结构的二层性"也删去了,因为这一部分原版讲得较为复杂,理解起来比较困难,也不易讲清楚。

3. 第二章 语音和音系

将第一节改为"语音概说",依次介绍了"语音的单位""记录语音的符号""对语音的研究:语音学和音系学",改变了原版一开始就讲语音学和音系学的安排,这是为了从较为具体的语音单位入手,以便读者更好地理解语音学和音系学的区别。删去第六节的最后一部分"韵律层级",这部分内容讲得比较抽象,不好理解。其余部分基本保持了原貌。

4. 第三章 语法

这一章改动较大。增加了较多的例子,并将例子进行编号。将原版的第一节"语法和语法单位"拆分为两部分:第一节是"什么是语法",较为细致地讲解了语法的内涵,讨论了语法取决于什么因素、不取决于什么因素;第二节是"语法单位",对"语素"和"词"的介绍比原版更为详细。在讲解语素时,不仅给出语素的定义,还讨论了语素与词的关系、确定语素应该注意的问题、剩余语素、语素变体、语素和语音的关联在不同语言中的不同表现等问题。在讲解词这一语法单位时,讲了对词的不同维度的界定(从句法的角度界定词、从语音的角度界定词、从正字法的角度界定词、从意义的角度界定词),其中重点介绍的是句法词的判断标准。在介绍完语法单位之后,又补充了对语法单位之间的关系和性质的讨论。第三节是"词法规则",包括了词法的组合规则和聚合规则,具体讲解了语素的分类、从内部结构确定的词的类别、复合与加缀之外的其他词法手段、词的语法形式和语法范畴等。第四节是"句法规则",包括了句法的组合规则和聚合规则,具体讲解了词类、句法组合的层次性、句法范畴与句法树形图、语法结构的意义和形式、五种主要的语法结构、句法组合的递归性、句法结构的变换等问题。第五节是"语言的结构类型",删去最后一部分"语言的普遍特征",因为语言的普遍特征不仅表现在语法上,也表现在语音和语义等各个方面,不宜只在语法的部分讲语言的普遍特征。

5. 第四章 语义和语用

本章改动主要集中在第一节和第二节。第一节删去一些不恰当的例子,更换了一些新的用例,对表述做了一些修改。第二节在多义关系的部分增加了一段,指出多义词的义项之间的关联可能在演变中变得模糊,不能被后代的语言使用者所感知,这样原来的多义关系就可能被重新分析为同音关系。在反义关系部分,区分了三类反义词:渐进反义词、互补反义词、相对反义词,其中"相对反义词"这一类是原版没有的;增加了对构成反义词的两个成员之间的不对称的讨论,指出构成反义关系的两个成员并不是完全平等的,往往有一个在语言中被更多地使用。在对词义的上下位关系的讨论中,增加了对"基本范畴"这一概念的介绍。

6. 第五章 文字

这一章的改动主要集中在第一节、第二节和第五节的最后一部分。第一节主要是在表述上做了一些修改和精简。第二节题目从"文字的基本性质与文字的产生"改为"文字的产生",因为文字的基本性质已在第一节中讨论过。第五节的最后一部分是"书面语的规范",这一部分做了非常大的修改,举例说明了语言规范化工作在语音、词汇、文字、语法上的表现,通过具体实例论证了语言规范化工作要尊重语言演变规律和约定俗成原则,在最后一段举出了网络语言中出现的一些新型词语,并指出这些词语为语言规范化工作提出了新的课题。

7. 第六章 语言演变与语言分化

在第一节前加了两段内容。第一段区分了"演变"和"发展"这两个概念,指出在谈到语言随着时间的推移而发生变化时,可以使用"语言演变"这一说法;而在谈到儿童习得语言时,则使用"语言发展"这一说法。第二段指出了第六章、第七章、第八章在内容上的关联。把原版第二节的第四部分"亲属语言和语言的谱系分类"拆分为两部分:"亲属语言"和"语言的谱系分类",分别加以讨论。

8. 第七章 语言的接触

第一节"社会接触和语言接触",删去对五种主要接触类型的简单介绍,因为这些内容在后面的具体介绍中都有,整章的篇幅并不长,不需要提前介绍各节内容。

第二节"词汇借用",内部结构进行了调整,第一部分是"词汇借用是语言接触最容易产生的结果",第二部分是"借词与意译词",增加了第三部分"借词的特点",增加了借词与原词的义项不完全对应、汉语借词的用字选择这两方面的论述。"借词与社会"作为第四部分,并做了适度精简。

第三节、第四节、第五节基本保持了原貌。

第六节的题目改为"语言接触的特殊形式——洋泾浜和混合语",删去开头作为导言的一段以及"四、世界语",其余内容基本不变。

9. 第八章 语言系统的演变

本章第二节"语法的演变"有较大的改动,这一节第一部分介绍了常见的语法演变现象,包括"语序的演变""语法化:语法形式和语法范畴的产生""语法形式和语法范畴的失落""实词语法功能的改变",并对不同演变现象之间的关联做了说明;第二部分讨论了语法演变的机制,介绍了重新分析和类推这两种机制的内涵,并举例进行了说明。本章第三节的"三、词义的演变"也有较大的改动,既有对原有例子的删除,也有新增加的例证,在论述的内容上也做了一些增删调整。首先对词义的演变进行了界定,指出词义演变研究一般针对的是词义内涵上的变化,词义内涵没有变化就可以说词义没有变化。外延性的变化与社会文化的演进有关,很难从语言学上加以概括,因而一般被排除在词义演变研究之外。然后分了三个部分对词义的演变进行论述。第一部分是词义演变的结果,介绍了词义演变的三种类型:词义扩大、词义缩小和词义转移。第二部分是词义演变的系统性,讨论了语义场中的成员在演变中的相互制约和影响。第三部分是词义演变的规律性,主要指出了具有共同的语义基础的词往往会发生相似的语义引申。

此次修订得到友生孙畅、赵昕、陈思捷、李孟诗、裴泓镔的很多宝贵意见,针对修订中遇到的一些问题,也请教过王洪君、王韫佳、赵彤、胡敕瑞、孔江平、李子鹤、张静芬、倪志佳、秦立彦、易礼群、秦平、王梓等老师,谨此致谢。

这一次的修订如有不当之处,还请读者批评指正。

董秀芳
2025 年 6 月 18 日

修 订 版 序

叶蜚声、徐通锵二位先生编写的《语言学纲要》已出版发行多年,多次再版。全书清晰严谨的理论构架、精当而全面的内容选择、深入浅出的阐述方式,都深受读者的欢迎。

为了及时反映学科的发展,教育部规定,上世纪出版的高校教材在新的世纪必须进行修订。根据这一精神,本次修订在内容上有所扩充,同时努力在整体上保持原书的特色:大的章节没有变动,大的理论框架也没有改变,修订内容力求与原书有机地统一成整体。

全书修订主要包括三个方面:(一)补充新的研究内容;(二)对已有的概念或观点增加例证和解释说明;(三)个别观点和材料的修正。

主要补充了哪些新内容呢?最近半个世纪语言学有许多新进展,我们认为,其最主要的进展表现在语义与语用、语言接触、文字与语言的关系这几个领域,它们代表了语言学发展的趋势:对语言的理解从封闭的静态的系统转向了开放的动态的系统。因此,语言与外部经验世界的关系、语言与所在社会的关系、语言与语言使用者的关系、语言与文字的关系正在得到越来越多的重视;结构主义只谈形式不谈意义的禁锢被突破,句法语义范畴、语用范畴成为语言学功能派和形式派共同关注的重点。历史语言学只研究语言内部演变的桎梏被突破,多种语言或语言的不同变体在不同社会环境下彼此接触的不同类型及其与语言变迁的关系成为新的研究热点。在新的信息时代,文字对于知识积累的重要性日益凸显,文字与语言的关系需要新的阐述。因此,本次修订主要集中在以上几个方面。另外,考虑到形式语言学更适合于专书式系统介绍,本次修订基本未涉及形式语言学的成果,特别是他们的形式化描写手段。

本次修订由李娟负责导言和第一、二、四、五章,王洪君负责第三、六、七、八、九章,并负责全书的统稿。统稿过程中两人共同对第五章进行了反复多次的修改。各章所做主要修订,请参看"修订版各章主要修订说明"。

修订版初稿曾蒙教研室同人陈保亚、叶文曦、董秀芳、汪锋提出宝贵意见,语音和音系一章蒙孔江平、王韫佳指正多处。语言学博士生乐耀、李榕细细通读了全稿并改正多处文字,语音学硕士生吴君如协助制作了有关语图,香港浸会大学黄良喜和深圳大学梁源提供了发音部位示意图。责任编辑李凌、白雪认真细致的工作,保证了书稿排印的质量。在此谨对他们表示衷心的感谢。

徐先生临走前的托付一直是我们修订的主要动力,谨以本次修订献给培育我们的叶蜚声先生、徐通锵先生。

王洪君　李娟

2009 年 9 月 13 日

修订版各章主要修订说明

导言部分，在"语言学的对象和学科性质"一节，对语言学的历史发展过程稍加扩展说明，以从历史发展的角度说明学科研究对象的确定和学科基本性质的形成。在"语言学在科学体系中的地位"一节，对语言学和人文科学的密切关系稍加说明，旨在通过介绍语言现象的特殊性和语言学发展过程中与其他学科的相关性说明语言学学科的地位和发展趋势。

第一章原版题目为"语言的社会功能"，考虑到思维功能并不是社会功能，现改为"语言的功能"，以涵盖社会功能和思维功能两节。因本章介绍语言的功能方面的属性，尚未涉及语言的形式结构研究，所以把"语言和说话"一小节挪至第二章第一节。

第二章"语言是符号系统"，主要的改动是根据认知语言学的研究成果对语言符号性质的示意图做了部分改动，把现实现象分为心理现实和客观现实，对心理现实和客观现实的相互关系、心理现实和符号意义的相互关系重新做了阐述。

第三章原版题目为"语音"，现改为"语音和音系"，以强调本章涉及语音学和音系学两个部分。本章的主要改动，一是根据国际语音协会近年来颁布的国际音标表和音系学近二十年来关于区别特征的研究成果，调整了原版的部分音标和发音学术语；二是增加介绍了汉语层级性韵律单位及其与语法语义的关系。

第四章"语法"，主要的改动有四处。一是增加了各级语法单位的定义和说明，其中对句子的定义采用了基于语言人际交流功能的句法范畴表达这一新的角度；二是更加强调了词法与句法的区分和词法中屈折与派生的区分，并调整了部分术语以期与当前国际学界的通行术语一致；三是根据近年来类型学研究的新成果，在"语法范畴"一节新增了许多介绍；四是递归性一节中删除了无限加合式扩展的内容。

第五章原版题目为"词义"，现改为"语义和语用"。该章是本次修订增补最多的一章。除了在"词义的各种关系"一节增加"词义的上下位关系"

和"词的语义特征和语义场"两小节外，最主要的补充是增加了两节，分别介绍句子这一层级的语义"句义"与涉及言语交际和语篇的"语用"。"句义"一节包括句义与语法形式的关系(第一小节"词语的搭配和词义在句义中的实现")、句义与人类经验的关系(第二小节"句子的语义结构和人类经验的映像")、句义与说话人和交际现场的关系(第三小节"句法语义范畴和属于说话者的人类经验映像")，并在第四小节简单梳理了"句子真值""蕴涵""预设"等语义学、语用学中的重要概念。新增的"语用"一节，采用了原版第三节第二小节"词义和环境"和第三小节"言内意外"的部分内容，但从语用学的视角进行了重新说明。该节的主要特点，是跳出词汇和句子的局限，从篇章出发，从说话人的交际目的和对听话人的关照出发观察语言现象。除语境义和言内意外两小节外，还比较详细地介绍了"话题和说明"(第二小节)、"焦点和预设"(第三小节)和"言语行为"(第五小节)等重要概念。

第六章"文字"，对文字的定义有所修订，主要强调文字是"用书写/视觉形式对语言进行再编码的符号系统"。作为语言的再编码系统，文字的层级单位与语言的层级单位并不一一对应。但文字系统必有一级单位对应语言系统的一级音义结合的符号单位，以达到二者的接换。而该级文字单位一定由最小的文字单位"字符"组合而成。从文字的这一基本性质出发，本章对文字的共时分类和历时发展，对不同文字共时和历时发展的比较，对汉字的特点和人类文字的共性，给予了贯通一致的分析。

第七章"语言演变与语言分化"，更明确地把该章作为修订版历史语言学部分(七、八、九三章)的总论。修订基本保持了原版内容，但更加强调了历史语言学部分的总线索是区分语言系统自身的演变(第九章)和不同语言系统的接触(第八章)两个方面。历史语言学近几十年的研究表明，通用语等高层语言对地方土语的影响属于"语言接触"的范畴，因此本次修订把原版第三节"语言的统一"中的相关内容挪到了"语言的接触"一章。

第八章"语言的接触"，增加第一节"社会接触与语言接触"，以总论语言接触的原因、性质和主要类型。之后的章节基本保留了原版本章中有关借词、语言融合(为避免误解，术语改用更加明确的"语言替换")、洋泾浜、克里奥尔和上一章"语言的统一"一节中的部分内容。主要的修订一是补充专节介绍了语言联盟与系统感染、通用语影响造成的方言层次等重要的接触类型，二是以接触方式、接触密切程度为线索，以接触结果为纲调整了有关论述。

　　第九章"语言系统的演变",除增加了对结构的重新分析和语法化两种语法演变方式的介绍外,基本保持了原版的内容。

王洪君　李娟
2009 年 9 月 13 日

重 印 说 明

这次趁新排重印之机,我们除了改正原书中的一些错漏之外,对一些不确切的提法(如"思维的全人类性"之类)也做了一些补正和调整。

作者

1996 年 12 月

修 订 说 明

　　本书出版以来,不少兄弟院校采用作为教材或参考书,也陆续有同志来信表示鼓励,提出意见或讨论问题。现在国家教育委员会把本书列为高等学校文科教材,我们趁再版的机会对全书做了一次修订,除了订正原书的疏漏和排印错误以外,还调整了一些章节的内容,有的做了改写。我们感谢陈松岑、贾彦德、索振羽三位同志,他们根据在北大的授课情况,提供了很多宝贵的意见。我们也要感谢四川阿坝师专的林向荣同志,他提供的当地"土汉语"的情况为本书关于混合语的分析补充了新的重要材料。我们希望通过这次修订,使本书的质量能在初版的基础上有所提高。欢迎同志们继续批评和指正。

作者

1985 年 12 月

序

最近两年,我们给北京大学中文系汉语专业一年级学生和西语、东语、俄语各系一、二年级学生讲授"语言学概论",试用了新编的讲义。这本书是在总结试用经验的基础上,对讲义进行全面的补充修订而写成的教材。汉语专业有一系列语言学方面的课程,"语言学概论"是其中的先行课,它的任务是阐明语言学的基本理论和基本概念,为学习各门语言课程提供必要的理论知识,也为以后学习语言理论课程打下基础。在外语系各专业,"语言学概论"是唯一的一门语言学基础理论课,它要求在阐述理论问题的同时,注意联系外语教学的实际。本书以中文系的要求为主,兼顾外语系的需要。这是一本教材,有一定的深度,我们大体上以北京大学中文系汉语专业一年级学生在教师的指导下能够理解的程度作为掌握的标准。有些章节的内容偏深、偏难(如第三章第二节"音质的音响分析"),教学中可酌情安排。本书也可供语言学爱好者自学之用。

语言学是一门既古老而又年轻的学科。推动语言学前进的传统的动力是语言的教学和运用。最近几十年来,现代科学技术的发展需要利用语言学的成果,同时也向语言研究提供新的材料、观点和方法。语言学在这股新的力量的推动下,进入了迅速发展的轨道。从50年代末期开始,语言学理论出现了剧烈的震荡,各种学说竞相争鸣。在这种背景之下,我国语言学界也活跃起来,汉语研究,特别是现代汉语的研究,取得了一些扎实的进展。语言学的这些新进展,当然应该在本书中有所反映。我们参考了国内外新出版的一些专著、教材,对各种新的学说、理论采取客观、谨慎的态度,不尚新异,不拘一家,选择切实可靠的论点编入教材。贯穿全书的语言结构的总框架是瑞士语言学家德·索绪尔在本世纪初阐述的组合关系和聚合关系。经过半个多世纪的语言研究实践的检验,这种框架是比较稳妥、可靠的,至少用来组织和安排各种语言现象,使之各得其所,是比较合适的。在联系汉语和汉语研究的实际方面,我们也做了一些努力。我们想在上述几方面对"语言学概论"教材的改革做一点尝试。

本书在编写过程中承石安石、王福堂、王理嘉、陆俭明、符淮青、裘锡圭、侯学超、郭锡良、蒋绍愚诸同志分别审阅有关章节,胡双宝同志通读了全稿,他们都提出了很好的批评和修改意见。初稿完成后又承王力、岑麒祥、朱德熙诸师审阅、指导。对各位老师和同志们的关怀和帮助,十分感激,谨此致谢。

这是一本概述语言的各个方面规律的基本理论著作,涉及的问题很多,加之我们水平有限,因而在论点和材料的取舍、组织、阐述、评价等方面肯定有错漏片面的地方,渴望读者批评指正。

作者

1980 年 11 月

目 录

导 言 ………………………………………………………… 1
 一、语言的普遍性和多样性 ……………………………… 1
 二、语言学的学科性质 …………………………………… 3
 三、语言学的历史 ………………………………………… 4
 四、语言学在科学体系中的地位 ………………………… 5
 五、语言学的应用价值 …………………………………… 6

第一章 语言的功能和性质 …………………………………… 8
第一节 语言的功能 …………………………………… 8
 一、语言的社会功能 ……………………………………… 8
 二、语言的思维功能 ……………………………………… 10
第二节 语言是符号系统 ……………………………… 17
 一、符号概说 ……………………………………………… 18
 二、语言符号是声音和意义的结合体 …………………… 19
 三、语言符号与现实的关系 ……………………………… 20
 四、语言符号的任意性 …………………………………… 21
 五、语言符号的线条性 …………………………………… 22
 六、符号系统的两个要素 ………………………………… 23
 七、符号之间的组合关系和聚合关系 …………………… 24
第三节 语言符号系统是人类特有的 ………………… 25

第二章 语音和音系 …………………………………………… 27
第一节 语音概说 ……………………………………… 27
 一、语音的单位 …………………………………………… 27
 二、记录语音的符号 ……………………………………… 27
 三、对语音的研究:语音学和音系学 …………………… 28
第二节 从声学看语音 ………………………………… 30

一、语音四要素 ……………………………………………… 30
　　二、音质的声学分析 …………………………………………… 32
　　三、声学分析的仪器和软件 …………………………………… 34
　第三节　从发音生理看语音 ……………………………………… 36
　　一、发音器官 ……………………………………………………… 36
　　二、两类音素：元音和辅音 …………………………………… 39
　　三、元音 …………………………………………………………… 39
　　四、辅音 …………………………………………………………… 42
　第四节　音位与音系 ……………………………………………… 49
　　一、对立和互补 …………………………………………………… 49
　　二、音位和音位变体 …………………………………………… 51
　　三、音质音位和非音质音位 …………………………………… 54
　第五节　音位的聚合 ……………………………………………… 55
　　一、区别特征 …………………………………………………… 55
　　二、音位聚合群 …………………………………………………… 56
　第六节　语音单位的组合 ………………………………………… 58
　　一、音节 …………………………………………………………… 58
　　二、语流音变 …………………………………………………… 61

第三章　语法 …………………………………………………………… 64
　第一节　什么是语法 ……………………………………………… 64
　　一、语言使用者头脑中有关于语法的知识 …………………… 64
　　二、决定句子是否合语法的因素 ……………………………… 65
　　三、与句子是否合语法无关的因素 …………………………… 67
　　四、语法和语法研究 …………………………………………… 68
　第二节　语法单位 ………………………………………………… 69
　　一、语素 …………………………………………………………… 69
　　二、词 ……………………………………………………………… 72
　　三、短语 …………………………………………………………… 78
　　四、句子 …………………………………………………………… 79
　　五、语法单位之间的关系及其性质 …………………………… 80
　第三节　词法规则 ………………………………………………… 81
　　一、语素的分类 …………………………………………………… 81

二、从内部结构确定的词的类别 ……………………………… 84
　　三、复合与加缀之外的其他词法手段 …………………………… 88
　　四、词的语法形式和语法范畴 …………………………………… 89
　第四节　句法规则 …………………………………………………… 94
　　一、词类 …………………………………………………………… 95
　　二、句法组合的层次性 …………………………………………… 100
　　三、句法范畴与句法树形图 ……………………………………… 102
　　四、语法结构的意义和形式 ……………………………………… 106
　　五、五种主要的语法结构 ………………………………………… 108
　　六、句法组合的递归性 …………………………………………… 112
　　七、句法结构的变换 ……………………………………………… 114
　第五节　语言的结构类型 …………………………………………… 118

第四章　语义和语用 …………………………………………………… 122
　第一节　词汇和词义 ………………………………………………… 122
　　一、词和词汇 ……………………………………………………… 122
　　二、基本词汇和一般词汇 ………………………………………… 122
　　三、词义的构成 …………………………………………………… 124
　　四、词义的特点 …………………………………………………… 125
　第二节　词义的各种关系 …………………………………………… 127
　　一、多义关系 ……………………………………………………… 127
　　二、同义关系 ……………………………………………………… 131
　　三、反义关系 ……………………………………………………… 133
　　四、上下位关系 …………………………………………………… 135
　　五、语义场和语义成分分析 ……………………………………… 137
　第三节　句义 ………………………………………………………… 138
　　一、词语的搭配和词义在句义中的实现 ………………………… 138
　　二、句子的语义结构和人类经验的映像 ………………………… 140
　　三、句法语义范畴和属于说话者的人类经验映像 ……………… 144
　　四、句子的真值和句义的蕴涵、预设关系 ……………………… 145
　第四节　语用 ………………………………………………………… 147
　　一、语境和语境义 ………………………………………………… 148
　　二、话题和说明 …………………………………………………… 150

三、焦点和预设 …………………………………………… 153
　　四、日常生活和文学作品中的言内意外 ………………… 154
　　五、言语行为 …………………………………………… 156

第五章　文字 ……………………………………………… 160
第一节　文字和语言 ……………………………………… 160
　　一、文字在人类历史上的重要作用 ……………………… 160
　　二、文字的基本性质 …………………………………… 161
　　三、汉字和汉语 ………………………………………… 162
第二节　文字的产生 ……………………………………… 164
　　一、实物记事 …………………………………………… 164
　　二、图画记事 …………………………………………… 165
　　三、刻画符号 …………………………………………… 166
　　四、早期文字：原始的图画文字 ………………………… 167
第三节　共时文字系统的特点及分类 …………………… 171
　　一、从文字的次小单位看文字的共性和分类 …………… 171
　　二、从文字的最小单位看文字的不同类型 ……………… 172
第四节　文字的发展与传播 ……………………………… 173
　　一、早期自源文字：不完善的意音文字 ………………… 174
　　二、自源文字的发展 …………………………………… 176
　　三、他源文字的创新与文字的换用 ……………………… 178
　　四、文字适应语言和文字的相对独立性 ………………… 180
　　五、汉字与汉语拼音 …………………………………… 180
第五节　书面语 …………………………………………… 182
　　一、口语和书面语 ……………………………………… 182
　　二、书面语的保守性和书面语的改革 …………………… 185
　　三、书面语的规范 ……………………………………… 187

第六章　语言演变与语言分化 …………………………… 190
第一节　语言演变的原因和特点 ………………………… 190
　　一、社会、人际交流是语言演变的基本条件 …………… 190
　　二、语言中各种因素的相互影响和语言的演变 ………… 191
　　三、语言演变的特点 …………………………………… 192

第二节　语言的分化 193
　　　一、语言随着社会的分化而分化 193
　　　二、社会方言 194
　　　三、地域方言 196
　　　四、亲属语言 199
　　　五、语言的谱系分类 199

第七章　语言的接触 202
　第一节　社会接触和语言接触 202
　第二节　词汇借用 202
　　　一、词汇借用是语言接触最容易产生的结果 202
　　　二、借词与意译词 203
　　　三、借词的特点 206
　　　四、借词与社会 207
　第三节　语言联盟与系统感染 208
　　　一、语言联盟与社会 208
　　　二、系统感染 209
　第四节　语言的替换和底层 211
　　　一、语言替换 211
　　　二、语言替换的社会原因 213
　　　三、自愿替换和被迫替换 214
　　　四、语言替换的过程 217
　　　五、语言替换与底层遗留 219
　第五节　不同类型不同等级的通用语言进入方言或民族语的层次 220
　　　一、通用书面语与地方语 220
　　　二、文白异读与汉语方言中的通用语层次 220
　　　三、外族书面语的层次 223
　　　四、民族通用语言和国家通用语言 224
　第六节　语言接触的特殊形式——洋泾浜和混合语 227
　　　一、洋泾浜 227
　　　二、混合语 229
　　　三、我国境内的土汉语和混合语 230

第八章　语言系统的演变 …… 234
第一节　语音的演变 …… 234
一、何以知道语音的演变 …… 234
二、语音演变的规律性和演变机制 …… 238
三、语音对应关系和历史比较法 …… 241
第二节　语法的演变 …… 244
一、常见的语法演变现象 …… 245
二、语法演变的机制 …… 252
第三节　词汇和词义的演变 …… 255
一、新词产生、旧词消亡和词语替换 …… 256
二、词汇演变与语言系统 …… 258
三、词义的演变 …… 262

导　言

一、语言的普遍性和多样性

语言在人类生活中司空见惯。人们一来到这个世界，就处在一个语言社会中，周围的人们都借助某种语言彼此沟通、交流协作。正常的人长到两三岁，开始学会说话，并在学话的过程中，越来越多地认识这个世界。在文明的社会里，进入学龄的儿童还要学习阅读和书写，掌握文字和书面语的理解运用能力。通过书面语，语言发挥了更大的功效，人们可以跨越时空，更深入地理解生活的世界，同时也极大地增强了和周围世界的联系沟通能力。世界上的语言是多种多样的，如果离开自己从小生长的社会，到世界上的其他地区生活，还必须学会其他种类的语言，以便在那个社会中也能自由地与人交流。用语言交流的方式多种多样，人们可以面对面讲话，也可以借助书信、电话交流，在数字时代，还可以通过电子邮件、微信、微博等网络社交媒体进行交流。两个人可以交谈，一群人可以交谈，一个人也可以自言自语。人们醒着的时候说话，有的人晚上还会说梦话。可以说，人们的生活离不开语言。

全球共有6700种到10000种语言。为什么不是一个确切的数字呢？这是因为识别语言是一个很复杂的问题，一群人说的话到底是一种独立的语言还是属于某一语言的方言，并不是那么容易分清楚。但不管怎样，世界上的语言至少也超过了6000种，这个数字可能超出了普通人的预料。

语言之间有着明显的不同，因为说一种语言的人往往听不懂说另一种语言的人的话。语言之间除了明显的语音差异之外，在词汇、语法和具体的使用策略上也存在着不少差异。

语言中的词汇反映了说该语言的人对现实世界的切分方式或者说概念化方式。如果世界上的万事万物都已经有现成的或公认的分类，使用不同语言的人只要给这些类别贴上自己语言的命名就可以，那么语言之间的翻译将变得十分简单。但事实是，使用不同语言的人们用自己的方式对世界进行分类，用自己的语言创造出不尽相同的范畴。这样，在很多情况下，不同语言的词汇之间就不是简单的一对一的关系，而是呈现出复杂的对应。

比如，德国人用 reiten 表示骑在动物身上，而用 fahren 表示乘在其他东西上（如乘车），而英国人只用一个词 ride 来表示。这说明"骑乘动物"和"骑乘其他事物"在德语使用者的心目中是两个概念，对应于两个不同的词语；而在英语使用者的心目中是一个概念——"骑乘事物"，对应于一个词语。这样，英语的 ride 这个词就对应于德语的 reiten 和 fahren 这两个词。再比如，同一条光谱，人的视觉感知是共同的，但抽象为概念类，就有不同了。汉语切成红、橙、黄、绿、青、蓝、紫七段，即有七个基本颜色词，英语切成 purple，blue，green，yellow，orange，red 六段，有六个基本颜色词，有的语言切成五段、三段，甚至两段。比如，在喀麦隆境内的巴萨语就只有两个基本颜色词：hni（语义覆盖紫、蓝、绿）和 ziza（语义覆盖红、橙、黄）。而且，不同语言对光谱的切分即使段数相同，各段的起讫点也可能有差别。亲属称谓也是这方面的明显的例子。同是父母的兄弟或父母姊妹的丈夫，汉语分成伯父、叔父、舅父、姑父、姨父，而英语统称 uncle；同是父母的姊妹或父母兄弟的妻子，汉语分成姑母、姨母、伯母、叔母、舅母，而英语也只有一个统称：aunt。类似的现象在语言中比比皆是。除了科学术语之外，可以说两种语言里很少有意义完全等同的词。一种语言里的词语通常要根据它所处的上下文才能在另一种语言里找到恰如其分的说法，比如，英语的 sister 就要根据不同的语境，有时对译成汉语的"姐姐"，有时对译成汉语的"妹妹"。

不同语言在语法上的差异也很明显。例如，英语普通名词在句中出现时，一般需要标明它是否有定（有定的话前面加 the，表示说话人认为听话人能识别确认的对象），可数名词还要标明是单数还是复数。汉语就不必。同样表达"我去买书"的意思，英语中一定要表达出是买一本书还是多本书，而汉语中就不强制说明。同样表达"我去见朋友"，法语一定要表达出是一个朋友还是多个朋友，是男性朋友还是女性朋友，而英语就不强制表达出朋友的性别，汉语则可以既不表达朋友的性别，也不表达朋友是一个还是多个。汉语的个体名词前面通常要加量词，如"一本书""两支笔""三个人"，一些外国人说汉语时容易把这个量词漏掉，说成"一书""两笔""三人"，这是因为他们的母语中不必使用量词，在学汉语时受到了其母语思维的影响。

在语言的具体使用策略方面，不同语言也有差异。比如，面对别人的表扬，说英语的人一般会用感谢来回应，但说汉语的人经常会用否认的方式来表示谦虚，会说"哪里哪里""没有没有"等。

不仅不同地方的语言存在差异，同一种语言在不同的历史时期也存在变化。说不同语言的人接触之后，语言之间还会发生相互影响从而导致变化。

但在语言表面的千差万别之下，也隐藏着深刻的语言共性（language universal）。共同的生理基础决定了语言必然具有共性。

面对这些语言现象，我们可能会问：语言之间有什么样的共性？不同的语言可以分出多少类型？孩子是如何学会说话的？语言是如何发生变化的？关于语言的这些问题都非常吸引人，也都很复杂，值得深入探讨。

二、语言学的学科性质

研究语言的科学叫作语言学。语言学的目标就是探索语言的奥秘。在人的日常生活中，语言像饮食起居一样不可或缺，人们太习以为常了。每个正常的人都会说话，这就像每个人都用两条腿走路一样，极其平常。正因为语言太平常了，一般人才不去想它究竟是怎么回事。其实，平凡的现象中隐含着深邃的哲理。谁能够揭示这个哲理，谁就能够推动科学的发展。牛顿看到成熟的苹果从树上掉下来，研究它的原因，发现了万有引力的秘密，开创了物理学的一个新时代。瓦特从水开时蒸汽顶起壶盖的现象中受到启发，改良了蒸汽机，使其具有更大的实用价值，从而开创了"蒸汽时代"。语言中也隐藏着很深的秘密。人类有语言，会说话，实在是一件了不起的大事。语言是把人和其他动物区别开来的一个重要标志。既然属于一个社会的人群可以掌握相同的语言进行交流，儿童都能在大致相同的时间里学会自己的母语，这就说明语言是有规律可循的。语言学就是要研究语言的规律，包括语言的结构规律和演变规律等。

语言本身的构造很复杂，需要从不同的角度、不同的方面进行研究。通常来说，语言系统大致可以分为语音、词汇、语法等几个子系统。语言研究可以分别描写语言每个子系统在某一个特定时期的状态和不同子系统之间的关联，这里不涉及语言在时间中的变化，这种研究属于"共时"的研究；也可以研究语言每个子系统在不同时期所发生的变化及其变化中不同子系统之间的关联，这种研究属于"历时"的研究。

语言研究可以具体地研究某一种语言，也可以通过多语言的比较，探求所有人类语言的语音、词汇、语法在结构上的共性，探求所有人类语言在演变中的共同规律。综合各种语言的研究成果，归纳出语言的一般规律，这就是理论语言学的任务。理论语言学也称普通语言学，是关于语言的一般规律的理论研究。理论语言学的水平在很大程度上取决于具体语言的研究成果。世界上的语言有成千上万种，有些语言的研究已经比较深入，但大部分语言还研究得很不够，甚至还没有人研究。所以理论语言学就目前的状况来说，只是综合了一部分语言的研究成果，还有待于不断补充和修正。

三、语言学的历史

自古以来，历代都有人探索语言中的奥妙，取得了不少成果。

语言现象是最早进入人类研究视野的现象之一。有关语言的理性思考在各个古典文明形成的时期就已出现。中国先秦时期的思想家、古希腊的哲学家、古代印度的思想家等，都提出了对语言的一般看法，并且对后人产生了深远的影响。

在各个文明的发展过程中，古代文化典籍的传承成为文化发展延续的重要途径。政治、哲学、宗教、历史、文学等方面的经典著作要得到学习和继承，首先需要语言方面的分析和解释，许多学者从事这样的研究工作。由于语言的变化，古代典籍的语言对于后代的人们来讲已经难以理解了，因此要了解典籍的内容，就必须对古代的语言加以研究。这种以解读经典为目的而对语言进行的研究被称为"语文学"。许多有着悠久历史文化传统的地区都出现了语文学研究，这是语言的系统研究的开始。中国、印度和希腊-罗马在传统语文学的研究上都取得了辉煌的成就。

在中国，文字和书面语很早就出现并成熟起来。先秦时期已经出现了大量的文化典籍，它们所使用的语言被后人学习继承，称作"文言文"。直至20世纪初，正式的书面语一直使用这种文言文的形式。中国传统的语言研究主要围绕着解读文言文典籍的需要而进行，以汉字为中心，分析汉字的形体，探求汉字的古代读音和意义，形成了统称"小学"的文字、音韵、训诂之学，也就是中国传统的语文学。

在印度，文化经典主要是宗教典籍，所用的语言是古代的梵语。最初这些经典是靠口耳相传，后来由文字记载下来。古代印度的语言研究主要是对这些经典的解读。古代印度的学者在对语言一般性质的认识以及具体的语音和语法研究等方面都卓有建树，对世界其他地区的语言研究也产生了深远影响。

在欧洲，古希腊有丰富的文化典籍，语文学非常发达，已经有了系统的语法研究成果。后来罗马人继承了古希腊的语言研究传统，形成了拉丁语的语法研究体系。西欧各国有一千多年时间在正式的场合都使用古典拉丁语,语言研究主要围绕拉丁语进行,语法、修辞、逻辑成为学校教授的主课,编出了种种语法书、词典和读本。

语文学时期的研究虽然取得了巨大的成果,但是也存在一定局限。语文学关注的主要是古代的书面语言,对现实中活生生的口语缺乏研究,语言研究的范围比较狭窄。而且,语文学研究的直接目的是解读古代经典,在一定程度上是经学的附庸,而不是一门自觉地探索语言自身规律的学科,这必然导致对语言的认识受到限制。

欧洲文艺复兴之后,社会的政治、经济、文化各方面都有了发展变化。随着近代思想观念和科学技术的进步以及对世界语言的广泛了解,语言研究的观念和方法也有了发展,研究对象不再局限在古代书面语,许多活的口头语言也得到了客观的观察描写。到19世纪,语言的历史研究取得了辉煌的成就,语言自身的演变规律被越来越多地认识到,语言之间的亲属关系被揭示出来,形成了历史比较语言学,开始了为语言本身而研究语言的研究实践,这标志着语言学不再是其他学科的附庸,已经成为一门独立的学科。

语言学在发展过程中形成了多种研究流派。总的来讲,当代语言学的研究流派可以分为形式学派和功能学派两大类。形式学派重视对语言的抽象架构的研究,而功能学派重视从语言的功能的角度解释语言现象。

四、语言学在科学体系中的地位

在人类的科学体系中,任何一门学科的产生、存在和发展都不是孤立的,语言学也是这样。

运用语言进行交际的过程看似是瞬间的事情,却包含着一系列复杂的问题。如果借用信息论的术语来说,这一过程大体上可以分为"编码—发送—传递—接收—解码"五个阶段。说话人为了表达某一信息,首先需要在语言中寻找有关的词语,按照语言的语法规则编排起来,进行编码。编码完成后,通过发音器官输出。说话人发音器官所发出的声音通过空气等媒介传递,到达听话人一方。听话人的听觉器官接收语言,大脑进行解码,将它还原为说话人要表达的信息。整个过程涉及人的生理机制的运作和心理机制的运作,还有声波在空气中传播的物理过程。

在整个语言交际过程中,语言学关心的核心是编码和解码的过程,即语言的产出和语言的理解,这涉及对语言结构本体的研究,包含语言的形式和语言的内容两个方面。可以说,语言的形式和内容之间的关系,是语言研究的最根本的问题。

但是，要真正把语言交际的过程认识清楚，不是语言学所能独立完成的，还需要各门学科的配合和协作。很多学科都从自己关心的角度来研究语言。生理学研究语言发音的生理基础，物理学研究语音产生和传递的物理过程，心理学关心语言的听觉接收，神经学研究语言在中枢神经系统中的处理方式，等等。这些学科研究的目的不完全在于语言自身，但这些研究是全面认识和把握语言的各个侧面和各种特性所必需的，有益于语言本体研究的深入。

语言学既与人文科学（哲学、逻辑学、文学、文献学、历史学、考古学、社会学、人类学等）关系密切，又与自然科学（生物学、认知科学、信息科学等）联系紧密。语言学与很多学科存在交叉互动，比如社会语言学、心理语言学、神经语言学、病理语言学、计算语言学、语言人类学等，都是语言学与其他学科形成的交叉学科。在当代，语言学与人工智能也有着密切的关系。语言智能是人的智能的重要部分，理解语言也有助于理解人的智能。在让机器真正理解人的语言方面，语言学应该发挥作用。

可以说，语言学是一门既有悠久的历史又有科学前沿性的充满活力的学科，在科学体系中具有重要的地位。

五、语言学的应用价值

社会需求是任何学科存在和发展的根本前提，语言学同样如此。语言学的研究成果在人类社会生活中有着广泛而重要的应用价值。

在历史上，语言研究曾为解读古代经典、继承文化传统提供了基本保证。人类文明的发展离不开对文化传统的继承，社会生活对语言学的这一需求将会一直存在下去。语言文字教学也是传统语言研究的重要应用领域，包括本族语的教学和外语教学，也包括古代书面语的教学，等等。语言教学需要建立在对语言的理性认识之上，是语言研究成果最直接的应用。在文化交流中，不同语言之间的口语和书面语的翻译工作起着非常重要的作用，同样需要语言研究成果为其提供帮助。

随着社会的发展和科学体系的完善，语言学的应用范围越来越广。语言学和其他学科之间的密切关联体现出语言学在科学技术发展中的重要作用。由语言学参与形成的许多交叉学科，如社会语言学、心理语言学、神经语言学、病理语言学、计算语言学等都有很强的应用价值。比如病理语言学的一些研究成果就可以用于分析治疗失语症、语言退化等与语言功能相关的疾病。

由于语言在社会生活中具有重要地位,有关语言的一些政策法规成为国家政府规划的一部分,比如民族共同语的确定和规范、文字的规范、各民族语在教育中的地位等。国家语文政策的制定需要顺应语言的规律,语言学的研究成果能为这些政策的正确制定提供参考和依据。中国幅员辽阔,民族众多,有多种民族语言,汉语方言分歧很大,民族语文政策的制定、普通话的推广等工作都需要语言学的研究成果。

总之,语言学既有作为基础学科的魅力和学术价值,也有广泛的应用前景。

第一章 语言的功能和性质

第一节 语言的功能

一、语言的社会功能

语言在人类社会中发挥着重要的作用,语言是人类最重要的交际工具。每一个社会都必须有自己的语言,因为语言是组成社会的一个不可缺少的因素。人与人之间的联系得靠语言来维持。语言的交际功能具体体现在以下几个方面。

1. 传递信息

人们通过语言来传递信息。语言可以传递的信息多种多样,既可以是客观存在的情况,如例(1),也可以是说话人的主观态度,如例(2):

(1) 我在学习语言学。
(2) 我多想考上语言学专业的研究生呀!

语言所能传递的信息可以表达丰富多彩的客观世界和人的精神世界中的内容。人类的其他传递信息的方式,如旗语、信号灯、电报代码、数学符号、化学公式、身势等,在使用的情境和传达的内容方面都受到一定限制,无法和语言相比,因此语言在人类的交际工具中是最重要的。

俗话说,"人有人言,兽有兽语"。动物也有一些方式可以互相传递信息,比如动物的叫声以及身体动作(如蜜蜂的舞蹈),我们可以称之为"动物语言"。但动物语言远远无法与人类语言相比。人类语言所能传递的信息可以没有穷尽,无论多么丰富的信息,都可以借助语言的形式传递给他人。但动物语言所能传递的信息一般是比较有限的,动物可以向同类传递食物的所在地、敌人来袭的信息,雄性动物可以向雌性动物发出求偶的信号,这些信息都是生存所必需的,动物之间不能像人类那样海阔天空地随便闲聊。人类语言所表达的信息内容可以跨越时空,人们谈话时可以回忆过往,也可以展望未来,可以谈论近在眼前的事物,也可以讨论远在天边的事物。但动物语言所传递的现象一般局限于此时此地,不能超越时空。

"同是动物,为什么止(只)有人类能不断的进步,能创造文化?因为人类有历史,而别的动物没有。因为他们没有历史,不能把过去的经验传说下去……为什么止(只)有人类能创造历史,而别的动物没有?因为人类有变化无穷的语言。"(蔡元培《历史语言研究所集刊》发刊词,1928)可以说,语言是将人类与动物相区别的一个重要因素。人类知识的积累和社会文明的进步,都是以语言的信息传递功能为基础的。

2. 人际互动

人们可以通过语言建立人际关系,加强情感联系。在日常交际中,有的话语并没有传递任何有用的信息,主要是完成人际互动的功能。比如,两个住在同一公寓的熟人都要出门,在电梯里碰到,可能有例(3)这样的对话:

(3) 甲:出去啊?
乙:出去。

很难说他们彼此间传递了什么实质性的信息,因为事实是显而易见的。这时,语言主要是起到了维护人际关系的作用,说话者都感到人际关系正常友好并且对话使这种关系得到了保持。如果什么也不说,两个人就都会发窘,或者感到对方有敌意。

再如,共同参加某一活动的甲看到乙,可以有以下的对话,这样的对话也主要是完成人际互动的功能:

(4) 甲:你来啦?
乙:来啦。

3. 情感宣泄

语言还有情感宣泄的功能。在有些情况下,话语只有说话者一人,并没有听话者。一个人可以通过自己对自己说话进行自我鼓励,例如在参加比赛前对自己说"你一定能做到"。一个人在痛苦的时候可能会呼天抢地,例如说出"天哪""上帝啊"一类的话,向一个看不见的对象呼告。一个人也可以对着动物或者无生物体说话,例如不高兴时迁怒于身边的动物,出现打狗骂鸡的行为,也可能对着绊倒自己的石头咒骂,等等。在这些情况下,话语不是为了进行交际沟通,而主要是发挥情感宣泄的功能。

二、语言的思维功能

1. 语言是思维的工具

语言不仅是交际的工具,也是思维的工具。思维功能是语言功能的另一个重要方面。

思维和思想不同,思想是人们对现实世界的认识,思维是认识现实世界时动脑筋的过程,也指动脑筋时进行比较、分析、综合以认识现实的能力。

哲学把思维看作人类对客观事物间接的、概括的反映。人的感觉器官对外在事物直接的感觉和知觉属于感性认识,还算不上思维。思维是理性的认识。思维以感觉器官的感觉和知觉为基础,同时借助一定的知识和经验,可以概括事物的本质和内在联系。语言是思维活动的载体,思考就是头脑中无声的言语。语言也是思维成果的贮存所,语言使得思维的结果可以保存,并在此基础上进一步思维,而不必每次都从头开始。

逻辑学把概念、判断和推理看作思维的基本形式。这些思维的基本形式都要依靠语言。概念表达要依托词语,判断和推理要在话语中实现。即使使用像数学符号那样的表达形式,也是以语言为基础的。

2. 语言思维功能的生理基础

人的大脑分左、右两半球,可以称为"左脑"和"右脑"。中间有"脑桥"(神经纤维)连接,使大脑的两个半球互相沟通。左脑管右半身的动作,右脑管左半身的动作。比如右手拿香蕉,左手拿苹果,信息传入大脑的情况如下图:

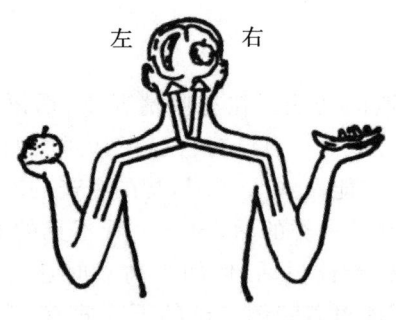

图 1-1

掌管语言的是大脑的左半球。大脑左半球控制着语言功能以及相关的计数、分类、推理等功能，掌管抽象的、概括的思维；而大脑右半球则在音乐等艺术感知、人的面貌识别、立体图形的识别、整体把握能力、内在想象力等方面起着主要作用，掌管不需要语言的感性直观思维。如果一个病人大脑左半球受到损伤，他尽管说不出所住医院的名称、病房和病床的号码，却认得医院、病房和自己的病床。相反，如果大脑右半球受到损伤，病人尽管能说出他所住医院的名称，却找不到所在的病房、病床，也认不出熟人；能说出自己家的住址，却找不到自己的家门。

　　通过对大脑的解剖，人们可以直观地看到，控制语言活动的大脑左半球的有关部位比另一半球的相同部位要大，连婴儿也不例外。为了解除重症癫痫患者（俗称"羊痫风"）的痛苦和控制病情的发展，可以通过外科手术切断联系两半球的脑桥。动过这种手术的人，如果蒙住他的眼睛，把他平常用的铅笔、纸烟放在他的左手上，信息传入右脑，他可以正确地使用它们，但说不出它们的名称；如果把它们放在右手上，信息直达控制语言活动的左脑，他就能立即用语言正确地说出它们的名称。有的科学家还做了这样一种实验：把一种叫作阿米妥钠的药物注入病人的一侧颈内动脉，使同侧大脑半球的功能暂时发生故障，如果注入控制语言活动的左侧，那病人就不会说话；如果注入另一侧，则说话能力正常。这一切都说明大脑的左半球掌管着人类的语言活动。

　　以上是来自病人的证据。对正常的人也可以进行实验，办法是让两耳同时听各种声音，比较它们的反应。比如通过耳机，一边传入"苹果"这个词，一边传入"香蕉"这个词；或一边传入笑声，一边传入咳嗽声。如果刺激是语言性质的音（词、没有意义的音节等），右耳（左脑）的反应比较正确；如果刺激是非语言性质的音，则左耳（右脑）的反应比较正确。先看下面两个图：

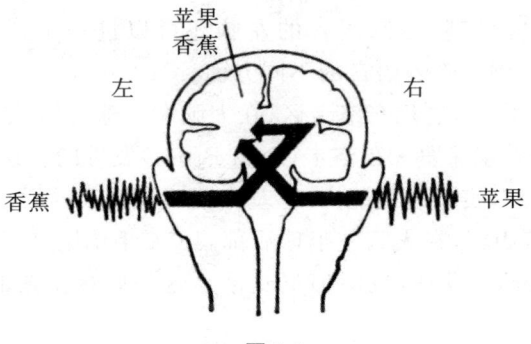

图 1-2

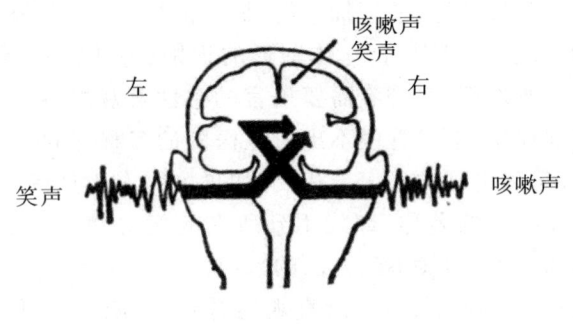

图 1-3

右耳听到"苹果",信息直达专司语言的大脑左半球,立刻在那里得到了处理,反应不易出错;左耳听到"香蕉",信息直达右脑,然后通过脑桥转到左脑去处理,拐了一个弯,反应就容易出错。反之,对于笑声,左耳听到后可以直接输送到右脑,在那里得到处理,就不易出错;而右耳听到咳嗽声,则需要先输送到左脑,然后通过脑桥转到右脑去处理,因此反应就慢了。右耳听语言刺激的能力强,这也证明掌管语言的机制在大脑左半球。

人类大脑的功能分区是人类进化的奇迹。大脑的两半球的分工是人类特有的。有人给猴子做过实验,发现它的大脑左右两半球能够完成同样的任务。人类以外的动物既掌握不了语言,也没有逻辑思维的能力,这与它们大脑两半球缺乏分工有密切的关系。

初生婴儿的大脑的两半球没有专业的分工。五六岁前的孩子大脑的左半球如果受到损伤,右半球可以部分地代替左半球的功能。如果孩子已经到了十二三岁,大脑左半球受到损伤,丧失的语言能力就很难恢复了。

进一步的研究发现,控制语言的左脑还可以进一步划分出一些功能区,这些功能区分别掌管着语言的不同方面:

① 说话语言中枢,也称布洛卡区,在大脑左半球前部,是 19 世纪 60 年代法国神经解剖学家保罗·布洛卡(Paul Broca)发现的。这一区域受到损伤就会得"失语症",丧失说话能力,但基本能听懂别人的话。[①]

② 听觉语言中枢,在大脑左半球后部,1874 年德国神经学家卡尔·韦尼克(Carl Wernicke)发现,也叫韦尼克区。这一区域受损的人会患"感觉

---

① 最近的研究显示,布洛卡区受到损伤对语言理解能力也会有影响。

性失语症",可以听到别人说话,但不能理解,同时自己表达也有问题。

③ 视觉语言中枢,在大脑左半球后部,靠近听觉语言中枢,掌管人的阅读理解功能。这一区域受损的人会患上"失读症",视觉上并无障碍,但无法理解文字的意思。

④ 书写语言中枢,在大脑左半球前部,靠近说话语言中枢。这一区域受损的人会患上"失写症",其他运动能力尚好,但失去写字、绘画等精细动作的能力。

下图显示了大脑中的语言功能区。[①]

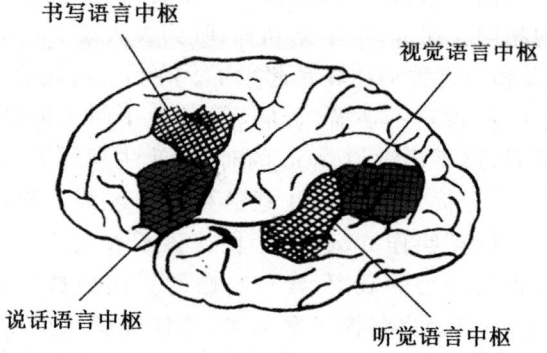

图 1-4

语言功能的分区主要依据各种语言障碍患者的临床症状和脑部受损区域的对应关系来确定,只是一个大致的分区。[②] 有些功能区之间的界限,比如听觉语言中枢和视觉语言中枢之间的界限,并不是很清楚,但已有的研究成果足以揭示人的语言能力是有生理基础的。

3. 儿童语言习得与思维的发展

(一) 儿童语言习得的过程

儿童学话的过程实际上也就是认识世界的过程和思维发展的过程。

---

① https://baike.baidu.com/pic/%E8%AF%AD%E8%A8%80%E5%8C%BA/5128508/1/4e4a20a4462309f72b59ee41790e0cf3d7cad6ab?fromModule=lemma_topimage&ct=single#aid=1&pic=4e4a20a4462309f72b59ee41790e0cf3d7cad6ab. (访问日期:2024 年 12 月 5 日,有修改)

② 由于人脑这一研究对象的特殊性,关于大脑两半球的分工以及各功能区的研究还只是初步的。失语症患者的症状也往往不是单一的。有证据显示,有些右脑受伤的患者,也会表现出对日常语言的情感色彩等的理解困难,判断不出说话者的情感态度。也有研究表明,语义处理任务会激活左脑和右脑的多个区域。人脑分工是存在的,但其运用是综合性的。

我们可以从儿童语言习得的过程看到语言和思维认知的密切联系。整个学话的过程大致可以分为以下几个阶段：

① 发出"咿咿呀呀"的声音

儿童在几个月到一岁左右，在学说话之前，开始发出一些"咿咿呀呀"的声音。这些声音并不表达特定的意义，只是孩子在锻炼自己的发音器官，为学话做准备。

② 词汇学习与独词句的运用

儿童学说话是从学习一个一个的词开始的。词语的习得就是概念习得的过程。在习得词语时，孩子认识到一类事物与另一类事物的不同以及同类事物之间的相同。比如，孩子见到猫，听到大人说 māo，他的脑子里就把 māo 这个声音和猫这种动物联系起来了。在另一种场合孩子见到狗，他说 māo，大人纠正他，说这不是猫，而是 gǒu。这个纠正促使孩子去注意猫和狗的区别。或者，孩子还没说 māo 的时候，就注意到大人指着狗说的是 gǒu 而不是 māo，这也促使孩子去注意猫和狗的区别。同样，大人把不同的喵喵叫的动物个体都叫作 māo，也会促使孩子去注意不同的猫的共性。孩子经过对大人言语行为的观察，经过自己的失误和被纠正，学会了一个词，把这个词跟它所表示的事物联系起来，这样他就认得了这类事物。孩子最早习得的是一些基本的名词、动词和形容词等实词。词汇量的发展是一个持续的过程，可以说人的一生都会学习新的词语。但大体上一到六岁的孩子，词汇量增长很快，从几个很快增加到几千个，反映出这一阶段孩子对外在世界的概念认知的发展。到五六岁时，孩子已经掌握了母语中交际所需要的主要词汇，可以顺利地完成交流了。

孩子在习得词语的过程中同时习得了母语的语音。注意，孩子对自己母语语音的习得并没有一个从辅音、元音学起的专门的过程，这与成人在二语学习中通常采用的方式形成了鲜明对比。

只要开始学习词语，孩子就可以说出只由一个词语构成的句子——独词句。比如，孩子指着一只猫说"猫！"，他就说出了一个独词句，表示"这是一只猫"或"这里有一只猫"的意思。孩子能说出独词句，既表明他掌握了某个概念，也包含着对该概念的运用，即用掌握的知识对现实做出判断。

③ 双词句

随着掌握词语的数量的增多，孩子开始学会将两个词组合在一起，说出双词句。比如，孩子借助于词识别了猫和狗以后，听到大人说 bái māo，huā māo，bái gǒu，huā gǒu，按照这些词的指示辨出了白猫和白狗的共同点、花猫和花狗的共同点,进而把物和物的属性区分开来。后来他知道一种东西叫 màozi,就有可能把 bái 和 huā 加在 màozi 上,区别两顶不同颜色的帽子。这时候,孩子不仅注意到不同事物之间的区别,而且注意到不同事物中共同的东西,抽象出事物的属性(例如"白猫""白狗"中的"白"),同时会把统一的事物分析成不同的要素(例如"白"和"狗")。"猫跳""狗叫"之类的句子也是在这个阶段学会的。

在双词句阶段,孩子已不仅仅注意词与事物的联系,而且开始注意词与词之间的关系。双词句体现了造句的基本原理,各种语法组合规则基本都可以在双词句中得到体现。孩子就是通过学习词与词如何组合,习得了自己母语的基本的语法结构规则。

独词句的出现和从独词句到双词句,是孩子学话中的关键的两步,因为语言的基本奥秘已开始渗入这些看似简单的学习之中。

④ 只包含实词的多词句

从双词句到多词句的过渡是非常自然的。多词句中需要用到的语法结构规则基本上在双词句阶段都已出现过。由于孩子的虚词习得是比较晚的,最初的多词句是只有实词的句子,类似电报的电文。

⑤ 自由运用各种句子

随着从双词句到只包含实词的多词句,进而掌握表示语言单位之间关系的虚词或虚语素,孩子在学习语言的道路上就逐步摆脱事物的具体形象的影响而愈来愈注意语言本身的事实。到了五六岁的时候,孩子已经掌握了各类虚词和各种句式,能自由运用各种语言成分造出各种各样的句子来。

上述几个阶段只是就孩子学话的大体发展趋势而言,不是说可以划分出截然不同的界线。

(二)儿童在语言习得中对语言规则的总结

孩子在学话的过程中从大人那里学来的现成的句子是有限的,而孩子却能够理解从来没有听过的句子,也能说出别人从来没有说过的句子。可见,孩子学到的不光是一些词和现成的句子,更重要的是语言中的规则,正是根据这些规则才造出了自己想说而别人没有说过的句子。

儿童在习得语言的过程中所犯的一些错误可以证明,儿童学习语言不是机械地模仿,而是主动总结规则。比如,观察发现,学英语的儿童在习得 went 时经历了以下曲折的过程:孩子一开始说出了 went 的正确形式,但过了一段时间之后,好像退步了,说出了 goed 这个错误形式,又过了一段时间,才又回归到 went 这个正确形式上。如何看待这个曲折的习得过程呢？一开始,孩子说出 went,是由于对大人的机械模仿,这个时候孩子可能并不十分清楚 went 与 go 的关系。在中间阶段,孩子说出了 goed 这个错误形式,这是非常值得注意的,因为 goed 这个形式在以英语为母语的成年人中是不存在的,孩子不可能是从大人那里学来的,只能是孩子自己的创造。这表明在这一时期孩子已经总结出了英语中构造动词过去时的规则：在动词词根后加后缀-ed。孩子根据这一规则创造性地说出了 goed 这个形式,但是不知道 go 这个词具有特殊性,它的过去时形式是不规则的。在大人纠正之后,孩子放弃了 goed 这个错误形式,重新回到了 went 这个形式。必须指出的是,在第三阶段所说的 went 与第一阶段的 went 虽然表面上形式相同,但是在第三阶段,孩子不是简单地"回归"到正确,而是对语言的理解前进了一大步；不仅掌握了动词过去时的构造规则,而且还知道这一规则的运用是有例外的,并知道了 went 与 go 之间的关系,即 went 是 go 的过去时形式。从这个例子可以看出,孩子在习得语言时,不是鹦鹉学舌式的模仿,而的确是在有限材料的基础上归纳语言规则并创造性地加以运用。

（三）儿童语言习得需要具备的条件

下面我们总结一下儿童语言习得需要具备的条件。

① 生理基础

儿童语言的习得具有先天的生理基础,其中最重要的就是大脑的结构和功能。其他动物都缺乏这一生理基础,因此学不会语言。鹦鹉虽然可以模仿人的语音,但由于它们没有人的大脑,所以并不明白所说出的话语的意思,因此不能算是真正学会了人的语言。

② 社会条件

儿童语言的习得也离不开外界的社会条件。只有生活在正常的语言环境中,大脑的语言潜能才能得到开发。如果孩子出生之后就离开正常的人类语言环境,是不会自动说话的。世界上曾经发现有出生后就远离人群和狼生活在一起的孩子,称为"狼孩"。印度在 1920 年曾发现过七八岁大的女性狼孩,后来取名为卡玛拉。她的生活习性跟狼相像,而完全不同于人类,更不会说话。经过多年的训练和教育,这个狼孩才勉强掌握几十个词,能说几句话。她去世时大约十六岁,而智力水平只相当于正常三四岁的孩子。

③ 时间限制

儿童语言能力的开发有时间的限制,即存在"临界期"。最迟到十二三岁,如果在此之前没有机会学习语言,那么此后就不能像正常人那样自如地运用语言了。

4.关于聋哑人的语言和思维

如果思维离不开语言,那么聋哑人能不能进行思维呢？耳聋患者由于听力的缺失,听话的能力受到影响,同时由于失去了对自己发音的监控能力,说话的能力也受到影响,造成掌握语言的障碍,成为所谓的"聋哑人"。但是,聋哑人也是能够思维的。

第一,聋哑人和常人一样,生活在人类社会中,有健全的大脑和发音器官。他们主要是因为耳聋听不见别人说话才学不会语言。一旦恢复或获得了听觉,聋哑人也就可以逐渐学会说话。目前,利用助听仪器提高耳聋儿童的听力水平,进而帮助他们开口说话,学习自然语言,是耳聋儿童教育的重要方面。不能把聋哑人不能说话和其他动物不能说话的情形相提并论。

第二,聋哑人不能利用听觉符号传递信息表达思想,但可以通过别的感觉器官得到补偿。视觉符号同样可以承载信息,具有思维和表达功能。像手语这样的视觉符号成为聋哑人重要的表达方式。视觉符号的掌握也是以大脑的生理机制为基础的。有研究表明,出生在聋哑父母家庭的孩子如果把手语作为"母语",其习得的过程和正常孩子自然语言的习得过程类似,具有临界期。经过专门的训练,聋哑人还能够掌握"手指语",用约定的手指动作拼写语言中的词语,传递复杂而丰富的思想和情感。聋哑人的手指语完全平行于健听人的有声语言：手指语是完善的语言,可以创造和理解无限的新句子；手指语也有自己的语法；使用手指语的人做梦也是用手指语,就像说汉语的人做梦用汉语一样；手指语也有手误,就像有声语言有口误一样；手指的类似变化就像有声语言中的绕口令；儿童学习手指语所经历的阶段也和正常儿童学习有声语言一样；等等。由此也可以看出,抽象思维总得以某种物质的形式作为依托,最方便、灵活的依托是声音。此外,视觉、触觉(盲文就是利用触觉)也能作为依托。没有任何依托的"赤裸裸"的思维是不存在的。

第二节 语言是符号系统

从语言的功能的角度将语言看作人类最重要的交际工具和思维工具,这是从语言的外部来认识语言。这样的认识很重要,但我们还需要从语言的内部来进一步认识语言。这就好比如果只从功能的角度说水是人和动物赖以生存的液体,对于水的认识还不深入,当我们认识到水分子是由两个氢原子和一个氧原子构成时,这就是从内部构成来达到了对水的进一步认识。如果从语言的内部组成来看语言,可以说语言是一个符号系统。

一、符号概说

符号是代表某种意义的一种形式。符号包含形式和意义两个方面。形式是人们的感官可以感知的,意义是符号表达的内容。像信号灯、旗语、上课铃、盲文等都是符号。信号灯、旗语是视觉可以感知的,上课铃是听觉可以感知的,盲文是触觉可以感知的。这些可以感知的形式都具有专门的意义,因此这些形式就具有了符号的功能。

符号的形式和意义是不可分离的,二者缺一不可。如果把交通信号灯拿来照明,不再用作指示交通,那么它就只是具体的物质材料,和普通的灯没有什么差别,就失去了符号的作用。

符号的形式和意义都是一般性的。比如,有红、绿、黄三种颜色的交通信号灯是用来指示交通的符号装置。这种符号的形式不是指哪一个具体的信号灯,它的意义也不是专门针对某一条具体的街道上的某些车的通行或停止。它的形式是交替闪亮的红、绿、黄三种颜色的灯光,分别代表了禁止通行、准许通行和警示的意义。在不同的街道上,虽然具体的信号灯的大小、高度、形状可能有不同,道路的状况和车辆也各不相同,但是作为交通符号的形式和意义不变。可见,符号的形式和意义都是经过了概括的,去除了个别的、非本质的特征。

符号使用者负责对符号的形式和意义之间的联系加以解释。比如,普通的浓烟只是浓烟,但是经过中国西周时周王与诸侯的约定,也可以成为报警的符号。

同样一种形式在不同的环境中可以表达不同的意义,比如,同样是红色的灯光,在十字路口可以表示"停车"的意义,但在机器上可以代表故障。语言中的多义词或同音词属于这种情况。同样一种意义也可以用不同的形式来表达,比如,"停车"的意义除了可以用红灯表示,也可以用交警竖起的手掌表示。语言中的同义词属于这种情况。

符号有三种最常见的类型:

① 意象式符号(icon)

这种符号的形式具有其意义的某些真实的特征。比如,图 1-5 中的标志可以出现在残疾人使用的设施上,看起来像一个使用轮椅的人,这就是一种意象式符号。

图 1-5　　　　　　图 1-6

② 索引式符号(index)

这种符号的形式具有的特征可以让人联想到其意义。比如,图 1-6 中的标志经常出现在高速路上,其中的刀和叉子并不具有饭馆的特征,但可以让人联想到饭馆,因此可以代表饭馆。

③ 约定性符号（symbol）

这种符号的形式和意义之间的联系是任意的、规约的。比如,数学运算符号"＋""－""×""÷"等就是约定性符号。语言符号也属于约定性符号。约定性符号是抽象度最高的一种符号类型。

二、语言符号是声音和意义的结合体

语言符号的形式是声音,意义就是所表达的语义。比如,汉语的"鸡蛋"包含两个符号,"鸡"和"蛋"都是形式和意义的结合体,因此都是符号。英语的 darkness 也是由两个符号组成,dark(黑)和-ness(后缀,其意义是将形容词转变为名词)也都是形式和意义的结合体,因此也都是符号。但其中的 d 只有声音,并没有固定的意义,因此不是语言符号,只是构成语言符号的形式的语音片段。

所谓系统,就是要包含多个成员,并且成员之间存在有机联系,而不能是一盘散沙。语言包含着很多符号,而且这些符号彼此之间相互关联、相互制约,因此语言是一个符号系统。

人类语言为什么优先选择声音这种听觉符号？为什么没有优先选择手势这种视觉符号？首先,听觉符号相比于视觉符号具有一些优点:一是可以边做事边听,不占用人的双手,双手可以去做事情；二是依赖性较小,特别是不依赖于光线,所以人们白天可以说话,晚上也可以说话,但如果是采用视觉符号,晚上或光线暗的地方就无法使用了。其次,人类有灵活的发音器官,这使得语言符号可以选择声音作为物质载体。而人类之所以拥有灵活的发音器官,又与人类的直立行走有密切的关系。直立使得人类的口腔和喉咙形成直角,喉咙受到重力的作用,位置下移,拉长了从喉咙到嘴唇的整个发音通道,这就有助于人类在发音时控制气流,对气流构成更多式样的阻碍,发出一个个清晰的音来。而且,直立行走减轻了人类的嘴的任务,让嘴变成了只管吃东西和说话的工具,而其他动物的嘴往往任务繁多,除了进食,还要用来完成搬运东西、进行战斗等任务。

三、语言符号与现实的关系

语言符号与客观现实的关系比较复杂,是语言学、哲学、符号学等多个学科仍在不断探讨的问题。下面的图示是目前学界比较通行的看法:

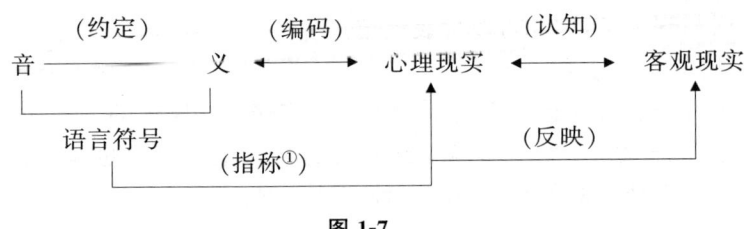

图 1-7

让我们简单说明一下这个图的含义。音和义通过约定的方式组成语言符号,语言符号的意义不是直接编码客观现实,而是编码心理现实。所谓客观现实,指的是当下和历史上所有的人物、事物、现象以及它们的相互关系及其变化,即客观存在的一切情况。所谓心理现实,指的是客观现实经过人的认知贮存在人的大脑中的各种知识信息。心理现实是人们对客观现实认知的结果,因此,心理现实是对客观现实的主观反映。语言符号是人所使用的,指称的是人的心理现实,与客观现实之间的联系是间接的。

客观现实的存在是人的心理现实的基础,在一定程度上决定人的心理现实。同时,客观现实必须为人类所认知才能成为心理现实。心理现实要受到人的生理心理机制、生存环境和认知水平的制约。比如:人的视觉无

---

① 这里的"指称"是哲学术语,指一个词语跟语言外的某个实体(包括事物、事态等)的关系:命名、指代、称说等。

法感知到红外光、紫外线,在这点上还不如有些动物;不借助现代科学仪器也看不到生物中的细胞;在地球上的人无法自然感知到地球围着太阳转;因而原始社会的人类也就没有以上心理现实。心理现实会随着人们认识能力的提高而发生变化。

心理现实是语言符号的意义的源头,语言符号在编码心理现实时具有概括性。谁见过抽象的"房子"?见到的只能是具体的平房、楼房等。汉语把北京的四合院、天津的小洋楼都叫作"fángzi(房子)",这个词把一类建筑的共性抽出来,即"有墙、顶、门、窗,供人居住或做其他用途的建筑物",以便和桥梁、碉堡等别的建筑物区别开来,而不管它的大小、高低、式样等。因此,符号的意义是认识活动的成果,代表一个具有一般性的概念。

四、语言符号的任意性

语言符号具有任意性,这就是说,语言符号的形式和意义之间没有必然的联系,用什么样的形式表示什么样的意义是不可解释的,没有动因的(unmotivated)。

以下几点都是语言符号任意性的证据:

① 翻译等值。同样的意思在不同的语言里可以用不同的语言形式来表达,比如,同样是人饮用的液体,汉语叫作"水",英语叫作 water,二者可以互相对译。这表明用哪种语音表示哪种意义,并没有必然性。

② 同一语言的音义关系在不同的历史时期会发生变化。比如,在古代汉语中"目"表示 eye 这个意义,但在现代汉语中"眼"表示 eye 这个意义,同样的意义经历了从用"目"表示到用"眼"表示的变化。再比如,rise(上升、升起)在当代英语中的语音形式为[raɪz],而在三四百年前,与同样意义相联系的语音形式却是[riːz],这是语音演变造成的语言符号音义关联的变化。这也表明语言符号的音义关联不具有必然性。

③ 同义词。每种语言中都存在同义词。同义词是意义相同而形式不同的词,这表明相同的意义在同一个时期的语言中可以用不同的形式来表达。这也说明语言符号的形式和意义之间没有必然的联系。

④ 有些本可以用意象式或索引式符号表达的意义在形式上并没有表现。比如,在英语中,数词 two 并不比 one 在形式上大一倍;在汉语中,"大"(dà)并不比"小"(xiǎo)的语音形式更大。

语言中存在一些拟声词,即模拟声音的词。比如,汉语中拟声词"咚"可以模拟敲门声、走路声等声音,拟声词"哗"可以模拟下雨声、水流声等声音。拟声词的语音形式与客观世界中的声音相似,看起来是语言符号的形式与意义之间有联系,是可以解释的,这好像是语言符号任意性的反例。怎么看待这个问题呢?第一,拟声词的数量在语言中只占极小的比例;第二,拟声词毕竟是语言中的词,只能由语言可以提供的语音单位构成,与要模拟的客观世界中的各种声音一定会有距离,不可能模拟得完全相同。而且,不同语言模拟同一种声音的拟声词的语音形式也可以很不相同,比如,英语拟声词 crack(噼啪声)、squeak(吱吱声)、flop(拍击声)、flump(重落声)、plump(扑通声)、plunk("砰"的一声)与汉语相应的词的语音形式有很大差异,说汉语的人听起来就没有拟声的感觉。这表明,不同语言里的拟声词的形式受到其所在语言的语音系统的制约,显示出不同选择,也带有一定的任意性的特征。因此,拟声词的存在并不对语言符号具有任意性这一判断带来实质性的影响。

退一步讲,符号创制的最初阶段即使有一定的理据,也是零星的,并且不同语言中意义相同的语言符号,其理据也可能并不相同。而且,最初的一点理据随着时间的流逝也逐渐被遗忘了,任意性就成为语言符号的突出特点。

正确理解语言符号的任意性,有以下两点要注意:

① 符号的任意性是就创制符号时的情形说的,符号一旦进入交际,对使用的人来说就有强制性,个人不能随便改变。

② 单个的符号具有任意性,符号的组合则有一定的理据性。比如,"红花"由"红"和"花"这两个符号组成,其整体意义与作为组成成分的两个符号的意义都有关系,表示的是"红"和"花"的交集,因此"红花"的语音形式与意义之间的关系是具有一定程度的可解释性的,不是完全任意的。到了句子层面,符号组合的理据性就更明显了。单个的语言符号具有任意性,因此要学会单个的语言符号,就只能靠记忆。但语言符号组合起来时有规律可循,语言符号的组合就不必靠记忆一个一个地习得。

五、语言符号的线条性

说话只能一个词一个词地说,话语只能在一维的时间流中呈线性展开;记录在文字上,也是一个字一个字地呈线性排列。语言符号的这一特点被称为线条性。

要注意的是,语言符号的线条性是一个表面的特征,是就语言符号的呈现方式来讲的。如果从内部的结构来看,语言符号的组合是有层次性的。这表现在语言符号并不是严格地从左到右依次组合的。比如,在"美丽的中国姑娘"这个短语中,"美丽的"虽然紧邻"中国",但是这二者并不是首先组合在一起的,"中国"要和"姑娘"先组合成"中国姑娘",然后再与"美丽的"组合。关于语言符号的层次性,我们在"语法"一章中还会讲到。

六、符号系统的两个要素

每个符号系统都有"词库"(lexicon)和"语法"(grammar)这样两个部分。词库,也可以称为词典,其中包含符号系统中所有符号成员的清单,因此,词库可以看作一个单位库。语法是一些关于将符号组织成信息的规则。

以红绿灯交通信号系统这个非常简单的符号系统为例,它的词库包含三个符号:

	形式	意义
符号1:	红灯	停止
符号2:	绿灯	通行
符号3:	黄灯	警示

它的语法包含两条主要规则:

规则1:一次只能亮起一种颜色的灯。

规则2:灯光亮起的次序是绿灯—黄灯—红灯,并且重复进行。

就是依靠这样的词库与语法,红绿灯交通信号系统才能运转。

语言系统是一个比红绿灯交通信号系统复杂得多的系统,但运行的基本原理是一样的,也是包含词库和语法[①]两个部分,只不过其词库包含的符号成员的数量和语法包含的规则的数量都更多而已。

人们可以说出的话语是无限的,但无限的话语是由有限的单位(词库)和有限的规则(语法)组成的。人们正是通过掌握有限的单位和有限的规则,才习得了语言。语言学所研究的"语言",也正是指由有限的单位和有限的规则组成的系统,而不是指具体的话语。说话的行为和说出的话语总是具体的,在词语选择、句子形式的运用等方面都有个人特点。而每个人说话或听话时使用的单位和规则却是具有一般性的,是社会所有成员共同

---

① 这里的"语法"是广义的,指语言系统中的一切规则,区别于狭义的只包含词法和句法的语法。

知晓的。语言是能够生成话语的符号系统,而具体说出来的话语则是人们运用语言系统所产生的结果。

七、符号之间的组合关系和聚合关系

符号可以和符号组合起来。在相同的位置上,符号可以彼此替换。每个符号都处在既可以和别的符号组合,又可以被别的符号替换这样两种关系当中。比如,看以下的汉语句子:

(1) 他　　看　书。
(2) 小王　写　稿子。
(3) 老师　读　论文。

在以上的句子中,从横向来看,符号与符号组合在一起;从纵向来看,符号之间可以彼此替换。

符号和符号组合起来的关系称为符号的组合关系。符号的组合关系是有条件的。这些条件构成了语言中组合方面的规则。比如,以下不带 * 的句子是符合组合规则的句子,而带 * 的句子是不符合组合规则的句子:

(4) a. 我正在吃苹果。
　　b. *的正在吃苹果。
　　c. *我正在吃也许。
　　d. *我正在苹果吃。
　　e. *正在我吃苹果。

不符合组合规则的句子,或者是某个位置上出现了不合适的成分[比如,(4b)中"的"出现在了主语的位置,(4c)中"也许"出现在了宾语的位置],或者是组合的顺序不合语法要求[如(4d)和(4e)]。关于语法的组合规则我们在第三章会进一步讨论。

每种语言中的组合规则是不同的,所以,如果把一种语言中的句子逐词翻译成另一种语言,往往不能得到另一种语言中合格的句子。比如,(5a)在汉语中是合格的句子,但逐词对译成英语后却不是英语里合格的句子:

(5) a. 好好学习,天天向上。
　　b. *Good good study, day day up.

在链条的某一个环节上能够相互替换的符号具有某种相同的作用,它

们自然地聚集成群。它们彼此之间的关系叫作聚合关系。能够出现在同一位置上的成分具有一些共同的特征，形成一个类，因此，聚合关系是一种类关系。

　　根据在组合结构中具有相同的作用而成为一个聚合，这只是语言符号单位的一种聚合关系，语言符号之间还可以形成其他类型的聚合关系。这就好比，一个连队的战士可以按照性别、年龄、籍贯、身高、体重、军事素质、会不会游泳、爱不爱看小说甚至脚的尺寸、脑袋大小等特征进行分类，形成各种聚合。这些聚合都为一定的目的服务，比如最后两项对于供应他们鞋帽的军需后勤部门来说就非了解不可。同样，语言单位也可以按照各种不同的特征聚合成群。例如，词可以因为读音相同、意义相似或相反、词根相同、构成的类型相同、变化的规则相同等而形成聚合，这些聚合也是语言研究所要关心的。不过语言研究最关心组合位置中的替换，因而也比较多地从这一角度研究语言中的聚合关系。

　　组合关系是横向的，也是现实的，因为它们是可以说出来、被听到的。聚合关系是纵向的，也是潜在的，并不会直接被说出来。组合关系和聚合关系使语言系统得以运转，保证了语言系统的能产性。

　　组合关系和聚合关系是语言系统中的两种根本关系。语言中的各级单位都可以构成这两种关系。不但语言符号及符号的组合处在这两种关系之中，而且构造符号的语音和意义也都处在这两种关系之中（详见第二章和第四章的分析）。

第三节　语言符号系统是人类特有的

　　语言是人类这个物种所独有的，无论如何训练，与人类在亲缘关系上最接近的黑猩猩也学不会人的语言。动物之间可以用叫声进行交流，也可以称为"动物语言"。但人类语言和所谓的"动物语言"有着根本区别，表现在以下几个方面。

1. 单位的明晰性

　　人类语言可以切分出界限清晰的单位。听自己会说的语言，人们听到的是自己熟悉的音一个一个地先后发出，是自己了解其意义的词一个一个地先后发出。比如，我们听 tā xiǎng chī píngguǒ 这一段语流，听到的是 5 个音节，这些音节由 t、a 等更小的音组成。这些明晰的单位可以反复使用，可以按照一定的规则相互组合成更大的形式。语言中最小的音的数量是很有限的,就是通过这些有限的音的组合,语言可以生成众多表示意义的符号以及符号的组合。这是人类语言以简驭繁的奥妙所在。而所谓"动物语言",其表现无论是借助声音还是形体,一般无法切分出明晰的单位,是以囫囵一团的叫喊或舞蹈动作来表示某一固定的意思,而且也谈不上单位的组装。

2. 能产性

语言的能产性,也称创造性或开放性,是指人们总是能够运用有限的语言手段通过替换和组合创造出新的话语来。人们可以理解或说出以前从未听过或说过的句子。语言的运用是一项创造性的活动,所能表达的信息是无限多的。人们可以说出的句子在理论上是无穷无尽的。给出任何一个句子,都有办法使之变得更长。"动物语言"只能表达非常有限的信息,是由外部刺激所限定的,一般只表达与生存密切相关的内容,与觅食、安全、求偶等主题相关。

3. 传授性

人类的语言能力是先天具备的,但是掌握什么语言,则是后天学会的,没有现实的语言环境,就学不会任何一种语言。"动物语言"则是与生俱来的本能,一般不用学习。比如,小鹰在出壳的时候就具备应付未来生活中可能出现的搏击、觅食、求偶、育幼等各种事情的本能,它的"语言"是一种本能,像电路一样在脑子里预先安装好并且接通了。这一点与人类学习语言的情形完全不同。其他动物的交际模式虽然也有少许后天的成分,但大多是先天带来的,而人类的语言完全是后天学会的。

4. 不受时空条件的限制

人类使用语言不受时间和地点的限制,人们可以谈古论今,谈天说地,表达复杂多样的信息。但所谓"动物语言",一般只能表达当前时间、当前地点所发生的情况,受到时间和地点的限制,不具有"异时性"和"异地性"。

从上面的这些区别已经足以看出人类语言与所谓"动物语言"的巨大差异。语言是人类这个物种在漫长的进化中形成的。人类的祖先在长期维持生存的劳动活动中锻炼了自己的大脑,改造了发音器官,最终才具备了说话的能力。语言使得人与动物区分开来,是其他动物和人类之间无法逾越的鸿沟。从这个角度看,研究语言与研究人类自身是密切相关的。

第二章　语音和音系

第一节　语音概说

一、语音的单位

语音是指人类通过发音器官发出来的、具有一定意义的、用来进行社会交际的声音。语音是语言的物质外壳。语言的不同首先就表现在语音上。人们有时虽然听不懂别人所说的意思，但是却能分辨出别人说的是什么语言，这就是因为每种语言所采用的语音单位有不同，因而发音特征上也就有不同。

一般人能够自然感觉到的语音单位是音节。比如，"鲜"是一个音节，而"西安"是两个音节，英语的 December 是三个音节。为什么人们能自然地感觉到音节呢？因为音节是一个自然的响度单位，是发音器官肌肉的一次紧张过程。

音节并不是最小的语音单位。音节的内部还可以切分出更小的单位。例如，汉语的"大"(dà)和"杜"(dù)这两个音节，并不是全然不同，可以感觉到这两个音节的开头部分的音是相同的，用汉语拼音来写都是 d，只是后面的音不同；"大"(dà)和"爸"(bà)这两个音节，结尾部分的音相同，用汉语拼音来写都是 a。可见，"大"(dà)这个音节还可以切分出 d 和 a 这两个更小的语音片段（我们这里的分析暂时不考虑声调），这两个语音片段无法在听感上再做进一步的切分，它们是人类能够感知到的最小的语音单位，我们将其称为"音素"。

世界上的语言所用到的音素是很有限的，语音学上经常讲到的不到两百个。

二、记录语音的符号

对于语音单位的发音，我们可以用语言来进行描写，比如，对于"低"这个词的发音，可以描写为：舌尖顶住上齿后齿龈，使得气流受到阻塞；舌身移向前上方，但不接触齿龈或者硬腭，气流顺畅地缓缓流出，同时，声带振动。这样的描写显然比较复杂，不够简洁。如果我们用符号代表语音单位，给符号以定义，这样符号就可以反复使用，描写语音的工作就可以简化。通行的文字不适合用来做这种标音符号。方块汉字自然不必说，即使是拼音文字的字母也不合适。比如，英语中的字母 c，有时候发音和 k 一样，有时候又和 s 一样；同一个 a，在 car，play，map 三个词中，读音就三个样。因此，需要专门制定一套明确的各国通用的音素标写符号。

记录音素的标写符号叫作音标。音标中最通行的是"国际音标"(International Phonetic Alphabet，简称 IPA)。国际音标是国际语音协会于 1888 年制定并开始使用的。国际音标的制定原则是"一个音素只用一个音标表示，一个音标只表示一个音素"，音素和标写符号一一对应，不会出现混淆或两可的现象。只要知道每个国际音标所代表的语音，就可以看懂用国际音标记录的任何语言的语音材料。

国际音标的符号大多数采用拉丁字母，拉丁字母不够用的时候再补充采用希腊字母，有时候也用一些字母的大写、倒写、连写或添加附加符号等办法来补充，以便准确地标记世界上各种语言的语音。

国际音标所代表的音对于全世界的各种语言或方言都是一致的，我们不要把它和具体语言中形状相同的字母的读音混为一谈。为了与一般的字母相区别，通常把国际音标所用的标写符号放在[ ]里。例如，《汉语拼音方案》的字母 b 和国际音标的[b]，写法虽然一样，但代表的音不同。英语 boy，book 的第一个音素、上海话"跑""伴"的第一个音素都是[b]，而现代汉语普通话"伴"的汉语拼音 bàn 中的 b 并不是国际音标[b]所表示的音。《汉语拼音方案》里的字母 b，如果用国际音标来标写，得用[p]。英语 speak，spring 里的 p、上海话"比""把"的第一个音素也都是这个[p]。总之，国际音标加[ ]，是音素的标写符号，是用于标写所有人类语言的；不加[ ]的字母是某一种语言的文字符号或只供某一种语言专用的标音符号。我们看到[ ]中的符号，就一定要把它和写法上相同的字母区别开来。

随着所了解的语言的逐渐增多，以及对语音的认识的逐渐深入，隔若干年要修订一次国际音标。

三、对语音的研究：语音学和音系学

语音与自然界的其他声音有相同之处，也有不同之处。相同之处是，它们从自然属性看都是某些物体的周期性振动而引起的空气粒子的振动。不同之处是，语音不仅有自然属性，还有社会属性。语音是表达意义的声

音,是约定俗成的语言符号的形式,归属于语言系统中的语音系统。每种语言具体选择哪些语音、如何使用这些语音,是说这种语言的社团的选择,不同的语言社团所做出的选择可能不同。

既然语音具有自然属性和社会属性这双重属性,那么就可以分别从这两个方面去进行相对独立的研究。从自然属性出发、针对所有人类语言的语音的研究,属于语音学(phonetics)的研究;从社会属性出发、针对语音在某一个具体语言系统中所起作用的研究,属于音系学(phonology)的研究。

语音的自然属性还可以再细分为不同的方面。语音有"发音—传递—感知"三个环节,分别对应于生理、物理、心理三个方面的属性,由语音学的三个分支——发音语音学、声学语音学、听觉语音学——分别加以研究。虽然对语音发音的研究早在大约两千年前的印度就已经开始,把声音与物体的周期性振动联系起来的声学研究也已经在17世纪的欧洲起步,但以科学仪器为研究手段、明确以语音为研究对象的现代语音学及各个分支,却是19世纪中期以后才发展起来的。首先是建立了发音语音学,[1]在X光等新手段的帮助下从生理的角度大致弄清了语音是怎样发出来的。后来电子声学技术出现,人们又抓住了传递中的声波,把它变为可视的图像,更准确地揭示了语音的种种物理表现,于20世纪40年代建立了声学语音学。50年代后,语音的研究开始向听觉的环节进军,研究人耳如何接收语音,如何把语音传到大脑,如何由大脑进行感知和分析。听觉的研究中最复杂的是试图搞清楚大脑处理语音的机制,这是心理学研究的一个前沿领域。20世纪和21世纪之交,伴随着计算机科学和医学技术的飞速发展,对语音的发音、声学、听觉三方面的研究都进入了图形化、数字化的信息采集和处理的新阶段,这些研究大多要借助计算机软件来分析。比如,发音时口腔、声带的动态变化(发音),声波各种参数的数字化处理(声学),听音时脑电波的动态采集(听觉),等等。语音学三个分支的研究都要大量地利用实验的手段和现代科学的仪器,属于自然科学范畴的研究,虽然跟语言学有关系,但并不属于语言学的核心领域。

语音学的研究范围这么广,方面这么多,对于初学者来说,最基本而实用的是什么呢?我们认为是发音原理。这是学习和研究语言的人应该掌握的最重要的基础知识之一。因此,本章不介绍听觉语音学的研究,只介

---

① 参看 Ashby, Michael (2024) History of phonetics. In *Speech Sciences Entries*. Speech Prosody Studies Group. 来源于 https://gepf.falar.org/entries/67。(访问日期:2025年3月6日)

绍一些声学语音学的知识和语音发音方面的知识。

音系学关注的是语言的语音系统,研究语音系统的构成单位和组织规则。由生理器官产生的物理声音只不过是语言用来表示意义的物质材料。各种语言使用哪些语音材料以及如何使用是各有不同的。后面我们会看到,即使是自然属性完全相同的声音,在不同语言中的作用也可能完全不同。音系学属于语言学的核心分支,因此本章我们会着重介绍一些音系学方面的知识。

第二节　从声学看语音

一、语音四要素

狮吼虎啸,虫鸣鸟叫,我们听到的各种声音都是某种物体周期性振动引起周围空气粒子的周期性振动,形成声波,传到耳膜再传导到大脑的结果。这个过程中,空气粒子的周期性振动体现了声音的物理属性。

物体振动的情况很复杂,我们可以从一种最简单的"简谐振动"谈起。简谐振动是指物体振动的位移与时间之间是正弦或余弦的函数关系。比如有一种叫作"音叉"的专门器件,它的振动就属于简谐振动。音叉的振动以及它所产生的声波,可以用图 2-1 来表示:

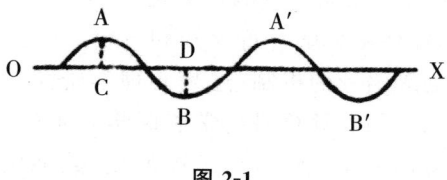

图 2-1

这里是两个完全的波,代表两次完全的振动。A、A′叫波峰,B、B′叫波谷。AA′、BB′叫波长。AC、BD 则与振幅相关。每秒钟振动的次数叫频率。振幅的大小决定声音的强度;频率的高低决定声音的高低(频率的单位叫赫兹);振动时间的长短决定声音的长短。不同的乐器发出的声音有质的不同,我们一听就知道是哪种乐器发出来的。声音这方面的属性叫音质。音质的问题比较复杂,留到后面再说。音高、音强、音长、音质就是一般所说的声音的四要素。语音同样也有这四个要素。a 和 i 是音质的不同。不同声调的 i(如"衣、宜、以、翼")是音高的不同。其中上声的"以"发音的时间稍长于去声的"翼",音长有差别。"帘子"的"子"念轻声,"莲子"的"子"不轻,在音长和音强上有差别。

音高 音高是人们对声音高低的感知,它与发音体振动所产生的基本频率相关。人耳能够听到的频率范围在16赫兹～20,000赫兹之间。长而粗厚的发音体振动慢,短而细薄的发音体振动快,语音的高低和人的声带的长短、厚薄、松紧有关。一般说来,妇女和儿童的声带短而薄,所以说话时声音高一些(妇女150赫兹～300赫兹,儿童200赫兹～350赫兹),男子的声带长而厚,所以说话的声音低一些(60赫兹～200赫兹)。同一个人的声音的高低不同,是由于人类有控制声带松紧和声带振动范围大小的能力。

音强 音强是人们对声音强弱的感知,它与声波的振幅相关。一般来说,语音的强弱跟呼出的气流量的大小和发音时用力的程度有关:发音时用力大、气流强,则发出的声音大多听起来也强,反之则听起来弱。

音长 音长是声音的长短,它取决于发音体振动的时间的长短。

语言中的音高、音强、音长都是相对的,不是绝对的。以音高为例,假如一个男同学和一个女同学都用北京话念"妈、麻、马、骂"四个不同声调的字,就绝对的音高来讲,女生往往比男生高,可是人们并不感到其中有什么差别。对于语言来说,重要的是"妈、麻、马、骂"这四个音之间的高低变化的对比,至于每一个音的绝对的音高变化,那是不重要的。同样,音的轻重、长短,也都是相比较而言的。

音质 音质的声学分析比较复杂,我们在下一小节再做专门的介绍。从声音的产生看,音质之所以不同,大体上由三方面的原因造成。①发音体不一样:同样一把胡琴,拴上丝弦和金属弦,声音就不一样。②发音的方法不一样:同一把胡琴的同一根弦,用弓拉和用手指弹,声音就不同。③共鸣器的形状不一样:把同样的弦绷在二胡上和京胡上,再用同样的弓去拉,发出的声音是不同的,这主要是由于二胡和京胡的琴筒(共鸣器)的大小、形状不同。这三个方面中只要有一个不同,就会产生不同音质的声音。

语音中音质的不同也是由这三个方面的原因造成的。具体地说,一个人发出的语音的音质取决于:①从肺里呼出的气流通过口腔时受不受到阻碍?如果受到阻碍,在什么部位?如果未受到阻碍,口腔的形状又是什么样的?——这些都构成不同形状的共鸣腔。②碰到的阻碍用什么方法克服?——这是发音方法。③声带振动不振动?——这是发音体。这几个方面,只要其中有一个不同,就会产生不同音质的音。我们前面讲到,音素是语言中最小的语音单位,现在我们要补充一句:音素是人类语言从音质角度划分出来的最小的线性的语音单位。一个音素代表一种音质,不同的音素代表不同的音质。了解音质的详细情况和它在语言中的作用,这是语音研究的首要任务。音质落实以后,才便于研究依附于它的高低、轻重、长短这些特征。相反,音乐旋律首先是音高的变化,音乐家和语言学家不同,最关心音高的变化。

二、音质的声学分析[①]

物体振动的情况是多种多样的。音叉的振动属于最简单的简谐振动,这种振动产生的音叫作"纯音"。一般物体的内部材料和外部性状不可能像音叉那样完全均匀一致,所以它们的振动都是复杂的。有的复杂而有规则,产生的音叫乐音,像各种乐器发出的音;语言中的元音也都是乐音。有的复杂而不规则,产生的音叫噪音,如刮风下雨、锯木泼水的声音;语言中的辅音,有的是纯粹的噪音,有的是噪音和乐音的混合。乐音是由有限多个、频率有着规则性联系的纯音构成的,噪音则是由无穷多个、频率没有规则性联系的纯音组成的。

每个乐音都是由若干个不同频率的纯音组合而成。频率最低的叫基音,其他的叫陪音;陪音的频率都是基音的整数倍。基音的强度最大,它的频率决定着整个音的音高。陪音的强度比较弱。由于陪音不同,才分出乐音的不同音质。

几种乐器按同一个调子合奏,它们的音高相同,发出的音的基音是一样的,可是仍听得出钢琴、提琴、双簧管的不同,这是音质不同,是由陪音的数量、频率和强度的不同造成的。例如,有人研究钢琴的音质,在基音以外找出 15 个陪音。他求出基音为 100 赫兹时的 15 个陪音应有的频率数,然后准备了 16 支不同频率的音叉,按规定的强度给音叉以不同力量的敲击,使这些音叉同时发出声音,这时听到的音和那个钢琴的音一样。有人找出黑管的 9 个陪音,如果按同样的方法一齐敲击 10 个音叉,也能形成那个黑管的声音。

各种乐器声音的陪音不同,跟发音体和共鸣器都有很大关系。乐器总是由发音体和共鸣器两部分组成。比如胡琴的发音体是琴弦,共鸣器是安上蛇皮或木片的琴筒;笛子的发音体是笛膜,共鸣器是管身。发音体的振

[①] 本小节及下一小节主要参考了王士元《实验语音学讲座》,《语言学论丛》第十一辑,商务印书馆,1983 年。

动是复杂的,同时产生许多不同频率的振动。共鸣器有自己的振动频率,它在发音体发出的声音的不同频率成分中选择一定的频率成分发生共鸣,加以放大,同时又抑制或吸收另一些频率成分。共鸣器的这种作用在语音音质的区分上非常重要。

吹笛拉琴,声音的高低强弱可以千变万化,但是音质不变,始终笛子是笛子的声音,胡琴是胡琴的声音,因为发音体和共鸣器没有改变。人类发乐音时,发音体是声带,共鸣器由咽腔、鼻腔、口腔组成,口腔、咽腔能够变出更多种形状,因此能够发出"啊""伊""乌""于"等许多不同音质的乐音来。从这方面看,人类发音器官的功能比乐器高明得多。

说话时声带振动,产生的基音的频率通常叫基频,用 F_0 表示,同时也产生许多陪音。这些陪音大部分被口腔、咽腔等发音声道中的共鸣腔所抑制或吸收,有一些则得到共鸣而加强,其中个别的还特别强化。人类的共鸣腔可变化为种种形状,被特别强化的陪音(在语音分析中叫共振峰,用 F_1、F_2、F_3 等表示)也各不一样,因而形成不同的元音。基频决定整个音的音高,这取决于声带振动的频率;共振峰决定整个音的音质,这取决于声腔的形状。正因为这样,我们保持同样的口形(共鸣腔的形状),改变声带振动的频率,可以发出同一个音的不同的音高;而保持声带的振动频率不变,只改变口形,可以发出同样音高的不同元音。甚至可以没有 F_0,只有 F_1、F_2、F_3,人们仍然可以听出是哪个元音,比如在用耳语交谈时。

在决定元音音质的共振峰频率中,最重要的是 F_1 和 F_2。不过 F_1、F_2 等虽然各是一个数据,却代表以它为中心的一小批频率成分。所以共振峰实际上是指被共鸣腔选择和强化的一束频率成分。

下面是一些元音的共振峰分布位置示意图:①

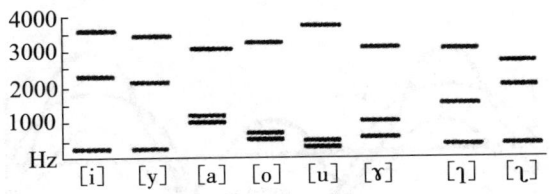

图中的横杠从下到上依次是第一共振峰、第二共振峰和第三共振峰。

图 2-2

---

① 引自林焘、王理嘉著,王韫佳、王理嘉增订《语音学教程》(增订版),北京大学出版社,2013年,第53页。

语言中的辅音都有噪音的成分。辅音的声学特点可参看图 2-5 及有关的说明。

三、声学分析的仪器和软件

语音是一种物理现象，可以通过仪器对它进行物理分析。这是声学语音学的一项重要内容。在 20 世纪前期和中期，常见的普通仪器有浪纹计、语图仪等，20 世纪后期通常借助的工具则是专门的计算机软件。

语音一发即逝，捉摸不住，不好进行比较分析。使用这些仪器或软件的目的是要把语音变成可见的图像，以便进行分析。早期的仪器主要是浪纹计。实验者戴着收音用的口罩、鼻罩、喉罩说话，声波通过导管传到鼓膜，使鼓膜上的音笔随着鼓膜的振动而上下移动，于是便在旋转着的圆柱表面上粘着的烟熏纸上画下振动的波纹。这种波纹就是声波的图像。

声波变成图像，其间还有一些复杂的问题。人们听到的音一般都是由基音和陪音构成的复合波形。由于发音时基音、陪音不一定每次全都同时从一个时间起点(声学上叫作"相位")开始，这就使得同一个音各次记录下来的波形不全一样。下面两个图显示的是同样的两个波的复合情况。

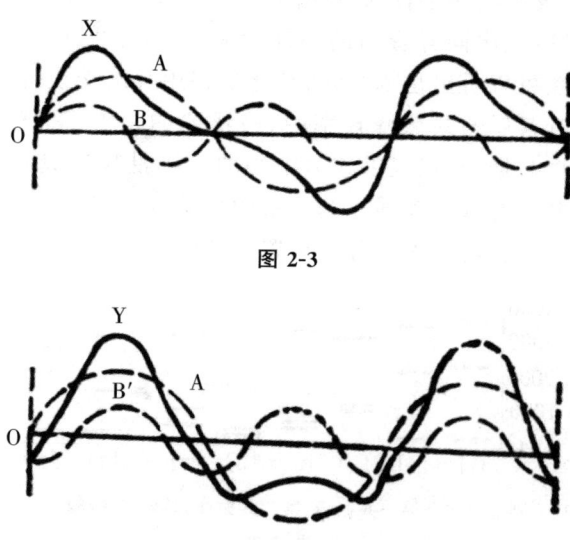

图 2-3

图 2-4

如果基音 A 和陪音 B（其他从略）两个波同时从一个时间起点"O"开始

向波峰升起,复合波的形状就是 X(图 2-3)。如果基音 A 从起点"O"开始向波峰升起,陪音 B′从低于"O"的地方开始升起,复合波的形状就是 Y(图 2-4)。Y 波和 X 波的波形不同,说明两个同样的波由于振动时基音和陪音的时间起点不同,其复合波就不一样。不过这种不同形状的复合波不会影响人们的听觉(因为耳朵不管波的振动的时间起点),只是增加了图像显示的复杂性。

浪纹计显示的声波形状都是基音和陪音结合在一起的复合波形。由于声波的振动有上述的种种复杂性,所以浪纹计所显示的复合波的形状和音质不是一对一的关系,而是多对一的关系。这说明浪纹计用于实验不够精确,还有不少问题。到了 20 世纪 40 年代,由于电声技术的发展,发明了语图仪。语图仪的工作方式不是显示一个一个音的复合波形,而是显示一个一个的音在某一范围内的全部频率的分布情况,简称频谱。这样就使语音的研究向前迈进了一步。

语图仪每次可以分析若干秒钟的录音,在记录纸上烧出疏密浓淡不等的线条。下图是用计算机软件做的,它与语图仪烧出的图完全相当。①

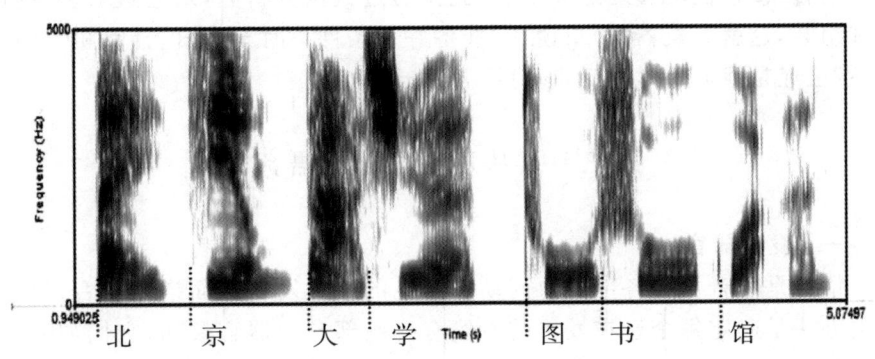

图 2-5

图像的横轴表示时间,即音的长短,纵轴显示这段音里每个音所含的各种频率的分布情况,线条有疏有密,有的地方是空白。每个元音都在纵轴上有若干个线条密集的带,其中位置最低的是基频(F_0),反映整个音的高低。基频上面的第一个和第二个共振峰(F_1,F_2)的位置决定着元音的音质,有时候第三个共振峰(F_3)也有重要的作用。图像的浓淡反映这个音在

---

① 该图由北京大学中文系语音学硕士吴君如提供。

相应的频率区的强弱。辅音在语图上也有不同的反映。像[p][t][k]("北""大""馆"的声母)这类不送气闭塞音表现为一束窄而密集的直线条。像[ɕ][ʂ]("学""书"的声母)这类摩擦音的图像表现为乱纹。乱纹有比较密集的区域,叫"强频区",根据强频区的位置可以识别是什么音。"图"的声母[tʰ]是送气的闭塞音,在直线条后跟着一束乱纹,表明它是送气音。

20世纪80年代以后,语图仪也逐渐落伍,而开始使用专门的计算机用语音分析软件,比如Cool Edit或互联网上就可以免费下载的Praat,都有生成语音各种声学图像的功能。比如,鼠标点一点就可以显示适合观察音质的共振峰宽带频谱图、适合观察音高的共振峰窄带频谱图,或更加直观的、类似浪纹计记录下的基频曲线。语音分析软件还可以从这些语图中提取语音分析需要的各种数据,这样就又可以反过来在这些数据的基础上人工合成语音或人工修改语音(比如把元音[a]改为[i],把上声214改成212、211、21、24、35等,还可以把实录的男声变为女声,把老年人的声音变成小孩的声音)。语音学分析仪器,特别是计算机技术的发展,终于捉住了一发即逝的音,使人们能够通过图谱看见它,通过数据分析它,对它进行多种拆卸和组装,这就为机器"开口说话"准备好了条件。时至今日,计算机"开口说话"已经是我们日常生活常见的一部分了。

第三节 从发音生理看语音

一、发音器官

语音是发音器官各部分协同动作产生的。从发音方面描写语音,最有效的办法是确定每个音在发出的时候有哪些部分的器官参加,它们如何协同动作,也就是定出每个音的发音部位和发音方法。要做到这一点,首先必须弄清发音器官的构造。

人类发音器官的整个装置像一个乐器,分三大部分:动力(肺),发音体(声带),共鸣腔(口腔、鼻腔、咽腔)。这个乐器不但发乐音,还发大量的噪音。发噪音时,发音体主要不是声带,而是口腔的有关部位,但也可以伴随声带的振动。整个发音器官是任何乐器都望尘莫及的非常复杂的装置。下图是发音器官/部位示意图。[①]

[①] 引自黄良喜、梁源《语音系统:从疑惑到理论的科学研究》,香港浸会大学及深圳大学,2009年手稿。

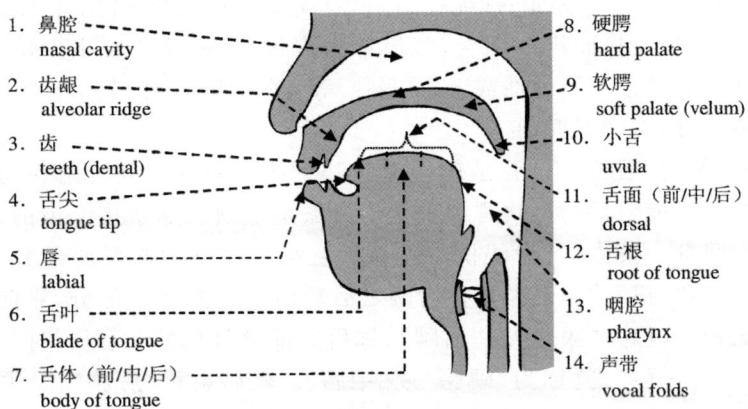

1. 鼻腔 nasal cavity
2. 齿龈 alveolar ridge
3. 齿 teeth (dental)
4. 舌尖 tongue tip
5. 唇 labial
6. 舌叶 blade of tongue
7. 舌体（前/中/后）body of tongue
8. 硬腭 hard palate
9. 软腭 soft palate (velum)
10. 小舌 uvula
11. 舌面（前/中/后）dorsal
12. 舌根 root of tongue
13. 咽腔 pharynx
14. 声带 vocal folds

注：7(舌体)和11(舌面)是同一个部位的两个名称，前者从舌头整体的角度命名，后者仅从舌的上表面命名。4(舌尖)和6(舌叶)又统称"舌冠(coronal)"。

图 2-6

肺 肺位于人体的胸腔，有左右两叶，它们可以随着胸腔的扩大缩小而扩大或缩小。肺部收缩时，里面的空气经过气管、喉头、咽腔向口腔或鼻腔外面流出，这就是呼气；肺部扩大时，空气从外边流入，这就是吸气。我们说话多利用呼气，少数语言还有一些利用吸气发的辅音。

喉头和声带 喉头由软骨构成，呈圆筒形，下接气管，上通咽腔。喉头的外表是喉结，喉头内部的当中位置有一对声带。声带是两个较小的片状的肌肉组织，长度只有13毫米—14毫米，前后两端黏附在软骨上，中间的通路叫声门。由于肌肉和软骨的活动，声带的打开或闭拢可以有多种状态，从而造成声门开闭的多种状态。下面是声带位置的图示。

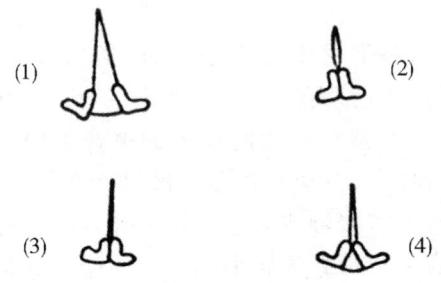

(1)声门大开，平常呼吸时的位置。(2)发浊音时的位置。
(3)发喉塞音[ʔ]时的位置。(4)耳语时的位置。

图 2-7

我们发[a][i][u]等元音（纯粹的乐音）或[m][n][l]等带乐音成分的辅音时，两片声带放松而声门闭合，气流冲击声带，声带就会发生振动，同时声门出现小的通道。不说话或者发[f][s]等音的时候，声门是大开的，气流可以自由通过，声带不振动。

口腔、鼻腔、咽腔 口腔是位于上颌和下颌之间的空间。附在上颌的有上唇、上齿、齿龈、硬腭、软腭和小舌。齿龈是上颌前端紧接上齿的部分。齿龈的中间有一条称作"齿龈桥"的凸起，它把齿龈分为前后两部分，分别称为"龈前"和"龈后"。硬腭是在齿龈之后转向水平方向的部分，靠前的部分与齿龈相接，称为"龈腭"或"前腭"，靠后的部分就是发元音[i]时与舌头最高点相对的位置，就称为"硬腭"或"中腭"。软腭也称"后腭"，是腭部靠后的软的部分，它和与它连接的小舌能够上下移动。附在下颌的有下唇、下齿和舌头。舌头是最灵活的器官，在发音中起很大作用。舌头的尖端叫舌尖。舌头自然平伸时，相对于齿龈的部分叫舌叶。舌尖和舌叶又统称"舌冠"，它们受控于同一肌肉群，可做出撮尖/平铺/下垂/后卷等多种动作。舌叶后面的部分叫舌面，分前、中、后三部分，其中相对于硬的前腭和中腭的部分是舌面前和舌面中，相对于软腭的部分是舌面后。舌面之后转向与咽腔相对的部分叫舌根，舌根的运动可以使舌头整体向前或向后，从而使咽腔的空间扩大或缩小。咽腔在喉头上面，是口腔、鼻腔和食道会合的地方。咽腔和喉头之间有一块软骨叫会厌软骨，呼吸或说话的时候，它就打开，让空气自由出入；吃东西的时候，它就关上，让食物进入食道。由咽腔往上有两条路，一条通到口腔，一条通到鼻腔，起调节作用的是软腭（连同小舌）。软腭下垂，打开通鼻腔的通道，堵住通口腔的通道。如果软腭往上抬起，抵住喉壁，通鼻腔的路就被阻塞，气流只能从口腔出来。咽腔是人类特有的。

上述发音器官中，声带、软腭、舌根、舌面、舌冠、唇等是能够主动地、彼此独立地运动的，叫作主动发音器官；而上齿、下齿、齿龈、硬腭等是不能主动运动的，叫作被动发音器官。我们发出的声音不同，是因为参与发音动作的有哪些主动发音器官、主动发音器官做出什么样的姿态以及主动发音器官与哪些被动发音器官接触或向它们靠近等方面不同。

成人的发音器官从声带到嘴唇平均有170毫米长的通道，发音时形成咽腔和口腔两个共鸣腔，还可以打开鼻腔。喉头中声带和声门的状态复杂多变，口腔中的舌头动作快速灵活。有了这样的装置，能够发出的音的种类自然比其他动物多得多。

二、两类音素：元音和辅音

音素可以分为元音和辅音两大类。《汉语拼音方案》的字母 a、o、e、i、u、ü 代表的音属于元音，其他字母代表的音属于辅音。元音和辅音的区别可以从以下几个方面来考察：

① 发元音的时候，气流通过声门使声带发生振动，发音器官的其他部位不形成任何阻碍，因而气流经过咽腔、口腔时畅通无阻。发辅音的时候都是在发音器官的某一部位造成阻碍，呼出的气流只有克服这种阻碍才能发出音来。

② 发元音的时候，发音器官的各部分保持均衡的紧张。发辅音的时候，声道形成阻碍的那一部分器官特别紧张。例如发"东"（dōng）中的 d 的时候，只有对着齿龈的舌尖部位特别紧张。

③ 发元音的时候，呼出的气流畅通无阻，因而气流较弱。发辅音的时候，呼出的气流必须克服某种阻碍才能通过口腔或鼻腔，因而气流较强。

三、元音

元音的不同是共鸣腔的不同形状造成的。共鸣腔里面最主要的是口腔，一般元音的差别正是取决于口腔的不同形状。口腔改变形状不外乎三个办法：①把嘴张得大些或者小些，②把舌面的最高点放在舌面的前面或者放在舌面的后面，③把嘴唇撮起或者展平。舌头和下颚相连，嘴张得大，就是舌头的位置低；嘴张得小，就是舌头的位置高。所以上面三个办法可以归结为舌位的高低、前后，嘴唇的圆展。这三个因素的结合决定着每个元音的音质。

嘴唇不圆，把嘴张得最大，即开口度最大，舌面的最高点尽量往前，发出来的音像"爱"（ai）里面的前一个音，国际音标标为[a]。同样条件下把舌面的最高点向后移动，发出来的音像"昂"（ang）里面的前一个音，国际音标标为[ɑ]。

嘴唇不圆，把嘴的开口度调整到最小，舌面的最高点尽量往前，发出来的音像"衣"（yi），国际音标标为[i]。如果开口度最小，舌面的最高点尽量往后，嘴唇撮圆，发出来的音像"乌"（wu），国际音标标为[u]。

[a][ɑ]代表了舌位最低状态下的最前、最后两点，[i][u]代表了舌位最高状态下的最前、最后两点，这四个点可以作为元音发音时舌位可变动的最大范围，变更口腔的形状所能发出的元音几乎都在这个范围之内。所

以,一般就以这四个点为坐标连接成一个四边形,用来表示元音发音的各种舌位,叫作"元音舌位图",如下:

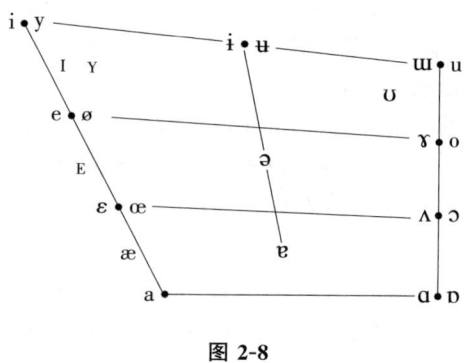

图 2-8

图的左边一条线标志着舌位最前的限度,线上每个点代表的元音,它们的舌位前后差不多(随着口腔的张大,舌位逐步靠后,所以这条线往后偏斜),都叫前元音,差别只在舌位高低(假定嘴唇都不圆)。这条线的最高点[i]、最低点[a]是我们已经知道的音。现在把从[i]到[a]的距离三等分,第一个三分之一处的音大致相当于"梅"(mei)里面的 e,国际音标是[e],我们称它为半高元音。第二个三分之一处的音大致相当于"街"(jie)里面的 e,国际音标是[ɛ],我们称它为半低元音。右边一条线标志着舌位靠后的最大限度,线上每个点代表的元音都是后元音,其中最高点的[u]和最低点的[ɑ],我们已经知道。其他元音我们也可以按照区分前元音的办法把右边的那条线三等分:第一个三分之一处的音相当于"波"(bo)里面的 o,国际音标是[o],第二个三分之一处的音就是英国英语 dog 里面的 o,国际音标是[ɔ]。上面介绍的八个音叫作基本元音,是一切元音的基准,其中前元音都是不圆唇的,后元音除[ɑ]以外都是圆唇的。

表 2-1　八个基本元音及举例

音标	名称	举例
[i]	前高不圆唇	北京"衣"[i]　英 beat[biːt]
[e]	前半高不圆唇	北京"梅"[mei]　英 red[red]　法"夏天"été [eˈte] 德"阅读"lesen[ˈleːzn]
[ɛ]	前半低不圆唇	北京"列"[liɛ]　英 fair[fɛə]　法"母亲"mère[mɛʀ] 德"学习"lernen[ˈlɛʀnən]

续表

音标	名称	举例
[a]	前低不圆唇	北京"担"[tan]　英 fly[flai]
[u]	后高圆唇	北京"屋"[u]　英 room[ru:m]
[o]	后半高圆唇	北京"波"[po]
[ɔ]	后半低圆唇	广州"火"[fɔ]　英 all[ɔ:l]　法"标记"note[nɔt] 德"太阳"Sonne[ˈzɔnə]
[ɑ]	后低不圆唇	北京"刀"[tɑu]　英 half[hɑ:f]

下图是 X 光照相得出的八个基本元音发音的舌位图像:

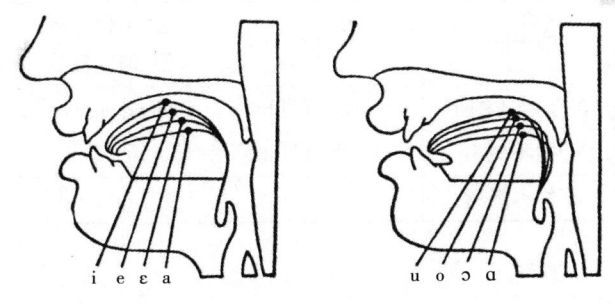

图 2-9

图里舌面的最高点代表整个舌头在某一前后高低坐标上的位置。我们可以看出,这就是图 2-8 的来源。舌位图只管舌位,不反映嘴唇的圆展。每一个不圆唇元音差不多都有相对应的圆唇元音,每一个圆唇元音都有相对应的不圆唇元音。按规定,所有的圆唇元音都写在斜线的右边,不圆唇元音写在斜线的左边。

按照某个音在舌位图上的位置,比较八个基本元音,我们就能知道这个元音舌位的前后、高低应该是什么样的,嘴唇的状况如何。心里有了这个坐标,再去模仿别人的发音,会比没有分析的盲目模仿更容易领会。

现在我们在舌位图上再加些常见的音。

首先,在前元音和后元音的中间可以增加央元音的系列。这个系列的高元音是[ɨ]和[ʉ],它们是从[i]到[u]的中点。不圆唇的[ɨ]代表的音相当于俄文字母 ы 的发音,圆唇的[ʉ]是美国英语 two 中元音的发音。舌位高低为中的央元音是[ə],北京话轻读的"的""了"中的元音就是[ə],各个语言轻读音节中的元音也通常是[ə]。它的舌位不高不低,不前不后,唇介乎圆与不圆之间,是发音器官处在自然的状态下发出的音,所以还有个专门的名称叫作"混元音"。[ɐ]则在北京话的儿化韵中经常出现,ai 韵、an 韵儿化后的主要元音都是这个[ɐ]。

其次,据嘴唇状况可以增加的音如下表:

表 2-2 据嘴唇状况可以在舌位图上增加的音

增加的音	嘴唇状况	汉语例子	外语例子
[y]	[i]的圆唇	北京"女"[ny]	
[ø]	[e]的圆唇	上海"干"[kø]	法"少量"peu[pø] 德"油"Öl[ø:l]
[œ]	[ɛ]的圆唇	广州"靴"[hœ]	法"害怕"(名词)peur[pœʀ] 德"词"(复数)Wörter['vœʀtɐ]
[æ]	在[ɛ][a]之间	苏州"好"[hæ]	英 map[mæp]
[ɤ]	[o]的不圆唇	北京"哥"[kɤ]	
[ʌ]	[ɔ]的不圆唇		英 but[bʌt]

四、辅音

辅音的共同特点是气流在一定部位受到阻碍,通过某种方式冲破阻碍而发出音来。受阻的部位就是发音部位,形成和冲破阻碍的方式就是发音方法。发音部位还可以进一步区分为主动发音器官和被动发音器官的位置。明确了这几个方面,就能正确地发出一个辅音来。

下面先介绍几对比较常用的发音方法:

清和浊 辅音的发音体是阻碍气流的发音部位,但有时声带也参与发音。发音时声门微闭、气流上来后声带振动的辅音叫浊辅音,声门大开、声带不振动的叫清辅音。北京话中 l、r[ɻ]、m、n、ng[ŋ]这五个辅音是浊辅音,其余都是清辅音。北京话有清音 f、s,而没有像英语里的 v、z 那样的浊音。我国好多地区的方言也是如此,所以这些地区的人在学习外语的这些浊辅音时往往发得不太准确。

送气和不送气 送气、不送气在汉语里分得很清楚。比如普通话里的"爸"和"怕"、"大"和"踏"、"贵"和"愧"的区别就在前一个字的辅音是不送气的,后一个字是送气的。发送气音的时候,喉头同时带有像英语 h 那样的摩擦,所以国际音标写送气音的办法是在不送气辅音的右上角加个小"h"①。比如上面这三对字的辅音,不送气的是[p][t][k],送气的是[pʰ][tʰ][kʰ]。这里要注意国际音标和汉语拼音字母的区别。按照汉语拼音,上面三个不送气的辅音写成 b、d、g,送气的写成 p、t、k。

塞、爆与擦 "塞"就是闭塞,它是指发音器官的某两部分紧紧靠拢,完全堵住气流的通路,气流堵在口腔,对口腔形成很大的压力。闭塞之后突然打开,让压力很大的气流冲出而发出声音,这叫作"爆"②,这种情况有点像开启汽水瓶的盖子。[p、t、k、pʰ、tʰ、kʰ、b、d、g]等音都有闭塞过程,都是塞音。同时这些音也都有闭塞后打开让气流冲出的过程,所以也都又叫作"爆音"。"擦"就是摩擦。与塞音不同,发擦音时发音器官的某两个部分只是靠近,留下一个狭窄的缝隙,让气流从这个缝隙中挤出来。例如,北京话的"夫""思""喝"的起首辅音 f[f]、s[s]、h[x]就是擦音。

塞和擦两个方法还可以结合起来,先塞后擦,发出塞擦音。塞擦音是部位相同、清浊一致的一个塞音和一个擦音紧密地结合在一个发音过程里发出来的音,听起来并不比单独的擦音长。例如,北京话的 z[ts]是舌尖前清塞音[t]和同部位的清擦音[s]的合音,发音过程的前半段按塞的方法完全堵住气流,后半段改用擦的方法,给气流一个狭窄的缝隙,让它从中间挤出来。北京话的 z、c、zh、ch、j、q[ts、tsʰ、tʂ、tʂʰ、tɕ、tɕʰ]都是塞擦音。

鼻音和口音 发出的辅音是鼻音还是口音,这是软腭(连带小舌)在起作用。软腭低垂,堵住口腔的通道,让气流从鼻腔出来,就产生鼻音;软腭上升,堵住鼻腔的通道,让气流从口腔出来,就产生口音。比如"爸"(b[p])和"妈"(m[m])两个字的辅音的发音过程都是双唇由紧闭到突然打开,但发"爸"时气流从口腔出来,是口音,发"妈"时气流从鼻腔出来,是鼻音(另外,发 b[p]时声带不振动,发 m[m]时声带振动,有清浊的区别)。常见的鼻音还有 n("努"[nu])和 ng(上海话"饿"[ŋu]),和它们相应的口音就是 d("堵"[tu])和 g("古"[ku])。

颤音、闪音或搭音、边音、近音和半元音 "颤"就是颤动,颤音是舌尖、小舌这两个柔软的尖状物处在十分放松并有气流冲击的状态下连续颤动

---

① 早期的国际音标还可以用右上加"'"的描写法,如"怕"的声母可以写作[p']。这一写法现已废弃。

② 英文为 plosion。《语音学和音系学词典》(特拉斯克著,《语音学和音系学词典》编译组译,语文出版社,2000)译为"破裂",也有译作"爆发"或"爆破"的。

而发出的音。它们的颤动导致气流呼出的通道被堵住后又迅速打开，再迅速堵住和打开，好像是紧紧相连的一小串塞音。俄语的r(如ruka,手)是舌尖颤音[r]，法语的r(如la robe,连衣裙)是小舌颤音[R]，德语的r(如die Reise,旅行)可以是舌尖颤动，也可以是小舌颤动。汉语没有舌尖颤音和小舌颤音，发音中也不用小舌部位。小舌颤音是汉语母语者外语学习中最难掌握的音之一。除了舌尖颤音和小舌颤音之外，还有双唇颤音。双唇颤音是一种较为罕见的辅音，在国际音标中记为[ʙ]。其发音特点是肺部呼出的气流集中作用于紧张的双唇，使其产生颤动。该辅音主要存在于部分非洲及大洋洲语言中，如刚果(金)东北部的芒贝图语和瓦努阿图的宁德语。闪音或搭音是舌头颤动一次发出的音，如英语very中处于弱读音节中的r[ɾ]。俄罗斯人说英语，常常把r一连打几个滚儿，这是用颤音代替了闪音。边音是在舌头的中间位置堵住气流出路，让气流从舌头的两边流出而发出的音。北京话的l[l]是在舌尖和齿龈部位堵住气流、气流从舌两边流出的边音。近音、半元音介乎擦音和高元音之间，也即发音通道留有比擦音大但比高元音小的缝隙，所以气流通过时受到的阻碍小于擦音大于高元音，只是稍微有些摩擦。两者的区别在于近音的舌头姿态与辅音近似，而半元音与元音近似。例如英语非弱读音节中的r，如red中的r是个被动发音部位与z相同(龈后)但摩擦更小的近音[ɹ]；北京话中大多数人发的"日"的起首辅音是个与卷舌擦音[ʂ]的发音部位和姿态都相同但声带振动、摩擦更小的近音[ɻ]；英语yes的y[j]、walk的w[w]则分别是与元音[i]和[u]发音姿态相同但摩擦稍大的半元音。另外，由于舌头两侧有通道，发边音时的气流摩擦也很小，所以边音也叫作"边近音"。

下面沿着气流通过声带进入口腔或鼻腔排出体外的线路，列举重要的发音部位。

首先，声门本身也可以是一个发音部位。由声门发出的音叫"声门音"，汉语音韵学中称为"喉音"。例如上面讲到的送气成分就是气流和张开着的声门发生轻微摩擦产生的。英语have,hand中的起首辅音是一个声门部位的擦音，国际音标记作[h]。北京话"还"的起首辅音用汉语拼音写作h，国际音标是[x]，是舌根部位的擦音，比声门音[h]的发音部位靠前，用它来发have,hand是不对的。

气流进入口腔之后，发音部位的第一个大站是舌面后[①]。舌面后辅音

---

① 有的语言还有舌根向咽壁后缩接触的咽音，本书拟不讨论。

几乎所有语言都使用,发音时舌面的后部往上抬,向软腭靠拢,使气流受阻。北京话的 g、k、ng、h[k、kʰ、ŋ、x]都是舌面后音。

舌面后的前面是舌面中,它和硬腭后半部(中腭)配合发出的音叫舌面中音。这个部位正是发元音[i]时的舌位。不过[i]是气流不受阻碍的元音,如果舌头保持发[i]时的舌面高点,再往上抬一些,接近硬腭的后半部,发生轻微的摩擦,就能发出"夷"或英语的 yes 开头的 y[j]。这个[j]就是舌面中半元音。如果舌面中与中腭十分接近,气流从缝隙中通过时摩擦很大,就形成舌面中擦音,如湖南韶山方言"奚"[ɕi]中的[ɕ]。

舌面最靠前的部分是舌面前,它和齿龈与硬腭的交界处(前腭)配合节制气流,可以发出舌面前音。北京话的 j、q、x[tɕ、tɕʰ、ɕ]就是这一类音。

舌面前的前面是舌冠。舌冠(舌头前部)平展着上抬,和齿龈后(齿龈桥之后、硬腭之前)部位会形成一条线状的接触带,从而节制气流,发出舌冠-齿龈后音,也称"舌叶音"。例如英语的 China[tʃainə]、bridge[bridʒ]、short[ʃɔːt]中的[tʃ、dʒ、ʃ]都是这一类音。汉语广东方言中也有这一类音,大体上北京话念[ts、tsʰ、s、tɕ、tɕʰ、ʂ、tɕ、tɕʰ、ɕ]的,广东话都念成[tʃ、tʃʰ、ʃ]。舌叶音在英、德、法、俄这些语言里都有,而汉语好多方言里没有。汉族人学外语时常常不自觉地用舌面前音去代替,这点需要注意。

舌冠最前面的部分是舌尖。舌尖在发音中是最灵活的部分,可以和好几个部位配合构成阻碍,节制气流,发出各种不同的音。如果舌头卷起,以撮尖的舌尖向后翻顶住上齿齿龈桥后的位置,可以发出顶音(舌头正面与齿龈桥后接触)或卷舌音(舌头背面与齿龈桥后接触)。一般称作"卷舌音"的北京话的 zh、ch、sh[tʂ、tʂʰ、ʂ],实际是顶音。如果撮尖的舌尖抵住上齿齿龈桥前的位置,或者舌尖自然下垂至下齿,这两种情况都可以在上齿齿龈桥前的位置形成对气流的节制,发出舌尖-齿龈音。例如北京话中的 z、c、s[ts、tsʰ、s]有以上两种不同的情况,不同的人的舌尖位置有不同,而 d、t、n、l[t、tʰ、n、l]只有后一种情况。如果舌尖抵在上下齿之间,就可以发出舌尖-齿间音,如英语 thing[θiŋ]、father[faːðə]中的[θ]和[ð]。

气流再往前,会受到唇的阻碍。上齿和下唇配合所发出的音叫唇齿音,如北京话的 f[f],英语的 f、v[f、v]。由双唇形成阻碍而发出的音叫双唇音,如北京话的 b、p、m[p、pʰ、m]。双唇音和唇齿音也可以合称唇音。

上面介绍了辅音主要的发音方法和发音部位。如果以部位为经,方法为纬,画成辅音表,那么每个辅音的发音都可以从表上找到。辅音表和元音舌位图都是语言研究成果的结晶。下面是经过简化的辅音表,主要列出北京话和英语中使用到的或本章讨论中提到的辅音音素。为了排版的方便,发音方法的清/浊、不送气/送气放在同一格中,按照先清后浊、先不送气后送气的次序排列。下表中的阴影区域表示被认为不可能发出的音,无阴影的区域,多半在其他语言中有可以发出的音,只是我们没有列出。

表 2-3 辅音表[①]

	双唇	唇齿	舌尖齿间	舌尖龈前	舌叶龈后	卷舌	舌面前龈-腭	舌面中硬腭	舌面后软腭	小舌	声门
塞	p pʰ b			t tʰ d					k kʰ g	ʔ	
擦	ɸ β	f v	θ ð	s z	ʃ ʒ	ʂ ʐ	ɕ ʑ	ç j	x ɣ		h ɦ
塞擦				ts tsʰ dz	tʃ tʃʰ dʒ	tʂ tʂʰ dʐ	tɕ tɕʰ dʑ				
鼻	m			n					ŋ		
颤				r						R	
闪/搭				ɾ							
边近音				l							
近音和半元音	w ɥ	ʋ		ɹ		ɻ	j(ɥ)*	(w)*			

* 音素[ɥ][w]分别有两个发音部位,[ɥ]为双唇兼舌面中-硬腭,[w]为双唇兼舌面后-软腭。

发音的可能的部位很多,可能的方法也不少,每种语言都只用其中的一部分,加以搭配,构成自己的发音基础。孩子从小学习母语,一般到十二岁的时候,母语的发音基础已经生根,学习其他语言的音就比较困难。母语发音基础的干扰是学习外语语音的主要障碍,不过这种障碍是有办法克服的。

各种语言选择的部位和方法有很大的共性。例如双唇、舌尖、舌面等主动发音器官,齿龈、齿龈桥、硬腭、软腭等被动发音部位,塞、擦、塞擦、鼻这些方法,几乎每种语言里面都有。困难在于部位和方法的搭配可能不同,只要改变搭配的习惯,就能正确地发出一部分陌生的外语音来。比如,

---

① 本表主要根据国际语音协会颁布的国际音标辅音表的主表,但根据汉语的情况做了一定的调整。主要的不同有:A. 原主表在小舌和声门之间还有"咽"这个发音部位,但没有舌面前这一列的音和各格中的送气音(这些音被放在主表之外的"其他符号"和"附加符号"次表中);B. 原主表第一行辅音的英文名称是 plosive,中文译名当作"爆",这里根据国内学界的习惯用了"塞"。

北京话的塞音没有伴随声带振动的浊音,要发出浊塞音,必须设法把声带的振动加入到相应的清塞音的发音动作中去。声带振动这个要素是发元音的时候必然出现的,北京话里当然有。要是我们连续不断地发元音[u],同时使下唇和上齿接触,做发[f]的动作,我们就能够把声带振动带进[f]里去,发出相应的浊音[v]。同理,也可以不断发[u]带出[b],不断发[ɤ]带出[d]或[g]。也有人用发鼻音的方法带出同部位的浊塞音。

外语中有些发音部位和方法是汉语普通话里面没有的,比如舌叶-龈后、小舌这两个部位,颤、闪这两种方法。舌叶音是学习外语时经常碰到的音,汉语除粤方言等少数方言外,没有这种舌叶音,需要自己去建立。明白音理有助于新音素的掌握。比如,我们从正面知道舌叶音[tʃ]是舌头的哪一部分同上腭的哪一部分接触,从反面知道它和北京话里相近的[ts]和[tɕ]有什么差别,我们就能自觉地模仿,检验自己的发音是否正确。

明白游泳的道理对于初学游泳的人来说固然有用,可是要熟练地掌握游泳技术,还得多练。本族语的发音基础是比较顽强的习惯,要克服障碍,掌握新的音素,同样也靠多练。

表 2-4 辅音发音举例①

国际音标	汉语拼音字母	汉语例字	外语例词
p	b	巴[pa]	
pʰ	p	怕[pʰa]	
b		(上海)排[ba]	英 be
m	m	妈[ma]	
ɸ		(诸暨)夫[ɸu]	日"船"[ɸune]
w	w	王[waŋ]	英 wait
f	f	法[fa]	
v		(上海)肥[vi]	
θ			英 thin
ð			英 this
t	d	打[ta]	

① 本表按照发音部位的前后排列,通过举例提示音值。对于一些比较常见的音,凡是汉语例子能说明问题的,一般不再举外语例子。外语举例以英语为主,兼及其他语言。

续表

国际音标	汉语拼音字母	汉语例字	外语例词
tʰ	t	他[tʰa]	
d		(上海)大[da]	英 day
n	n	拿[na]	
r			俄 raz 德"旅行(动词)" reisen(也可念[R])
ɾ			英 very
l	l	拉[la]	
s	s	苏[su]	
z		(上海)查[zo]	英 zero
ɹ			英 red
ts	z	祖[tsu]	
tsʰ	c	粗[tsʰu]	
ʂ	sh	沙[ʂa]	
ɻ	r	入[ɻu]①	
tʂ	zh	煮[tʂu]	
tʂʰ	ch	出[tʂʰu]	
ʃ		(广州老派)诗[ʃi]	英 she 法"中国"Chine 德"鞋子"Schuh
ʒ			英 pleasure 法"我(第一人称单数主格)"je 德"天才"Genie
tʃ		(广州老派)止[tʃi]	
tʃʰ		(广州老派)耻[tʃʰi]	英 watch 德"啪(拟声词)"platsch
dʒ			英 jump
ɕ	x	西[ɕi]	
tɕ	j	居[tɕy]	

---

① 北京话的 r 有的教材上标作卷舌浊擦音[ʐ],但实际上它的摩擦很小,当是卷舌近音[ɻ]。

续表

国际音标	汉语拼音字母	汉语例字	外语例词
tɕʰ	q	去[tɕʰy]	
ç		(韶山)戏[çi]	德"我(第一人称单数主格)"ich
j	y	杨[jiɑŋ]	英yes
k	g	钩[kou]	
kʰ	k	口[kʰou]	
g		(上海)茄[ga]	英go
ŋ	ng	东[tuŋ]	英sing
x	h	好[xɑu]	俄"好"xerəšo
R			法"玫瑰"rose 德"旅行(动词)"reisen(也可念[r])
h		(上海)好[hɔ]	英hot 德"有"haben

第四节 音位与音系

一、对立和互补

我们在声学一节讲了语音的物理属性,在发音部分讲了语音的生理属性,合起来也就是语音的自然属性。这两部分都以人类可能发出的最小的线性语音单位——音素作为考察的基点。音素是可供语言使用的物质材料,各种语言都可以到这个材料的仓库里去挑选。事实上每种语言都只选择一小部分音素,按一定的方式加以使用。现在我们要进一步从语音材料的仓库追踪到具体语言的现场,考察一种语言为了适应社会交际的需要采用了哪些音素,如何加以使用。这样,我们的研究就从语音的自然属性转到语音的社会属性、符号属性,从语音的一般的生理—物理特点转到它在特殊语言系统里的作用。这些问题属于音系学探讨的范围。

音素是从音质角度划分出来的最小的线性的语音单位。同样一个音素,就其自然属性来说对各个语言都是一样的,但在不同语言中所起的作用却可以很不一样,正像一棵树锯出的木料在这家做了床板,在那家打了衣柜。例如不送气的[p]和送气的[pʰ]是汉语和英语里都有的两个音素(按照《汉语拼音方案》,[p]写作b,[pʰ]写作p,但是它们的作用大不一样。[p]和[pʰ]在汉语里有区别词或语素的语音形式的作用，比如"标"[piau]和"飘"[pʰiau]语音上的不同仅仅在于前者是不送气的[p]，后者是送气的[pʰ]，汉语母语者就可以听出它们是两个不同的词。两个音素在周围的音都相同的环境下独立承担区别词或语素的语音形式的作用，叫作"对立关系"。人们对处于对立关系的音的区别十分敏感，一定会认为它们是完全不同的两个语音单位。在英语里，[p]只出现在[s]的后面，[pʰ]出现在其他情况下，比如，sport 中的 p 发成[p]，port，paper，top 中的 p 发成[pʰ]。如果你把它们换一下，别人只会感到你发音不地道，却知道你说的是什么，不会引起混淆。在英语里，[p]出现的位置不会出现[pʰ]，[pʰ]出现的位置不会出现[p]，它们的出现环境互相补充，这叫作"互补关系"。与对立关系不同，互补关系的两个音不一定有区别词或语素的语音形式的作用。比如，英美人碰到 sport，会把 p 自然地发成[p]，碰到 port，会把 p 自然地发成[pʰ]，可是对它们的区别往往很漠然，虽经别人点破能够意识到，但仍然认为它们可以算作一个语音单位，至少它们的差别并不重要，这就是没有区别词或语素的语音形式的作用。[p]和[pʰ]的自然属性在汉、英两种语言中是相同的，但能否区别词或语素的语音形式的作用却完全不同。《汉语拼音方案》为它们设立两个字母，英文却只为它们设立一个字母，从中可以清楚地看到它们在汉英语言中的不同作用。可以说，了解音素在具体语言中的不同作用及其中的原理，对于掌握另一种语言是至关重要的。

　　音素在一种语言中的互补关系主要体现为组合条件的不同，特别是音节中的语音组合条件。比方说，汉语里的"哀""安""啊""熬""昂"五个语素的语音形式，用《汉语拼音方案》写出来是这样的：

　　　　哀　　安　　啊　　熬　　昂
　　　　ai　　an　　a　　ao　　ang

其中都包含一个 a。如果我们仔细比较一下这五个语素中的 a，就会发现这里有两个不同的 a，即两个不同的音素："哀""安""啊"中的 a 是前 a，国际音标是[a]，"熬""昂"中的 a 是后 a，国际音标是[ɑ]。它们各有自己的语音条件：韵尾[i][n]之前是[a]，因为[i]是前元音，[n]是发音部位靠前的辅音，前 a 与之组合，发音比较方便；单独做韵母的[a]比[i][n]韵尾之前的[a]略微偏后，舌位居央，但也可归入前 a 的范畴；[①] [u][ŋ]之前是后 a，因

---

① 原来用音标[ᴀ]来表示，称作中 a。现在这一音标只在十分细致地讨论音值的时候才使用。

为[u]是后元音,[ŋ]是发音部位靠后的辅音,后ɑ与之组合,发音比较方便。所以,虽然汉语的a其实有前、后两个,但它们的差别取决于出现的环境。这种差别汉族人的感觉是很漠然的,把它们当作一个语音单位,拼音方案也只设立一个字母。可是,在有的语言里,[a]和[ɑ]分得很清楚,好像汉语母语者认为[p]和[pʰ]是完全不同的语音单位一样。日语hito(人)、hata(旗)、hune(船)里面的h随着后面元音的不同分别为[ç][h][ɸ]三个擦音。英语的k(或写作c,ch)花样更多:它在s后面是不送气的[k],而这个[k]又随着后面元音舌位的不同,发音部位有前后的差别,例如ski,school,scot里面的[k],在阿拉伯人听起来是前、后、中三个不同的[k],英美人却认为是同一个语音单位,对它们的区别是漠然的。不在s后面的k是送气的[kʰ],它同样也随着后面元音舌位的不同而发成不同的花样,例如keep,cool,call三个词开头的[kʰ]有前、后、中三种不同的部位。其实英语的p,k,t在s后面发成不送气的[p][k][t],也是它们适应s的结果。这从实际发音中可以体验出来。如果你愣把sport,scot里面的p和c发成送气的[pʰ][kʰ],会感到不如发不送气的[p][k]自然。总之,处于互补关系中的音素由于没有区别词或语素的语音形式的作用,这就为把不同的音素归属于一个语音单位提供了一种可能的条件。

对立和互补是语言里音与音之间的两种重要关系,是我们考察一个音素在具体语言中的作用的根据。彼此对立的音素,例如汉语里的[p]和[pʰ]、英语里的[p]和[b](请比较pig"猪"和big"大"),都起着区别词或语素的语音形式的作用,它们肯定是被母语者当作不同的语音单位来使用的。而互补的音素,如汉语的[a]和[ɑ]、英语的[p]和[pʰ],不起区别词或语素的语音形式的作用,如果彼此语音相似,它们就会被母语者当作同一个语音单位来使用。

二、音位和音位变体

我们了解了音素的对立关系和互补关系,就可以进一步讨论一种语言的语音系统中的最小语音单位了,这就是一般所说的"音位"。

凡是处于对立关系中而能区别词或语素的语音形式的几个音素必定分属于几个不同的音位。分析音位的方法是先挑选出适当的词或语素(最好是单音节的),连续替换这个词的读音中的某一个音,看是否能形成别的词的读音。如果能够形成,说明这些彼此替换的音有区别词或语素的语音形式的作用,它们是对立的,可以给它们立音位。比如我们选出汉语的

"标"[piɑu]，分别用[pʰ][t][tʰ]替换[p]，就得出[pʰiɑu]（飘）、[tiɑu]（刁）、[tʰiɑu]（挑）。这种替换说明"标、飘、刁、挑"等词的语音形式依靠[p][pʰ][t][tʰ]来区别，我们应该给这四个音素立四个音位，写成/p//pʰ//t//tʰ/（音位的标写法是在左右各加一条斜线）。每个音位出现在不同环境里的时候，语音上会有一些细微的改变（请比较[pi][pu]里面的[p]），由于变化太细，可以不加考虑。我们还可以举一些英语的例子：

  pill [pil]   药丸
  bill [bil]   账单
  till [til]   抽屉
  dill [dil]   莳萝
  kill [kil]   杀
  gill [gil]   鱼鳃

  词首辅音的不同区别了词的语音形式，因而我们应该给英语立出/p//b//t//d//k//g/等音位。对立关系是划分音位的主要根据。

  要说明的是，由于语素、词都是音义结合的语言符号，音位区别了语素或词的语音形式，通常同时也就区别了语素或词的意义。但严格地说，"区别语音形式"与"区别意义"并不完全是一回事。比如北京话中"爬""耙""扒"的意义并不相同，但语音形式都是/pʰa³⁵/，也即音位并不能把这三个语素的不同意义区分开来。所以，严格地说，音位所起的是区分词或语素的语音形式的作用：音位序列相同的是语言中的同音词或同音语素，音位序列不同的是语言中不同音的词或语素。

  处在互补关系中的读音相似的音素彼此不对立，即不起区别词或语素的语音形式的作用，我们可以把它们归并为一个音位。如果它们被归并为一个音位，则处于互补关系中的各个音素就被看成同一个音位在不同位置上的代表，是同一个音位的不同的变异形式，所以我们把它们叫作音位变体。英语里的[p][pʰ]处于互补关系当中，是同一个音位的两个变体。这个音位写成/p/或者/pʰ/都无不可，不过一般选择比较常用的音标，写作/p/。英语的/p/就包含[p][pʰ]两个变体。同理，我们可以把汉语里的[a][ɑ]归成音位/a/，日语里的[h][ç][ɸ]归成音位/h/。上述各个音位的变体，它们的出现条件受环境的制约，可以叫作音位的条件变体。

  音位的条件变体不能只凭互补关系来定，它们还需在语音上相似，彼此的差别能够用出现的环境来解释。例如北京话里的绝大多数辅音只出现在音节的开头,比方说[p][pʰ][t][tʰ],而[ŋ]只出现在音节的末尾,出现的环境是互补的。但是[t]和[ŋ]在语音上差别很大,而且我们无法说明何以音节的开头要用[t],音节的末尾要用[ŋ],所以[t]和[ŋ]不能归并为一个音位,必须分别设立音位。也就是说,在确定音位的时候,互补的原则一定要结合语音的近似特征来运用,不然也可能会把毫不相干的音归并为一个音位。

在有些语言或方言中,处在同样位置上的几个音可以自由替换而不起区别词或语素的语音形式的作用。例如重庆、武汉、南京等地的[n]和[l],东北有些地方的[ts、tsʰ、s]和[tʂ、tʂʰ、ʂ],在相同的环境中随便念哪一个都可以。"南"与"兰"在武汉等地不分,既可以念[nan],也可以念[lan];"山"与"三"在东北有些地方不分,既可以念成[san],也可以念成[ʂan]。这里的[n]和[l]、[s]和[ʂ]在各自的方言中就都是同一个音位的变体。因为它们之间的相互替换是自由的,没有条件的限制,可以把这种类型的变体叫作音位的自由变体。

音位是具体语言中有区别词或语素的语音形式的作用的最小语音单位。音位的分析与拼音文字的创制有极密切的关系。理想的拼音文字应该用为数较少的字母就能有效地拼写语言中全部的音,这就需要对语言的音位有深入的分析。如果以音素为单位,一个音素就给设计一个字母,那么北京话中的[a][ɑ]就需要两个字母,日语里的[h][ç][ɸ]就需要三个字母;如果以音位为单位,只分别需要一个字母 a 和 h 就可以了。这样既有利于教学、书写,减轻人们的学习负担,也可以在印刷中节省大量的人力、物力。

关于音位和音位变体之间的关系,在语言学里有不同的说法,这里不去深究。为了方便起见,我们可以理解为类别和成员的关系。类别由成员组成,成员的数目可以多少不等。北京话的音位/a/是一个音的类别,它至少包含[a][ɑ]两个成员①,也就是/a/至少包含两个变体。北京话的/p/也是一个音的类别,按理它也有不同的成员,但因为它在不同位置上的差别很小,一般算它只有一个成员[p],即北京话的/p/只有一个变体[p]。"变体"不是相对于"正体"而言的,所有的成员都叫变体。在各个变体当中,有时需要选一个变体代表整个音位。被选的往往是印刷上最常用或者语音上受邻近的音影响最小的那个变体。例如北京话中/a/音位选用 a,就同时

---

① 事实上,北京话 ian 韵中的/a/是[ɛ],anr 韵中的/a/是[ɐ],也即北京话的/a/音位至少有[a][ɑ][ɛ][ɐ]四个变体。

符合上面两条标准。

　　语言里的音位是特定系统的成员。每个音位都是和系统中别的音位相对而在系统中起作用的。因此不但要看它自身的自然属性是什么，还要看它的自然属性不能是什么，也即与其他音位的相互关系是什么。比如汉语/p/的旁边有/pʰ/，/p/不能是送气的，但不妨是浊的；英语/p/的旁边有/b/，/p/不能是浊的，但不妨是送气的。所以，离开对立和系统，无所谓音位，正像把红灯从交通灯上拆下来安在洗相片的暗室里，它不再有禁止通行的作用一样。音位既然是一定系统的成员，两种语言标音上相同的音位当然不能对等。这情况很像货币，人民币的"元"、美元的"元"、日元的"元"各有自己的价值，要经过换算才能比较。

三、音质音位和非音质音位

　　前面讲的音位是以音素为材料、从音质的角度来分析的，叫作音质音位。在语音中，除了音质以外，音高、音强、音长也能区别语言单位的语音形式，从而起区别意义的作用，因此也能构成音位。我们把这种具有区别词或语素的语音形式作用的音高、音强、音长叫作非音质音位，以区别于由音素构成的音质音位。

　　在非音质音位中，我们最熟悉的是由音高构成的音位。汉语的声调有区别词或语素的语音形式的作用，它是由一个音节之中音高的高低及其变化曲线表现出来的。同一个音节，声调不同，词或语素的语音形式就不同，因而意义也不同。"妈""麻""马""骂"的元音、辅音及其组合的顺序是一样的，都是/ma/，只是音高变化不同才使它们成为语音形式不同、意义迥异的四个语言单位。这种有区别词或语素的语音形式的作用的音高变化，叫作调位，它是一种非音质音位。北京话有阴平、阳平、上声、去声四个调位，上海话有阴平、阳平、去声、阴入、阳入五个调位，广州话有阴平、阳平、阴上、阳上、阴去、阳去、阴入、中入、阳入九个调位。我国的藏语、苗语、壮语等语言也各有数量不等的调位。

　　在有些语言里，重音和轻音、长音和短音也有区别词或语素的语音形式从而区别意义的作用。英语用重音来区别词或语素的语音形式，例如 cóntent 是形容词，意思是"满足"，contént 是名词，意思是"内容"。语言学中把这种能区别词或语素的语音形式的重音叫作重位或势位。英语还用元音的长短来区别词或语素的语音形式，如 beat/biːt/（打）和 bit

/bit/(少许)。① 这在语言学中叫作时位。

调位、重位、时位都是非音质音位,其数目和包含的具体内容在各语言或方言中是不同的。

第五节　音位的聚合

一、区别特征

语言里的音位彼此对立,所以能够区别词或语素的语音形式,从而区别意义。音质音位是时间维度上线性切分的最小音系单位。如果不限于线性切分,则音位还可以进一步分析为一个或几个发音特征的区别。例如北京话的辅音音位/p//pʰ//t//k//m/的发音特征:

表 2-5　北京话辅音音位的发音特征区别举例

音位	部位	口/鼻	送气/不送气
/p/	双唇	口	不送气
/pʰ/	双唇	口	送气
/t/	舌尖	口	不送气
/k/	舌面后	口	不送气
/m/	双唇	鼻	

/p/以"双唇"与/t//k/相区别,以"口"与/m/相区别,以"不送气"与/pʰ/相区别。具体语言中有区别音位作用的发音特征,叫作该音位的区别特征。每一个音位都可以分解为几个不同的区别特征。运用区别特征比较容易说清楚音位在具体语言中的特点和具体语言语音系统的组织方式。这个道理和人们认识原子的过程是一样的:有了原子的概念,固然可以说明物质的构造,但是要说明原子本身,还得对它进行更细的分析,找出构成原子的基本粒子。

音位的区别特征虽然可以从声学方面(声谱的图形特点)来分析,也可以从发音方面来分析,但是发音方面的分析与音位在语音系统中的作用关系更密切。同时,我们已经大致掌握了发音原理,从发音方面来定区别特征也更容易理解一些。每个元音都有自己的舌位和唇形,每个辅音都有自

---

① 学界新的研究表明,英语的所谓长短元音,实际上是松紧(tense-lax)的音质差异。

己的主动发音器官、被动发音部位和发音方法,这些发音要素正可以用作音位区别特征的基础。上面所列的区别特征都是从发音方面来定的。

　　语言里的音位利用哪些特征和其他音位对立,这由它在音位系统里所处的地位而定。北京话的/p/,如上所述,以"双唇"与/t//k/相区别,以"口"与/m/相区别,以"不送气"与/pʰ/相区别,但不通过"清"与其他音位相对立,因为北京话的塞音、塞擦音没有浊音音位。北京话/p/的区别特征是:双唇、塞、口、不送气。这里增加了一个"塞",以区分塞音、擦音与塞擦音。英语里也有个/p/音位,它在自己的系统里所处的地位和北京话的/p/不一样,所以它的区别特征也不同于北京话的/p/。英语的/p/也以"双唇"与/t//k/相区别,以"口"与/m/相区别,但它还通过"清"与浊音/b/相区别。它的区别特征是:双唇、清、塞、口,没有北京话的"不送气"这个区别特征。

二、音位聚合群

　　语言中的音位不是孤立的,每个音位都通过自己的区别特征和其他有共同特征的音位联系着,聚合成群。由于一个音位常常有多个区别特征,所以同一个音位也就常常同时处于多个聚合群。比如北京话的/p/音位至少同时处在两个聚合群中:按发音部位,它是双唇聚合群/p pʰ m/的成员(为简化分析,这里不列擦音);按发音方法,它是不送气、塞、口音聚合群/p t k/的成员。

p	t	k
pʰ		
m		

　　纵列是双唇的聚合,横行是不送气塞音的聚合,/p/处于双向的(部位的和方法的)聚合中。处于这种聚合中的音位,结构上具有平行、对称的特点,/p/的双唇聚合群有送气塞音/pʰ/、鼻音/m/与之对立,/t//k/也有相应的同部位的送气塞音(/tʰ//kʰ/)和鼻音(/n//ŋ/)与之对立,相互间呈现出平行、对称的系列。这样上面的空格就可以用/tʰ//n/和/kʰ//ŋ/去填补,成为:

p	t	k
pʰ	tʰ	kʰ
m	n	ŋ

纵列与纵列平行、对称,横行与横行平行、对称。聚合群之间的这种平行、对称的系列,是音位系统性的具体表现。我们知道了聚合群中某一个音位的特点,也就可以大体上推知和它处于同一聚合群中的其他音位的特点了。

双向的聚合是音位系统的主流,因而平行、对称也就成为音位系统的一个重要的特点。元音音位和辅音音位一样,也具有这种特点。音位系统的平行、对称的结构特点来自语言的发音基础(参看本章第三节)。每种语言各在可能的发音部位和发音方法中选择若干种部位和方法以及彼此的结合方式作为发音的基本要素。这些要素的充分、合理的搭配自然会使音位系统呈现出平行、对称的结构格局。可是,音位系统中也还有一小部分音位,它们只和某些同部位的音位聚合,而在发音方法上离群索居,说明它们只有单向的聚合。请看北京话的塞擦音和擦音的系列:

ts	tsʰ	s	
tʂ	tʂʰ	ʂ	ɻ
tɕ	tɕʰ	ɕ	

/ɻ/在发音方法上没有与它同系列的音位,形单影只。与此类似的还有一个/l/。这种单向聚合的音位与双向聚合的音位相比有哪些特殊性,引起了人们的兴趣和讨论。已有的研究表明,这些单向聚合的音位的确有自己的特殊性:它们是语言习得中最晚习得的音,是历史演变中最不稳定并且变化方向多变的音。比如北京话的/ɻ/声母在汉语其他方言中可能是n、l、z、j等多种声母。

每一个音位都处于聚合和组合两种关系中。同一聚合群中的音位,根据音位的系统性特点,应该具有相同的组合关系(例如/k kʰ x/只能与开口呼、合口呼组合,不能与齐齿呼、撮口呼组合),但实际上,在平行、对称的系统中也常常会有一些不平行、不对称的现象。例如北京话鼻音聚合群中的/m n ŋ/三个音位在组合关系上就有很大的差异。假定v代表元音,那么它们和v的组合关系是这样的:

mv	—
nv	vn
—	vŋ

/m/只能出现在元音之前(如"马"[ma]),/ŋ/只能出现在元音之后(如

"钢"/kɑŋ/),而/n/既可以出现在元音之前(如"拿"[na]),也可以出现在元音之后(如"安"[an]),所以/m//n//ŋ/在组合关系上既不平行,也不对称。但是如果由此得出语音缺乏系统性的结论,未免轻率。实际上,只要我们联系其他的方言,对这种不对称的现象稍加分析,就会发现这种不对称现象的出现是有原因的。它是语言演变处于某个阶段的表现。在古代(隋唐时期),它们之间在结构上是平行、对称的。/m//ŋ/和/n/一样,既可以出现在元音之前,也可以出现在元音之后。由于语言的发展,元音之后的/m/和元音之后的/n/合并,例如古代收/-m/尾的"南""参""感""粘""今"等现在都以/-n/收尾;今天的广州话这些字的读音还完整地保留着/-m/尾。元音之前的/ŋ/在一些汉语方言中消失了,成为今天北京话零声母的一个来源,例如"瓦""岸""硬"在隋唐时期都是以/ŋ-/为声母的,现代的有些方言如济南、西安、宁波、广州等方言也还保留着这种声母,像"岸"在广州就念[ŋɔn]。所以,对称系统中的不对称现象在语言的研究中具有重要的价值,它可以为我们探索语言的演变提供一些富有启示性的线索。

区分双向的聚合和单向的聚合,有利于分析音位的系统性,也有利于说明语音的演变。一般说来,处于双向聚合中的音位发生演变时会引起同一聚合群中其他音位的演变,例如/k/在/i//y/前变成/tɕ/,那么和/k/处于同一聚合群的/kʰ/、/x/在同样的条件下也会产生同样的变化,变成/tɕʰ/、/ɕ/,而处于单向聚合中的音位的变化,一般不会波及其他的音位。法语的小舌颤音/R/是单向聚合的音位,它在非洲法语中变成舌尖颤音/r/,别的音位不受影响。汉语/ʅ/的变化也不会影响其他的音位。

第六节 语音单位的组合

一、音节

音节是语音中最自然的结构单位。确切地说,音节是音位和音位组合起来构成的最小的语音结构单位。在汉语里,一个音节通常也就是一个语素的语音形式,在文字上也通常用一个汉字来对应。一个音节可以由一个音位构成,如"阿"/a/,也可以由两个或两个以上的音位构成,如"他"/tʰa/、"三"/san/、"端"/tuan/等。

说话的时候,发音器官的肌肉总是交替地一紧一松,处于增强—减弱过程中的几个音在发音动作上的联系更加紧密,因而发出的音在人们的听觉上形成一个个语音片段,这就是音节。我们每发一个音节,发音器官的肌肉就有一次紧张,先增强后减弱。肌肉紧张的最高点对应着音节的中心,叫作"音峰";肌肉紧张逐渐减弱的最低点对应着音节的分界处,叫作"音谷"。例如北京话的"干部"/kan pu/这个词,发音时发音器官的肌肉有两次紧张,所以是两个音节。在这两个音节中,音峰在/a/和/u/上面,音谷在/n/和/p/之间。为什么音峰总落在元音上头?因为它前面的辅音是从休息状态或音谷处开始发音的,发音器官的肌肉紧张程度由弱而强,突然上升(特别是塞音),而元音正是紧接着前面辅音的紧张最高点开始发音的,由此开始渐次减弱,因而在元音上显出音峰。有的音节由元音单独构成(例如"阿"/a/),发音开始时也有一个渐增的紧张,只是较为缓慢,因为从休息状态或音谷处开始发音到音峰之间总有一个过渡,不可能一下子就出现音峰。

元音前的辅音的紧张总是迅速增强的,而元音后的辅音则不同,它接着元音由强而弱的势头出现,往往发不满一个全过程,甚至只是发音器官接触一下就过去了。例如广州话入声字的收尾音/-p/("鸭"/ap/)、/-t/("一"/jat/)、/-k/("国"/kuɔk/),或者英语 connect/kənekt/中的第二个/k/。总之,元音后的辅音的紧张总是逐渐减弱的。

在一个音节内部,不同的元音音位可以直接组合在一起,构成复元音;不同的辅音音位也可以直接组合在一起,构成复辅音。复元音大多处在音节的紧张达到顶点并且开始减弱的阶段上。例如我们发"买"/mai/的时候,肌肉有一次紧张,/ai/处在紧张减弱的阶段上,是个复元音。复辅音是音节内部处在同一个紧张增强阶段或减弱阶段上的两个或两个以上的辅音组合。例如英语 star 中的/st/是两个辅音组成的复辅音,street/str/是三个辅音组成的复辅音。现代汉语普通话中没有复辅音。

语言中还有少数只由辅音构成的音节,例如表示答应的"呣"[m̩]、山西文水话的"你"[n̩]、上海话的"五"[ŋ̍]、杭州话"小伢儿"中的"儿"[l̩]。这时候的音峰就只能落在这个辅音上。这样的辅音,叫作成音节辅音,在音标的上面或下面加一个小直杠" ̍ "来表示。

音节是音位组合而成的结构,每种语言的音节都有自己的结构特点。音节结构可以从以下三个方面来观察:首先是音节最多可以有几个组合位置,然后是组合位置按什么样的组合层次组合起来,最后是每个组合位置上可以出现哪些聚合类的成员。例如北京话的音节通常可以分成声、韵、调三部分。声母和韵母由音质音位构成,声调由非音质音位中的调位构成。声母指音节开头的辅音，如/kʰuai⁵¹/("快")中的/kʰ/。韵母指声母以外其余的音质部分，它又分韵头、韵腹、韵尾三部分，韵头也叫作"介音"。韵母的三个成分中韵腹与韵尾的关系更为紧密，这两个成分结合称为"韵"。下面以/kʰuai⁵¹/为例说明北京话音节的结构格局：

声调 51（去声）			
声母	韵母		
	介音	韵	
		韵腹	韵尾
kʰ	u	a	i

也就是说，北京话音节的组合位置最多是四个音质音位和一个调位。音节每个组合位置上只能出现某些音位聚合群。比如北京话中能出现在声母位置上的只有辅音，而且除/ŋ/外的所有辅音音位都能在声母位置上出现。能在韵腹位置上出现的只有元音，各个元音音位也都能在韵腹位置上出现。介音和韵尾位置能够出现的成员较少，能做介音的只有/i//u//y/三个音位，属于高元音这个小聚合群；能做韵尾的只有/i//u//n//ŋ/四个音位，分属高元音和鼻辅音两个小聚合群。音节的各个组合位置有的是必须有成员出现，有的则不是必须有成员出现，前者称为"必有成分"，后者称为"可有成分"。北京话的音节中只有韵腹、声调是必有成分，其他成分是可有成分。比如，感叹词"啊"没有声母、介音和韵尾，只有韵腹和声调，"快"则声母、介音、韵腹、韵尾、声调五个成分齐全。

根据不同组合位置上的音位或区别特征，大小不同的语音单位又形成更大的聚合分类①。比如，根据主要元音或介音位置上的成员可以得到：凡是以/i/为主要元音或介音的韵母聚合为齐齿呼，以/u/为主要元音或介音的韵母聚合为合口呼，以/y/为主要元音或介音的韵母聚合为撮口呼，没有介音而以/a//o//ə/为主要元音的韵母聚合为开口呼。开、齐、合、撮四呼是北京话音位组合格局中的一个重要特点，掌握它对于掌握北京话的声韵配合规律至关重要。根据韵尾位置上的成员则可以得到：从区别特征"口/鼻"的对立来看，凡是以元音/i//u/结尾的韵母聚合为元音韵尾韵，凡是以鼻音/n//ŋ/结尾的韵母聚合为鼻尾韵，凡是没有韵尾的韵母聚合为开尾韵。这一分类对于掌握语流音变的规律很有用处。从区别特征"后/非后"

---

① 参看王洪君《普通话韵母的分类》，《语文建设》1995年第1期。

的对立来看，有/u//ŋ/韵尾的韵母聚合为后韵尾韵，有/i//n/韵尾的韵母聚合为前韵尾韵，无韵尾的仍为开尾韵。这三类韵母在儿化时各有自己的规律。

总之，音节的组合结构和每个位置上的聚合类构成一个语言音系特殊的组织方式，语言中的音只能在各自语言的这种特殊的组织方式中活动。

现代汉语普通话音位的组合格局比较简单，分开、齐、合、撮四呼，没有复辅音，能够形成的音节数目比较少。外语中的复辅音，用汉语音译时，往往需要用汉语的一个音节去对译外语的一个辅音。比如英语中的姓 Swift 是一个音节，译成汉语变成"斯威夫特"四个音节；"布尔什维克"是五个音节，它来自俄语三个音节的 bol′-še-vik。用汉语转译外语的音往往要增加音节，这种不一致是汉语音位的组合规则所引起的。

二、语流音变

音位和音位的组合由于受说话快慢、高低、强弱和邻音的影响，可能发生不同的临时性的变化。这种变化叫作语流音变。语流音变与音位变体有许多不同。比如，音位变体的分布条件一般只限于语素或词音形的内部，而语流音变则通常可以跨语素或跨词发生。再比如，语流音变只是可能出现的变化，在相同的语音条件下，有的人变有的人不变，语速快时变慢时不变，不强调时变强调时不变；而音位变体则是在一定的语音条件下一定出现的不同。另外，语流音变可能是一个音位变成另一个音位，而音位变体只能是音位内部的几个成员。虽然有这些不同，但两者在某些音理机制上也有一些共同之处，比如两者都有受邻音的影响而发生语音上同化的现象。常见的语流音变有同化、异化、弱化、脱落四种。

同化现象在各种语言的语流音变中都十分常见，它是指一个音位受相邻音位的影响而在某个区别特征或音位整体上趋同的现象。比如北京话的"棉"/mian/、"面"/mian/中的/n/在"棉袍""面包"中变成[m]，这是被"袍""包"的声母/pʰ/、/p/在部位上同化的结果。又比如北京土话把"榆钱儿"说成[y tɕʰ yar]，[tɕʰ yar]中的[y]是[i]受前一音节[y]同化的结果。英语中的/t/[tʰ]在后接舌面中半元音/j/时腭化为舌叶音[tʃ]，如 don't you 快速口语中为[dun tʃjəu]；而弱读音节 to 中的/t/在前接/n/时可以同化为/n/，如 want to go 在快速口语中变为[wannə gəu]，不少口语教材甚至在文字上也改写为 wanna go。以上语流音变都是跨语素、跨词发生的。

异化现象不像同化那么频繁，但也比较常见，它是和同化相反的音变现象:两个本来相同或相近的音位,如果连着发音有困难,则其中一个发生变化,变得跟邻近的音不同或不相近。比如,北京话的上声是个发起来比较费力的低曲折调,两个上声字相连时,第一个上声要变成阳平("有井"调同"油井"),这是调位的异化。俄语中的/kto/(谁)、/ˈdoktor/(博士)有人发成[xto][doxtor],因为 k 和 t 都是塞音,连发有困难,k 被异化成擦音 x。

看来,同化是为了追求发音的顺口,异化是为了避免发音的拗口。不过同化和异化只是语流中发生变异的可能性,是否发生,如何变异,取决于语言社会。

弱化也是各个语言都十分常见的现象。弱化可有程度的不同,表现也是多种多样。弱化通常发生在轻声(汉语)或弱读(重音型语言)音节中。从元音来说,弱化最常见的表现是:复元音单化,单元音(高元音/i u y/除外)央化。比如,北京话口语中"木头"/mu tʰou/弱化成[mu tʰo],"妈妈"/ma ma/弱化成[ma mə]。英语 American 一词中起首弱读音节的 A 音质为[ə]。另外,专门表示语法意义的词通常是弱读的。比如,英语有几十个常用的语法词有强式和弱式两种发音,弱式发音最常用的是央元音[ə]。比如英语的冠词:

冠词	强式发音	弱式发音
a	/ei/	[ə]
an	/æn/	[ən]
the	/ði:/	[ðə]

汉语的"了、着、的、得"、"什么、怎么、为什么"的"么",现在的韵母都是单个央元音[ə]。但历史文献表明它们的韵母原来各不相同,除"么"外原来还都是复元音韵或有塞尾的入声韵。可以想见,它们在历史上也经历过英语这样的强弱两式并存的阶段,最后只留下了弱式。从辅音来说,弱化通常表现为发音阻碍的减少,常见的有:清音→浊音,塞擦音→塞音/擦音,塞音/擦音→边音/近音。比如,北京话中"爸爸"的第二音节/pa/→[bə],"搁在桌上"的"在"/tsai/→[tə]~[də](有的方言中进一步弱化为[lə])。英语中处于两个元音之间的弱读音节中的首音 t 经常弱化为搭音,如 latter, better 中的/t/→[ɾ]。汉语声调的弱化形式为轻声,丧失原有的调值,时长变短,音高变低或承接前音节的音高曲线走向。

随着弱化程度的加深,还往往会进一步造成某些音位的脱落,并有可能进一步造成音节分界的变动,或两个音节并为一个音节,后者也叫"合音"。比如，北京话的"你们"/ni²¹⁴ mən˙/常说成[nim²¹⁴]，"我们"常说成[wom²¹⁴]或[m̩²¹⁴]，"豆腐"/tou⁵¹ fu˙/说成[tou⁵¹ f˙]。三词都发生了音位的脱落，前两词还发生了合音。英语里弱式发音的词也会发生音位的脱落和音节分界的变动及合音。比如，am/æm/的弱式发音是[əm]，其中的[ə]还可能脱落而只剩下[m]，例如 I am coming/ai æm kʌmiŋ/口语中一般说成[aim kʌmiŋ]，原来的第二音节中的元音[æ]弱化进而脱落，又导致第二音节剩下的[m]并入第一音节做韵尾。is/iz/的弱式发音则是脱落了[i]的[z]，如He's not well/hi:iz nɔt wel/弱化为[hi:z nɔt wel]，is 中的/i/脱落后前两个音节合音。这个[z]在前接清辅音时被同化成[s]，如 It's all right 为[its ɔ:l rait]。英语中弱化脱落的结果不一定都是两音节的合并，还可能是音节的重组，如 not at all /nɔt æt ɔ:l/在口语中变为[nɔ͡tə͡tɔ:l]，在快速语流中则变为[nɔ͡tɔ:l]。

　　语流音变一般是临时性的共时音变，不太会固定下来成为语素或词的固定读音，但也有少数例外。如果语法上总是出现于轻读的位置，或是一个语素或词在某个构词搭配中的出现频率特别高，语流音变也可能固定下来成为该语素或词的唯一形式。比如，汉语中的语素"婿"，中古时期还跟"细"同音，但由于长期出现于"女婿"一词中，受前一音节韵母圆唇的影响而同化为与"女"一样的圆唇韵母。语流音变固定为历史音变的往往是个例，跟语法或构词位置及出现频率密切相关。各语言的语法词（虚词）往往发生弱化音变，这方面的研究正在引起重视。

　　语流音变是语言十分重要的特点，是语言系统丰富而有弹性的表现。要真正学好一种语言或方言，不仅要掌握它们的音位及其组合聚合规律，还要掌握它们的语流音变规律。

第三章 语法

第一节 什么是语法

一、语言使用者头脑中有关于语法的知识

语法就是将语言符号组织起来的规则,或者简单地讲,就是组词造句的规则。每个语言使用者头脑中都有关于语法的内化了的知识。所谓内化,就是客观地存在于大脑中。虽然普通的语言使用者并不能清楚地描述语法的规则,但正是头脑中的语法知识让语言使用者能够正确地说话。何以知道每个语言使用者的头脑中有关于自己母语的语法知识呢?

证据一:每个人都能够判断一个句子在母语中是否合语法。比如,每个汉语[①]使用者都可以非常轻松地指出以下句子能不能说。不能说的句子,也就是不合语法的句子,我们按语言学研究的惯例,在前面标上＊:

(1) 他比我高。
(2) ＊他高比我。

同样,每个英语使用者都可以很轻松地判断以下英语句子是否合语法:

(3) He likes playing basketball.
(4) ＊He like play basketball.

证据二:每个语言使用者都能够判断句子合语法的程度。语言使用者可以比较两个句子之间的好坏。比如,两个句子都不是十分合语法,但可能一个句子比另一个句子略好一些。以下句子前的问号表示不完全合语法,问号越多,表明句子越不好:

(5) ??? 一个人来了。
(6) ?? 一个女孩来了。
(7) ? 一个漂亮女孩来了。

---

① 在本章中,如果不特别交代,"汉语"都指"汉语普通话"。

(8) 一个长头发的漂亮女孩来了。

从例(5)到例(7),随着定语的增长并变得具体,句子变得越来越好,到了例(8),句子就完全可以接受了。

下面的英文句子也显现了不同的合语法的程度:

(9) Who did you see pictures of?

(10) ? Of whom did you see pictures?

(11) * Pictures of whom did you see?

例(9)完全合语法,例(11)完全不合语法,例(10)则介于两者之间。

一个句子能不能说,不同的语言使用者可能会有认识分歧。但当比较两个句子合语法的程度时,不同的语言使用者的认识相当一致。比如,对于例(6)这个句子,可能有的汉语使用者觉得可以说,有的汉语使用者觉得不能说,但当把例(6)与例(5)比较时,所有的汉语使用者基本都会觉得例(6)比例(5)要好一些。这就说明不同句子合语法的程度是客观存在的,而这是母语者头脑中的一部分语法知识。

二、决定句子是否合语法的因素

一个句子是否合语法,与哪些因素有关呢?首先,组成句子的词都应该是正确的,这是最显而易见的要求。词的构成规则属于"词法"(morphology)。

(12) 老师说的话我听得清清楚楚。

(13) * 老师说的话我听得清楚清楚。

例(12)能说,例(13)不能说,这是因为其中的"清楚清楚"用得不对,双音形容词的重叠形式是 AABB 式,而不是 ABAB 式。例(13)的不合语法就是因为其中有的词形不符合词法规则。

除了每个词都要正确之外,词与词的组合也要符合规则。词与词组合起来构成句子的规则叫作"句法"(syntax)。语法包括词法和句法。下面讨论决定一个句子是否合格的句法因素。

1. 语序

比较例(1)和例(2),会发现这两个句子的差别在于词语组合的顺序不同。一个句子中的词语组合顺序叫作"语序"(word order)。看来语序是决定句子是否合语法的一个因素。英语中与例(2)语序基本对应的句子 He is taller than me 是可以说的。这表明，不同语言的语序规则是不同的，在一种语言中合语法的语序，在另一种语言中可能不合语法。

下面再看一组同类的例子：

(14) 他在屋子里咳嗽。

(15) *他咳嗽在屋子里。

例(14)和例(15)在合语法性上的不同也是语序造成的。与例(15)语序一致的英语相应的句子 He coughed in the room 是合语法的。这里，我们再次看到了汉语和英语在语序规则上的差异。

2. 虚词

(16) 他已经把作业交了。

(17) *他已经把作业交。

与例(16)相比，例(17)少了一个"了"。"了"并不表达具体的词汇意义，是一个虚词。例(17)的不可接受表明，如果缺少了必要的虚词，句子就不合语法。

(18) 我小时候喜欢画画。

(19) *我小时候喜欢了画画。

与例(18)相比，例(19)多了一个虚词"了"。看来，在不该用虚词的地方用了虚词，也会导致句子不合语法。

(20) 我从来没去过非洲。

(21) *我从来没去了非洲。

例(20)用了虚词"过"，句子合语法；例(21)在相同的地方用了虚词"了"，句子不合语法。可见，如果用错了虚词，也会导致句子不合语法。

例(16)至例(21)表明，虚词虽然没有实在的意义，但在造句中作用很大，必须正确地使用虚词，才能保证句子合语法。

3. 实词的词类属性与选择限制

(22) 我给他打电话。

(23) *我电话他。

例(22)可以说，例(23)不能说，这是因为"电话"是名词，不能像动词一样带宾语。可见，我们在造句子的时候，需要知道一个实词的词类属性，比如,是名词还是动词。

英语中对应于例(23)的句子 I phoned him 可以说,这是因为,英语的 phone 不仅可以做名词,也可以做动词。这说明,词汇语义相同的词在不同语言中的词类属性可以不同。

(24) 他在屋子里咳嗽。
(25) *他在屋子里咳嗽痰。

例(24)可以说,例(25)不能说,因为"咳嗽"作为动词是不及物的,不能带宾语。

(26) 他在屋子里发现了一个球。
(27) *他在屋子里发现了。

例(26)能说,例(27)不能说,这是因为"发现"作为及物动词需要带宾语,如果不出现宾语,句子就不完整。

例(24)至例(27)说明,仅知道一个词属于哪个词类有时仍然是不够的,还需要知道词类的下位分类,比如对于一个动词来说,是属于及物动词还是不及物动词。

即使都是及物动词,所选择的宾语的类型也有不同。比如,"劝""设法"都是及物动词,例(28)和例(29)表明它们在带宾语时具有不同的选择限制:

(28) a. 我们劝李四做好人。
　　 b. *我们劝做好人。
(29) a. 我们设法做好人。
　　 b. *我们设法张三做好人。

三、与句子是否合语法无关的因素

上面我们讨论了影响句子是否合语法的因素,下面再从反面问一个问题:句子是否合语法与哪些因素无关呢?

1. 句子是否合语法不依赖于句子的真实性

一个句子所表达的意义即使是不真实的,句子仍然可以是合语法的。比如:

(30) 语言学概论是所有中学生都学的课程。

例(30)所说的内容显然不是事实,但是说汉语的人都可以判断出这是一个可以说的句子,只不过说的是一句假话而已。

2. 句子是否合语法不依赖于句子是否有正常的意义

(31) Colorless green ideas sleep furiously.

例(31)是美国语言学家乔姆斯基举的例子。这个句子虽然语义荒诞,但却是合乎英语语法的,没有违反英语的任何语法规则。例(32)与例(31)不同:

(32) * Furiously sleep ideas green colorless.

例(32)虽然包含的词语与例(31)完全相同,但词语的组合不符合英语的语法规则,句子是不合语法的。

例(31)和例(32)的不同表现在以下两点。第一,英语母语者可以用正常的语音调读出例(31),但不能用正常的语音语调读出例(32)。第二,例(31)虽然在现实世界中不合理,但如果是在童话等虚拟的世界中,又可以是合理的、有意义的;例(32)即使在一个虚拟的世界里也无法变得有意义。

可见在语言中,语义和语法是两个独立的层面。

四、语法和语法研究

一个人掌握了一门语言,也就掌握了这门语言的语法。关于语法的知识存在于人的大脑中。语言学家研究语法,其实就是要描写语言使用者头脑中的语法知识。语言学家们可以写出关于某个特定语言的语法的著作,如关于汉语语法的书、关于英语语法的书等,这是语言学家们的研究成果。这些语法书与客观存在于语言使用者头脑中的语法知识总是存在着一些差距。当人们学习母语之外的某一门语言时,以关于这门语言的语法书为指导,往往觉得不能尽如人意,有时遵照语法书中的语法规则仍然会造出不合语法的句子。在这种情况下,人们有时会抱怨"语法",不喜欢"语法",但实际上人们这时抱怨的"语法"是语言学家们写出的语法书以及教师们教授的语法课,而不是人们头脑中客观存在的关于组词造句的知识的语法。存在于人们头脑中的语法知识从来都不是枯燥的、无趣的,正是这些知识让人可以自如地运用语言。这些语法知识充满了引人入胜的奥秘,吸引着语言学家去探索。正因为语言学家对语法的描写还无法与人们头脑中的语法知识完全吻合,所以语言学的探索会一直持续下去,探索的目的就是使语法研究结果无限地接近人类头脑中的语法知识。

第二节　语法单位

要研究语法,就要知道语法的单位,以及由小的单位变为大的单位的构造方式。语法单位从小到大依次是:语素、词、短语(词组)、句子。

一、语素

1. 什么是语素

语言是用来传递信息的,语言中可以用来编码语义的最小单位是"语素"。语素是最小的音义结合体,也就是最小的语言符号。观察以下英语词:

  biology ecology sociology psychology
  archeology anthropology geology zoology

上面的词包含一个共同的语音片段-ology,而且这个语音片段在各个词中都表示相同的语义,即"关于……的分支知识"。这个语音片段虽然可以再分解成更小的语音片段,比如-gy,但更小的语音片段就不再对应于意义。像-ology 这种能够表达意义的最小语音片段,就是语素。

同样,我们也可以在 telephone,microphone,phonetics,phonology,symphony,videophone 里找到最小的音义结合体 phon,义为"声音"。phon 也是英语中的一个语素。

再来看汉语的一组词:

  服饰 服装 制服 西服 戏服

很显然,其中的"服"也是最小的音义结合体,表示"衣服"的意思,也是一个语素。

2. 语素与词的关系

一个词可以只包含一个语素,也可以包含几个语素。只包含一个语素的词如汉语的"手"、英语的 dog 等;包含两个语素的词如汉语的"飞机"、英语的 worker 等;包含三个及以上语素的词如汉语的"飞机场"、英语的 carefully(care-ful-ly)、undesirability(un-desire-able-ity)等。

可见,语素作为最小的音义结合体,可以独立构成词,也可以相互组合构成词。语素作为最小的语言符号,具有音义组合的任意性,而由语素组合而成的词是语言符号的序列,就具有一定的理据性了,可以进行内部结构的分析。

3. 确定语素应该注意的问题

确定语素要考虑语音和意义的对应。如果两个形式只是单纯的语音相同,不足以认为就是同一个语素。请看下面三组英语词:

① father   water   paper   ladder
② worker   employer   writer   singer
③ bigger   smaller   faster   harder

这三组英语词都包含共同的语音片段-er,但仔细分析,其中-er 的性质不尽相同。在第一组中,-er 并不表达什么意义,只是词的语音构成成分,即只是一个音位。这一组中的-er 只有声音,没有意义,不是音义结合体,因此不是语素。在第二组中,-er 有共同的意义,表示的是动作的发出者。这样的-er 是语素。在第三组中,-er 也有共同的意义,但与第二组中的-er 表达的意义不同,表示的是形容词的比较级。第三组中的-er 也是语素,但与第二组中的-er 不是同一个语素,它们在语义上没有联系,是声音上偶然相同的两个不同的语素,即同音语素。

根据上面的分析,我们可以得出如下结论:语言中的同音形式可能有的是语素,有的不是语素。即使都是语素,也可能是不同的语素,只是同音而已。

4. 语素的一种特殊类型:剩余语素

从前面的讨论中我们知道,语素可以在一组词中根据音义的相同切分出来。不过,有一种特殊情况,就是一个语音片段只在一个特定的词中出现,不在其他词中出现,其意义不能明确确定,但又不能否认其有一定意义。

比如,英语的 cranberry(蔓越莓)这个词中,berry 是一个语素,因为它还可以出现在 blueberry(蓝莓)、strawberry(草莓)、blackberry(黑莓)、barberry(山莓)、gooseberry(鹅莓)、raspberry(树莓)等一系列词中,义为"浆果"。但是 cranberry 中的 cran 却不在另外的词中出现,无法确定其具体意义。但是不能否认,正是 cran 的存在,才让 cranberry 成为一种不同于 blueberry, strawberry, blackberry, barberry, gooseberry, raspberry 等的一

种莓。cran 对意义起着区别作用,就像数字编号一样,能够区别出莓的一个种类,所以我们也应该承认 cran 是一个语素。像 cran 这类语素,由于是在词中其他组成部分的语素地位确定之后才得以确定的,故可称为"剩余语素"。

与此类似,汉语中"菠菜"里的"菠"也是一个剩余语素。"菠菜"中"菜"的语素地位是可以确定的,因为它可以出现在一系列词中,如"白菜、香菜、油菜、芹菜、苋菜、空心菜、油麦菜"等,表示"蔬菜"的意思。"菠"只出现在"菠菜"这一个词中,不在其他词中出现,无法确定其具体意义,但正是"菠"的存在,才让"菠菜"成为一种不同于"白菜、香菜、油菜、芹菜、苋菜、空心菜、油麦菜"等的菜。不可否认"菠"具有区别意义的作用,因此"菠"也是语素。

5. 语素变体

就像音位有变体形式一样,语素也有变体形式。同一语素在不同环境中出现的变体形式叫作"语素变体"。语素变体在语音形式上有差异,但在表示的语义上完全相同。

比如,英语的不定冠词存在两个语素变体:a 和 an,其中 an 出现在以元音开头的名词前。再如,英语否定前缀有 in-、im-、il- 等语素变体形式。英语的简缩形式与完整形式也构成语素变体关系,如:n't—not,'d—would,'ve—have 等。汉语中语素变体形式非常少,比如,语气词"啊"存在"啊""呀""哪""哇"等语素变体形式,主要是根据前面出现的音节的语音形式来确定的。

6. 语素和语音的关联在不同语言中有不同表现

汉语的语素大多是一个音节,对应于书写上的一个汉字。语素—音节—汉字的大致对应是汉语的一个重要特点。不对应的情况也有,但属于少数情况,一般出现在联绵词或音译词中。有的语素对应两个或两个以上的音节,如"逍遥""蝈蝈""沙发"各自都是一个语素,但对应两个音节,写下来是两个汉字,每个音节(汉字)单独来看没有意义,或者原本有意义,但在这个语素中只是用来记录语音的,如"沙""发"在"沙发"中只是用来记音的;"俄罗斯""巧克力"也各自都是一个语素,但对应三个音节,写下来是三个汉字。极个别情况下,汉语语素也可以不是一个独立的完整音节,如"棍儿"[kuər]中的"儿",语音形式上只有一个辅音,但仍是一个语素,具有指小的意义。由于汉语的语素与音节、汉字大致对应,因此,在汉语中,确定语素相对来讲较为简单。

英语中的语素与音节之间没有常规的对应,语素可以是一个音节,如 sun;也可以是两个音节,如 paper;还可以不足一个音节,如表示复数的语素-s 就只是一个辅音。因此,在英语中,确定语素就不像汉语这样简单。

在汉语中,绝大多数情况下,语素的边界和音节的边界是一致的。但在英语中,语素和音节的边界可能不一致。比如,disagree 包含两个语素:dis-和 agree,但是 dis-中的辅音 s 和 agree 中的元音 a 形成一个音节,造成了语素边界和音节边界的参差。

二、词

词是最重要的一级语法单位。以词为分界线,词以上的规则是句法,词以下的规则是词法。

1. 从句法角度对词的界定

汉语句子"我是老师"里包含三个词,这是汉语使用者都能轻松做出判断的。但并不是所有的情况下,词都这么容易判断。相反,词的界定在语言学里是一个老大难的问题,学者们对如何确认词有很多分歧的意见。

从句法的角度看,词是造句的时候能够自由运用的最小单位。这个定义揭示了词的两个特点:

① 自由形式

这一特点将词与语素区别开来。所谓"自由形式",是指可以用来单独回答问题的形式。

  (1) 甲:你买了什么?
    乙:衣服。/ *衣。

在例(1)中,"衣服"可以用来单独回答问题,但是"衣"不可以。所以"衣服"是自由形式,是一个词;而"衣"不是自由形式,只是一个语素而不是词。

要注意的是,存在这样的情况:同一个形式有时是词,有时只是词的一部分。比如:

  (2) 甲:这件衣服好不好?
    乙:好!
  (3) 甲:这件衣服好看吗?
    乙:好看。/ *好。

在例(2)中,"好"可以用来单独回答问题,是一个词,属于自由形式;但在例(3)中,"好"不能单独回答问题,只是"好看"这个词的组成部分。

在确定一个形式是否可以单独回答问题时,需要排除称引语境。所谓"称引语境",指的是对一个人说过的言语形式的引用。在被问及说了什么时,说过的话中的任何成分都可以单独用来回答问题。比如:

(4) A:Did you say friendly or unfriendly?
    B:Un-.
(5) 甲:这个人是伟大的。
    乙:你说的是"伟大"还是"北大"?
    甲:伟。

在例(4)和例(5)中,问题都是想要知道对方说的是哪个语言形式,用来回答问题的 un-和"伟"在通常情况下是不能单独回答问题的。之所以在称引语境中可以用来单独回答问题,是因为在这种情况下,用来回答问题的语言形式不是指称意义,而是指称语言形式本身,是告诉听话人在先前的话语中说的语言形式是什么。这种指向语言形式本身的用法是"元语言"(metalanguage)用法,不同于用于传情达意的普通的语言使用情况。

还有一个比较棘手的问题是虚词的词的资格认定问题。虚词都不能用来独立回答问题。比如,英语中的冠词,汉语中的助词"的"、介词"从"、连词"和""与"等虚词显然都不能单说,也就不能单独回答问题。如果把能单独回答问题作为词的必要特征,那么就会把虚词排除在外。为了把虚词包含进来,我们需要对"自由形式"的含义略作修改,即把"单说"(单独回答问题)改成"单用"(在造句时独立起作用)。虚词在句中不与其他成分合为一个词,在造句时具有特定的语法作用,可以与很多词搭配出现,符合"单用"的标准。因此,虚词也是词。

② 最小形式

词不仅是自由形式,而且是最小的自由形式。这个特点将词与短语区分开来。短语也是自由形式,可以单独回答问题,但是短语还可以进一步切分为词,不是最小的自由形式。比如:

(6) 甲:你最近在做什么?
    乙:学英语。

在例(6)中,"学英语"可以用来回答问题,是一个自由形式。"学英语"

还可以分解为"学"和"英语"这两个自由形式,由以下的例(7)和例(8)可以得到证明:

(7) 甲:不懂怎么办?
乙:学!
(8) 甲:你在学什么?
乙:英语。

可见,"学英语"虽然是自由形式,但不是最小形式,因此不是词,而是一个短语。

2. 复合词与短语的区分

在对词的认定上,难点在于复合词和短语的区分。在汉语中,双音复合词与双音短语的区分是一件非常困难的事情。

在区分复合词和短语时,可以采取句法上对词的判断依据:词汇完整性假设(lexical integrity hypothesis)。所谓"词汇完整性",指的是词的内部具有紧密性,句法规则不能作用到词的内部,也就是说,词的组成部分不能参与句法操作。词汇的完整性特点有很多具体表现,下面我们就从不同的方面来验证。

① 词的组成部分不能单独受修饰语修饰

给一个形式加上修饰成分是一种句法操作。短语的组成部分是词,可以单独受修饰语修饰。词是造句的最小自由形式,词的组成部分不能单独受修饰语修饰,与短语形成了差异。

比如,"马路"的两个组成部分"马"和"路"单独来看都是词,要确定"马路"是复合词还是短语,我们就可以用这一条标准来检验。"马路"的组成部分"马"不能单独受形容词修饰,因为虽然能说"小马路",但"小马路≠小马走的路",这说明"小"是修饰"马路"这个整体,而不是单独修饰"马"。"马路"的组成部分"路"也不能单独受形容词修饰,如不能说"马小路"。因此,可以确定"马路"是词,不是短语。

再比如,"黑板"这个形式的两个组成部分"黑"和"板"单独来看都是词,那么"黑板"是词还是短语呢?我们还是用这条标准来检验一下。"黑"在独立使用时可以受副词修饰,但在"黑板"这个组合中,就不能再单独受副词修饰,不能说"很黑板"。"黑板"的组成成分"板"也不能单独被形容词修饰,不能说"黑大板"。所以,"黑板"应该看作词而不是短语。

② 词的中间不能插入其他成分

词作为内部具有紧密性的一个整体,中间是不能插入其他成分的。这里"插入其他成分",主要指插入虚词,如果是插入实词,那就是前面所讨论的组成部分单独被修饰的问题了。短语是由词组成的,中间可以插入虚词,来表示词与词之间的关系。比如,我们可以用这条标准来检验一下"白菜"的性质。"白"和"菜"单独来看都是词,"白菜"是复合词还是短语呢? 由形容词和名词组成的短语中间一般可以插入虚词"的",如"聪明宝贝"可以说成"聪明的宝贝",但"白菜"中间不能插入虚词"的",因为"白菜"不等于"白的菜",二者表义不同。这说明"白菜"结合紧密,可以判定为一个词。①

③ 词的组成成分不能单独与其他成分构成并列结构

并列操作是一种句法操作,根据词汇完整性假设,句法操作是不能作用到词的内部的,而是要作用在词以及词以上的层面,所以复合词的组成成分是不能单独与其他成分构成并列结构的。短语的组成成分是词,是可以单独与其他成分构成并列结构的。比如,我们只能说"火车和汽车",但不能说"火和汽车",这说明"火车"和"汽车"都是词,"火"和"汽"是"火车"和"汽车"这两个词的组成成分,不能单独进行并列操作。

④ 词内的成分不能单独被指代

在话语中,当前面的语句中出现了某一个语言形式,后面的语句中再要指称这个形式时,可以用代词来指代。代词所指代的成分可以称为"先行语"。代词的指代也是一种句法操作,不能作用到词的内部。比如:

(9) 我看到了一辆马车$_i$,它$_i$朝我直冲过来。

在上例中,代词"它"回指上一小句中出现的"马车"一词,它们共同的下标 i 表示它们所指相同。

(10) *我看到了一辆马$_i$车,它$_i$全身的毛都是白的。

在上例中,"它"指代上一小句中出现的"马车"一词的词内组成成分"马",句子就不可接受了。

---

① 需要注意的一个特殊情况是,汉语中存在一类"离合词",中间可以插入一些成分。比如,"理发"表达一个固定的概念,一般认为可以看作一个词,但可以说"理了个发"。离合词合用时是词,中间插入其他成分后就变成了短语。

⑤ 词的组成部分不能单独进行移位

移位指语言形式从句中的一个位置变换到另一个位置,这是一种句法操作。词作为一个内部紧密的最小自由形式,如果在句法中移位,要整体移动,词的组成部分不能单独进行移位。而短语的组成部分是词,可以单独进行句法移位。比如:

(11) a. 我喜欢吃白菜。
　　　b. 白菜,我喜欢吃。
　　　c. *菜,我喜欢吃白。

"白菜"是一个复合词,在句法中移位时,需要整体移动,如(11b)所示;"白菜"这个词的组成部分"菜"不能单独进行句法移位,如(11c)的不合语法所示,虽然"菜"在单独作为词使用时是可以移位的,如(12b)所示。

(12) a. 我喜欢吃新鲜的菜。
　　　b. 菜,我喜欢吃新鲜的。

3. 词的定义的多维性

词除了可以从句法的角度来界定,还可以从其他角度来定义。从不同维度定义出来的词的范围不完全相同。

① 从语音的角度界定词

词在语音上有一系列特征,因此我们可以从语音的角度来界定词。

可以用语音停顿来界定词,将词定义为前后有"可能停顿"(possible pause)的一个语音片段。所谓"可能停顿",指不是一定要停顿,但是允许停顿或者说有停顿的可能性。停顿不能出现在词的内部。如果由于某种原因在词的内部停顿了,继续时必须从词的开头处开始。比如:

(13) a. 我喜欢科学。
　　　b. 我喜欢科……科学。(省略号代表语音停顿)
　　　c. *我喜欢科……学。

在(13b)中,说话人因咳嗽等在说到"科学"的"科"时,无法控制地发生了停顿,当继续说下去时,必须从词的开头开始,即必须重复"科"。如果不从词的开头开始,而是直接继续,在停顿结束后说"科学"这个词的后一部分"学",句子就不可接受,如(13c)所示。

在一些语言中,词具有词重音,因此可以用重音标准来界定词。比如,在英语中,复合词的重音会落在第一个成分上,而表面形式相同的短语的重音会落在第二个成分上。我们用"ˈ"来标示重音位置。如：

(14) a. ˈgreenhouse（温室）
b. green ˈhouse（绿色的房子）
(15) a. ˈwetsuit（潜水衣）
b. wet ˈsuit（湿的套装）

在以上两例中，a 形式是复合词，而 b 形式是短语。

汉语词没有固定的词重音，但出现在语句中在需要强调的情况下，可以使用对比重音。复合词的对比重音只落在一个位置，即词的左边；而双音短语的对比重音可以落在其中任何一个词上。如：

(16) a. 我不是怀疑他，我是ˈ关心他。
b. *我不是怀疑他，我是关ˈ心他。

"关心"是复合词，在句子有对比重音时，对比重音只能落在"关"上，而不能落在"心"上。

(17) a. 我不是要卖酒，我是要ˈ买酒。
b. 我不是要买狗，我是要买ˈ酒。

"买酒"是动宾短语，根据表达的需要，对比重音既可以落在"买"上，如(17a)所示；也可以落在"酒"上，如(17b)所示。

从语音角度界定出的词与从句法角度界定出的词有时不一致。比如：

(18) I'm a student.
(19) He's arrived.

例(18)和例(19)中的 I'm 和 he's，从句法的角度看是两个词（I'm 是一个代词和一个系词，he's 是一个代词和一个助动词），每个词都有自己独立的句法作用；但从语音的角度看，却是一个词，是一个"语音词"（phonological word），因为都只是一个音节，携带一个词重音，而且中间不能有语音停顿。

同样，法语中的轻读代词与动词也可以组成一个语音词，但从句法的角度看则是两个词。如：

(20) Je　t'aime.（t'是轻读代词 te 的缩略）
　　 我　你爱
　　 我爱你。

例(20)中，t'aime 在句法上是两个词，构成动宾结构，前置的轻读代词 te(缩写为 t')是宾语，aime 是动词，但 t'aime 整体上却是一个语音词，因为只有一个音节，携带一个词重音，而且中间不能有语音停顿。

② 从正字法的角度界定词

从正字法的角度看，词是书写上的一个独立单位，在实行分词连写的语言(如英语)中词的前后有空格。

正字法反映的是人们心目中对词的认识，在人们认识有分歧的地方，反映在正字法上也会产生分歧。比如，英语中的有些复合词在书写上会有分歧，有的不加空格，有的加连接号，有的加空格，反映了人们对形式内部紧密度的不同看法：

(21) a. oilfield
b. oil-field
c. oil field

汉语不实行分词连写，词与非词从正字法上无法分出，双字词和双字短语仅从书写形式上看没有分别。

③ 从意义的角度界定词：词汇词

从所表达的意义的角度看，词表示一个单独的概念，意义上不具有组合性，其整体含义不能从组成部分中完全推出。而短语的意义可以从组成部分的意义和结构关系中推出，从而区别于词。收入母语者所用的词典中的词大都符合这条标准，因此从意义的角度界定出的词基本上就是词汇上的词。

不过，意义具有一定的模糊性，确定词的意义的标准不易把握，可能会出现仁者见仁、智者见智的情况。

综上所述，词具有多维性，可以从不同的角度来认识、界定。从不同角度界定出的核心成员是相同的。一个典型的词，往往既符合句法的标准，也符合语音、正字法和意义的标准。但一些非典型的词，就不能满足所有的标准，可能会出现从某个角度看是词，从另外的角度看不是词的现象。

不过，对于语法研究来说，最重要的是从句法角度定义的词的概念。因此，在本章的分析中，我们所说的"词"都是从句法角度来界定的词。

三、短语

短语是词与词的组合，是句子里面作用相当于词而本身又是由词组成的大于词的单位。

短语可以分为自由短语和固定短语(习语)。自由短语是由词临时组成的,组成成分可以由同类成分替换,语序也可以有变动。如"非常漂亮"是自由短语,其中的"非常"可以替换成其他程度副词,如"十分""很";"老师和同学"也是自由短语,可以变换成"同学和老师"。自由短语的意义具有组合性,即可以由组成成分的意义与结构意义推出。固定短语的组成成分是比较固定的,不能自由地被同类成分替换,语序也比较固定,意义不具有完全的组合性,即不能完全由组成成分的意义与结构意义推出,而是有超出字面意义的特殊含义。比如,"胸有成竹"是一个固定短语,即成语,其中的名词"竹"不可以被其他名词性成分如"梅""兰""菊"等替换,而且其意义也具有非组合性。"走后门""穿小鞋""鸡蛋里挑骨头"等都是固定短语。固定短语具有一定的词汇性,词典中也会收录一些固定短语。固定短语在一些情况下内部可以插入其他成分,形成一些变体形式,如"走后门"可以说"走了他的后门",这就表现出了短语的特征。

四、句子

句子是最大的语法单位,又是交际中基本的表述单位。词和短语是静态的备用单位,句子是动态的使用单位,是真正进入交际的单位。

句子的最大特点是有一个完整的语调。而作为备用单位的词和短语,是不带语调的。当词和短语组成句子进入使用时,才会带上语调。

句子可以由短语构成,如:

(22)我的老师研究语言学。

例(22)是一个主谓短语构成的句子,其中的主语"我的老师"和谓语"研究语言学"也都是短语。

句子也可以仅由一个词构成,如例(23)仅由一个动词构成,例(24)仅由一个名词构成,例(25)仅由一个形容词构成。

(23)走!
(24)警察!
(25)好!

一个句子形式也可以成为另一个句子的一部分。当作为独立的句子使用时带有语调,当成为另一个句子的一部分时就没有独立的语调了。比如,例(26)中"他来不来"构成一个独立的句子,带有一个疑问语调;例(27)

中"他来不来"成为句子的一部分,充当宾语,不再带有独立的语调;例(28)中"他来不来"也是句子的一部分,充当主语,没有独立的语调。

(26) 他来不来?
(27) 我不知道他来不来。
(28) 他来不来还没确定。

句子按所传达的语气可以分为陈述句、疑问句、祈使句、感叹句等不同的句子类型,简称"句型"。

陈述句的功能是传递信息。比如:

(29) 我是中国人。

疑问句的功能是要求获得信息。比如:

(30) 你从哪里来?

祈使句的功能是发出请求或命令。比如:

(31) 把门打开!

感叹句的功能是表达态度和感情。比如:

(32) 北京的秋天真美啊!

句子又可以根据内部结构分出不同的句式,比如可以按谓语的构成情况分为动词谓语句、名词谓语句、形容词谓语句三类。动词谓语句是谓语由动词性成分充当的句子。比如:

(33) 我学语言学。

名词谓语句是谓语由名词性成分充当的句子。比如:

(34) 张三北京人。

形容词谓语句是谓语由形容词性成分充当的句子。比如:

(35) 他很聪明。

五、语法单位之间的关系及其性质

上面介绍的语法单位之间大致上有大小之别,这种大小关系是从级别上和性质上讲的,不是指构成形式的长短。比如,短语虽然由词组成,但一个短语形式并不一定比一个词的形式长。汉语中"抽水"是短语,只有两个音节,但"抽水机"是词,有三个音节。语法单位的上下级之间不是纯粹的组成关系,也可以是实现关系。比如,语素可以和语素组合成词,语素也可以直接实现为词;词和词可以组合成短语,词也可以直接实现为句子;短语可以和短语组合成句子,短语也可以直接实现为句子。

第三节　词法规则

词法规则指由语素组合成词的规则。

一、语素的分类

要说明词法规则,先要弄清语素的类别。语素的分类可以从不同角度进行。

1. 自由语素和黏着语素

能够独立成词的语素是自由语素,如汉语中的"人""书"、英语中的 book,give。自由语素也可以与别的语素一起组合成词,比如,"人"可以和语素"口"一起构成复合词"人口",book 可以与语素 note 一起构成 notebook(笔记本)这个词。也就是说,自由语素既可以单独构成词,也可以作为词的构成部分。

不能独立成词的语素是黏着语素,如汉语中的"夫""习"和英语中的 tele-(远距离)、-ology(学科)。它们只能与别的语素组合起来构成词,如"夫"可以与"丈"组合构成"丈夫"这个词,tele-可以与 vision 组合构成 television(电视机)这个词。

2. 词根和词缀

根据语素在词中的位置与功能,可以将语素分为词根(root)和词缀(affix)两类。词根是词的核心部分,词的词汇意义主要由它体现。词根既可以是自由语素,也可以是黏着语素。

词缀是只能黏附在词根上构成词的语素,本身不能单独构成词。词缀没有具体的词汇意义或只表达较为宽泛的词汇语义,主要表达较为虚化的词法意义。比如,英语的词缀-tion 的功能是将动词变为名词,其词汇意义虚化;英语的词缀 re-表示"再一次",其词汇意义比较宽泛。但不管词缀的词汇语义的虚化程度如何,词缀在词中一定要发挥某种作用,也就是一定有它的意义,否则就不再是音义结合体,就不再是语素了。因此,如果一个语言形式在词中完全找不到确切的意义,那就不是词缀,只能是词的语音组成部分。

词缀在词中相对于词根的位置是固定的。根据在词中的相对位置,词缀可以分为前缀、后缀、中缀、框缀。

前缀(prefix)是指出现在词根前面的词缀。比如,在墨西哥境内的伊斯姆斯-萨波特克语(Isthmus Zapotec)中,ka-是一个前缀,可以出现在名词词根的前面,表达名词的复数。下面是萨波特克语的词例及其英语翻译:①

  zigi "chin"   **ka**zigi "chins"
  zike "shoulder"   **ka**zike "shoulders"
  diaga "ear"   **ka**diaga "ears"

英语中的 dis-也是一个前缀,出现在形容词或动词词根的前面,表达否定:

  satisfied 满意的   **dis**satisfied 不满意的
  agree 同意   **dis**agree 不同意
  obey 服从   **dis**obey 不服从

后缀(suffix)是指出现在词根后面的词缀。比如,土耳其语中的-ak 就是一个后缀,用在动词词根的后面,表示动作发生的地点:②

  dur "to stop"   dur**ak** "stopping place"
  bat "to sink"   bat**ak** "sinking place" or "marsh/swamp"

中缀(infix)是指插入到词根中间的词缀。比如,菲律宾境内的邦都语(Bontoc)中-um-是一个中缀,出现在形容词或名词词根的第一个辅音之后,将形容词或名词转变为动词:③

  形/名   动
  fikas "strong"   f**um**ikas "to be strong"
  kilad "red"   k**um**ilad "to be red"
  fusul "enemy"   f**um**usul "to be an enemy"

---

① 引自 Fromkin, V., Rodman, R. and Hyams, N. (2019) *An Introduction to Language* (11th edition). Boston: Cengage Learning. p.40。
② 同上。
③ 同上书,p.41。

框缀(circumfix)也可以称为"环缀",指有一部分语音形式在词根之前,另一部分语音形式在词根之后,像框子一样包裹着词根的词缀。比如,德语的框缀"ge-…-t"加在动词词根上表示动词的过去分词:

  lieb "love"   **ge**lieb**t** "loved" or "be loved"

框缀作为语素,其语音构成成分并没有像普通的语素那样连续出现,而是被分割成了不连续的两个部分,这种语素被称为"非连续性语素"。

再如,美国印第安语奇克索语(Chickasaw)的框缀"ik-…-o"出现在形容词或动词的两端,表示否定。在词法操作的过程中,语音上有一个变化,即在加上表示否定的后缀之前,肯定形式末尾的元音会被删除:①

  肯定   否定
  chokma "he is good"   **ik**chokm**o** "he isn't good"
  lakna   "it is yellow"   **ik**lakn**o** "it isn't yellow"
  palli   "it is hot"   **ik**pall**o** "it isn't hot"

词缀从功能上看可以分为派生词缀(derivational affix)和屈折词缀(inflectional affix)两大类。加上派生词缀可以构成一个新词,在词典里要列为独立的词条;而加上屈折词缀只构成一个词的不同语法形式,在词典里不列为独立的词条。加上屈折词缀,是一个词为了适应不同语法环境的要求而做出的调节变化。下面我们对派生词缀和屈折词缀进行举例说明。

英语构成动作施事的后缀-er是一个派生词缀,因为动词加上后缀-er之后就变成了名词,词类和词汇语义有改变,构成的是一个新词,在词典中列为一个独立的词条。如:

  teach teacher
  speak speaker
  walk   walker

英语构成动词过去时的后缀-ed是一个屈折词缀,因为动词加上后缀-ed之后词类和词汇语义都没有变化,构成的是一个新的语法形式,即动词的过去时形式,当动词表示的是发生在过去的动作行为时,必须采用这种形式。动词的过去时形式在词典中不必列为独立的词条。

---

  ① 引自 Fromkin, V., Rodman, R. and Hyams, N. (2019) *An Introduction to Language* (11th edition). Boston: Cengage Learning. p.41。

由派生词缀所产生的新词的意义有时不可预测,不具有完全的能产性。比如,英语的后缀-ize 可以加在形容词或名词的后面,将其变为动词,表示变化,可以译为汉语的"化"。比如,modernize 这个词中,后缀-ize 加在形容词 modern 后面,义为"现代化"。不过,由这一后缀所产生的词的意义有时并不容易预测,比如,在 winterize 这个词中,后缀-ize 加在名词 winter 的后面,表示"prepare (something) for winter"[为冬天准备(某些东西)]。不是所有的名词或形容词都可以加后缀-ize,因此这个派生词缀不具有完全的能产性。加上屈折词缀后所产生的词的屈折形式的意义具有完全的可预测性,也具有完全的能产性或极高的能产性。比如,英语的后缀-s 加在可数名词后面,表示名词的复数,这是很有规律的,意义是完全可以预测的。英语中基本上只要是可数名词就可以有复数形式①,因此屈折词缀的能产性极高。

从位置上看,派生词缀在里,屈折词缀在外。也就是说,派生词缀更靠近词根。添加上派生词缀之后,还可以再添加屈折词缀,但屈折词缀之外不可以再添加派生词缀。比如英语 workers 中,词根 work 的后面先添加了派生词缀-er,后添加了屈折词缀-s;modernized 中,词根 modern 的后面先添加了派生词缀-ize,然后又添加了屈折词缀-ed。

二、从内部结构确定的词的类别

介绍完语素的类别之后,我们就可以根据构成词的语素的情况来确定词的类别了。从内部构成情况来看,词可以分为以下几类:

1. 单纯词

单纯词是指仅由一个词根语素构成的词。这是内部结构最为简单的词。儿童最早习得的词语都是单纯词。汉语中的单纯词很多是单音节的,如"书""水"等。汉语中也有一些单纯词是两个或两个以上音节的,包括联绵词和音译外来词,如"彷徨""尴尬""马来西亚"等。这些单纯词虽然包括多个音节,但这多个音节只是一个语素。英语中的单纯词既有单音节的,也有双音节或多音节的,如 sun,fire,paper,February 等。

2. 合成词

合成词指由两个或两个以上的构词语素组成的词,又可以分为复合词和派生词两类。复合词是仅由词根语素构成的合成词。派生词是由词根语素和派生词缀组合起来构成的合成词。

---

① 有个别可数名词的复数形式不是通过加后缀-s,而是通过其他方式实现的。

复合词按照组成成分的性质,可分为以下类型:
① "自由语素+自由语素"构成的复合词

复合词的组成成分可以都是自由语素,比如英语的 classroom、blackboard 等,汉语的"开关""提高""铁路"等。

不同词类的自由语素(单独来看就是词)可以组合成复合词,这在英语中相当自由:①

	形	名	动
形	bittersweet	smartwatch	whitewash
名	headstrong	homework	spoonfeed
动	feel-good	pickpocket	sleepwalk

在英语中,只有"动+形"组成的复合词较为罕见。在汉语中,不同词类的自由语素复合成词更为自由,基本没有任何限制:

	形	名	动
形	宽松	大胆	好看
名	心细	手脚	人造
动	走红	剪纸	买卖

② 组成成分中包含黏着语素的复合词

复合词当中也可以包含黏着语素,这种情况在英语中例子较少,比如 television 是"黏着语素+自由语素"构成的复合词。这种情况在汉语中十分常见,比如:

遥远　友人　觉醒(黏着语素+自由语素)
睡眠　打击　电视(自由语素+黏着语素)
朋友　允诺　语言(黏着语素+黏着语素)

派生词中可以只包含一个词缀,如 worker,也可以包含多个词缀,如 unbelievable,包含了一个前缀 un-和一个后缀-able。当一个派生词中包含多个词缀时,在词根与词之间就会存在一个中间阶段——词干(stem)。词干是包含词根与词缀(可以不止一个)的结构,其上还可以继续添加别

---

① 纵向和横向的"形""名""动"分别表示复合词中前一个成分和后一个成分的词类属性。下同。语言材料引自 Fromkin, V., Rodman, R. and Hyams, N.(2019) *An Introduction to Language* (11th edition). Boston: Cengage Learning. p.56。

的词缀。① 如：②

    词根：believe
    词干：believe+able
    词：un+believe+able

    词根：system
    词干：system+atic
    词干：un+system+atic
    词干：un+system+atic+al
    词：un+system+atic+al+ly

每加一个词缀，就是一次词法操作。为了简便，也可以将在任何一次词法操作之前的形式统称为"词基"（base）。词根和词干都可以成为词基。比如，我们可以说，systematic 是在词基 system 的基础上加后缀-atic 形成的，这里的词基就是一个词根；unsystematically 是在词基 unsystematical 的基础上加后缀-ly 形成的，这里的词基就是一个词干。

当合成词包含三个或三个以上的语素时，这些语素是依次组合的。因此，合成词的内部是有层级结构的，这种层级结构可以用树形图表示出来。比如，派生词 unenjoyable 的内部结构可以表示如下：

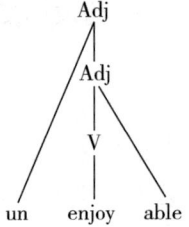

这个树形图显示了 unenjoyable 这个词的生成过程。词根 enjoy 是一个动词，与后缀-able 构成一个形容词词干，这个形容词词干再与前缀 un-构成形容词 unenjoyable。

---

① "词干"在有的文献中指单词去掉屈折词缀后剩余的部分，可以是词根本身或词根与派生词缀的结合体。

② 引自 Fromkin, V., Rodman, R. and Hyams, N. (2019) *An Introduction to Language* (11th edition). Boston：Cengage Learning. p. 42。

复合词"运动会"由三个语素组成,其内部结构可以表示如下:

动词语素"运"和"动"先组成一个复合动词"运动",再与名词语素"会"组成一个复合名词"运动会"。

在词的内部结构中,语音与语义可能出现不匹配,造成"分层矛盾"(bracketing paradox),即内部层次划分上会出现两难的情况。比如英语的派生词 unhappier,如果考虑到它的语义是"更加不高兴"而不是"不是更高兴",其内部层次可以表示为:[[un+happy]+er](方括号代表组合层次,下同);但是如果考虑到表示比较级的后缀-er 一般只能加在单音节词或双音节词的后面,如果超过了两个音节,就要使用前加 more 的方式来表示比较级,unhappy 是三个音节,不符合添加后缀-er 的条件,按照这个语音的因素,这个词的内部结构应该表示为:[un+[happy+er]]。这样,unhappier 的内部层次划分就出现了两难的情况。同样,twenty-sixth 从语义的角度看是基数词 twenty-six 的序数形式,内部结构可以表示为[[twenty+six]+th];但是从语音的角度看,sixth 形成了一个音节,携带一个重音,应该先组合在一起,内部结构可以表示为[twenty+[six+th]]。汉语的"门口儿"也存在分层矛盾,从语义标准看,"门口儿"表示"小的门口",而不是"门的小口",因此内部结构应该表示为[[门+口]+儿];从语音标准看,"口儿"形成一个音节,内部结合紧密,中间没有停顿的可能,因此内部结构应该表示为[门+[口+儿]]。分层矛盾的存在表明,语音的标准和语义的标准可能出现不一致,语音和语义是两个独立的层面。①

归纳起来,根据内部构成确定的词的类别可以图示如下:

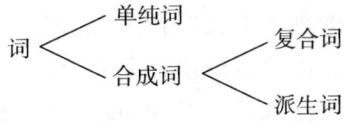

---

① 参看 Spencer, A. (1988) Bracketing paradoxes and the English lexicon. *Language*, 64(4), pp. 663—682。

需要指出的是,无论是单纯词,还是复合词或派生词,都可以加上屈折词缀构成屈折形式。比如,faster 是单纯词的屈折形式(形容词的比较级),classrooms 是复合词的屈折形式(名词复数形式),grammaticalized 是派生词的屈折形式(动词过去时形式)。正如前面说过的,加上屈折词缀后构成的屈折形式并不是一个新词,只是词的一个语法形式。因此,屈折形式并不是词的一个类别。

三、复合与加缀之外的其他词法手段

上面提到的复合词和派生词是通过复合和加缀的词法手段形成的。除了复合和加缀之外,语言中还有其他一些词法手段。比如,语音交替(alternation)(也叫作"内部屈折")是使词根的内部语音形式发生变化的一种手段。如果说复合和加缀是在原有的词基上添加语素(添加的是词根语素或词缀语素),那么语音交替这种手段就是在原有的词基上进行修改。修改的可以是音质音位(包括元音和辅音),也可以是非音质音位(包括声调、重音、音长等)。比如,英语的名词 advice[ədˈvaɪs],最后一个音位是清辅音/s/,如果将这个音位改成相应的浊辅音/z/,在词类上就转变为了动词 advise[ədˈvaɪz],这是改变音质音位的例子。再比如,英语名词 record 的重音落在第一个音节上,如果将重音落在第二个音节上,就变成了动词;汉语的"好"读上声时是形容词,读去声时是动词。这些是改变非音质音位的语音交替的例子。以上举到的语音交替的例子都构成了新词。语音交替也可以不构造新词,只构成一个词的不同的语法形式,作用相当于屈折词缀。比如,英语中 man 改变元音成为 men,变成了复数形式,其功能相当于构成复数的屈折后缀-s。

重叠也是一种常见的词法手段。所谓重叠,是对基式语音形式的拷贝。重叠可以分为全部重叠和部分重叠。

所谓全部重叠,就是对基式语音形式的完全拷贝。比如,汉语的"天天"就是基式"天"的完全重叠。"天天"表示"每一天",具有周遍的含义,与基式"天"的词汇语义有差别;"天天"与"天"的词性也不相同,"天"是名词,而"天天"可以看作副词。因此可以说,"天天"与"天"是不同的词。

所谓部分重叠,是对基式语音形式的不完全拷贝。比如,巴巴哥语(Papago,美国亚利桑那州塔克森南部的印第安语)中名词的复数形式就是单数形式的部分重叠,即只拷贝基式的第一个音节(延长其中的元音)并将

之加在基式的前面：①

  单数   复数
  bana "coyote"   **baa**bana "coyotes"
  kuna "husband" **kuu**kuna "husbands"

  在这里，部分重叠没有构成新词，而是构成了基式的一个新的语法形式，其功能相当于其他语言中表示复数的屈折词缀。

  可见，利用重叠这种词法手段，也是既可以构造新词，也可以构造一个词的不同的语法形式。

四、词的语法形式和语法范畴②

  在一些语言中，同一个词语可以有不同的语法形式。前面我们说过的屈折词缀加在词根或复合词、派生词之后构成的就是一个词的不同的语法形式。正如上文所说，除了加屈折词缀之外，语音交替、重叠等词法手段也可以构造出词基的不同的语法形式。每一种语法形式都表示一定的语法意义。同一类语法意义形成一个语法范畴。如果说形态是词的变化形式方面的聚合，那么语法范畴就是由词的变化形式所表示的语法意义方面的聚合。

  与名词有关的语法范畴主要有性、数、格等，与动词有关的语法范畴主要有时、体、人称、态等。下面我们依次介绍。

1. 性（gender）

  "性"是某些语言里的名词的语法范畴，也会在与名词相关的其他词（如形容词、冠词、数词）上反映出来。有的语言中有二分的性系统：阴性和阳性。有的语言中有三分的性系统：阴性、阳性和中性。"性"是一个语法的概念，它和生物学的性别的概念不一定一致。例如，德语的 Weib（妇女）、Mädchen（少女）在语法上是中性。至于表示人、动物以外的事物的名词也分成各种性，就更与生物学的性别无关了。指称同一物体的名词在不同语言中可能会归入不同的性的类别。例如，太阳在法语里是阳性，在德语里是阴性，在俄语里是中性，这些都是语言的习惯。名词的性往往并不

---

  ① 引自 Stump, G. T. (1998) Inflection. In A. Spencer and A. M. Zwicky (eds.) *The Handbook of Morphology*. Oxford: Blackwell. p. 32。

  ② 这里讲到的词的语法形式和语法范畴既属于词法，也与句法有密切的关系。放在词法中介绍还是放在句法中介绍都是可以的。放在词法部分介绍更利于后面的叙述的展开，因为后面的句法部分会用到这里讲到的一些概念。

用形态来表示,是名词的固有属性。但是形容词和冠词往往会随着所修饰的名词的性而有性的变化,表现为不同的形态。比如,在法语中,阴性形容词是在阳性形容词的基础上加屈折后缀-e,如形容词"大"的阳性形式是 grand,阴性形式是 grande。法语中阳性定冠词是 le,阴性定冠词是 la。在 la porte grande 中,名词 porte(门)是阴性,因此修饰它的形容词 grande(位于名词之后)和定冠词 la(位于名词之前)都采用了阴性形式。

性从本质上讲就是对名词的分类。二分的性系统是把名词分成了两类,而三分的性系统是把名词分成了三类。与之接近的是,有的语言中有名词的类范畴,将名词分出的类别更多。比如,斯瓦希里语(Swahili)的名词一共有 15 个类①,这些类用不同的前缀来做标志。每类中,前缀一般又根据名词的单复数而有别。这些类别大致与语义有关。请看以下三类:②

类别	单数	复数	意义
动物	msichana	wasichana	女孩
(animate things)	mvulana	wavulana	男孩
(m-/wa-)	mtoto	watoto	孩子
	mtu	watu	人
植物等	mti	miti	树
(m-/mi-)	mgomba	migomba	香蕉树
	mguu	miguu	脚
有用的东西	kitu	vitu	东西
(useful things)	kiti	viti	椅子
(ki-/vi-)	kitanda	vitanda	床

需要指出的是,说一个语言中有某个语法范畴,必须是有系统的形态表现。英语中少数词也有性别的区分,如 actor—actress, hero—heroine, waiter—waitress,但这样的词只限于有生名词,而且只有少数一些,不成系统,因此,不能说英语中有性这个语法范畴③。

---

① 斯瓦希里语的名词到底有多少类,不同的学者有不同的分析。
② 引自 Hudson, Grover (2000) *Essential Introductory Linguistics*. Malden & Oxford: Blackwell Publishers. p. 77。
③ 古英语曾经有性范畴,但在演变过程中失落了。

2. 数(number)

"数"是表示事物的数量的一个语法范畴。有的语言有二分的数系统，区分单数和复数，比如英语、法语等。在英语中，单数名词无标记，复数名词大多数情况下是在单数名词形式后面添加屈折后缀-s，另有个别情况是采用其他一些手段，如语音交替(man—men)。有的语言有三分的数系统，区分单数、双数和复数，如果一个名词所表达的事物的数量是二，那么这个名词就要采用双数形式，如阿拉伯语。还有四分的数系统，区分单数、双数、三数、复数，如果一个名词所表达的事物的数量为三，那么这个名词就要用三数形式，如巴布亚新几内亚的奇瓦伊语(Kiwai)。

在二分的数系统中，复数的概念是大于一；在三分的数系统中，复数的概念是大于二；在四分的数系统里，复数的概念是大于三。

3. 格(case)

"格"表示名词、代词在句中和其他词的关系。比如，名词、代词做主语时用主格的形式，做及物动词的直接宾语时用宾格的形式，做间接宾语时用与格的形式，做事物的领有者时用所有格的形式，等等。比如，下面的拉丁语句子中每个名词都以某种格形式出现：

(1) Petrus   filio   Pauli   librum   dat.
     彼得(主格)   儿子(与格)   保罗(所有格)   书(宾格)   给
     彼得给保罗的儿子一本书。

以下是拉丁语中表示"女孩"的名词的一部分变格形式：

     puella(主格)   puellam(宾格)   puellae(与格)   puellae(所有格)

有格范畴的各种语言，格的数目有多有少。例如，英语的名词只有普通格和所有格两个格，俄语的名词、代词的格有六种形式，芬兰语有二十几个格。

4. 时(tense)

"时"是动词的一个语法范畴，表示行为动作发生的时间性质。时的实质是将句子所表达的事件在客观世界的时间流中定位。一般是将说话的时间定为现在，说话之前的时间就是过去，说话之后的时间就是将来。这样就可以分出三个时：过去时、现在时和将来时。英语在形态上只能区分出过去时和非过去时两种形式，动词加上屈折后缀-ed 表示过去时，而无标记的动词就是非过去时，包括现在时和将来时。英语在动词的形态上无法区分现在时和将来时①。例如：

  (2) I walked to school.（过去时）
    我 走路(过去时) 介词 学校
    我走路去了学校。

  (3) 非过去时
    a. I walk to school.（现在时）
      我 走路(原形) 介词 学校
      我走路去学校。
    b. I will walk to school.（将来时，用虚词表达）
      我 助动词 走路(原形) 介词 学校
      我将走路去学校。

法语有形态上的将来时，比如动词 chanter（唱）是原形，在下面的句子中用了将来时：

  (4) Je chanterai.
    我 唱(将来时)
    我将唱。

有的语言对时区分得更细，比如有近过去时、近将来时等类别。

5. 体（aspect）

"体"表示动作行为进行的各种阶段和状态。体和时都是动词上与时间相关的语法范畴，二者的区别在于关注点的不同。简单来讲，时指示的是"外部时间"，即把动词所表示的行为或事件看作一个"点"，将其放在时间流这条"线"上去定位，而不去关注动作行为所经历的时间过程的内部状态。体指示的是"内部时间"，关注的是动作行为本身所处的时间进程中的阶段：是刚刚开始、正在进行还是已经结束，因此有起始体、进行体、完成体等。

不同语言的体范畴的表现各不一样。在俄语等斯拉夫语言中，有完整体（perfective）和非完整体（imperfective）的对立。完整体是指动作行为已经有了完整的边界，不再分析其内部的时间进展；而非完整体与之相反，动

---

① 英语表达将来时依靠的是助动词 will，这是一种句法手段，因为使用了虚词，不是词法手段，并没有在动词上进行词形变化。

作行为并没有呈现完整的边界,表示的是一个完整行为的一部分,包括进行体和惯常体两大类。英语动词有普通体、进行体和完成体,动词的简单形式表示普通体(如 I write),"be+动词的现在分词"表示进行体(如 I am writing),"have+动词的过去分词"表示完成体(如 I have written)。

汉语的动词没有时范畴,但是有体范畴。普通话中"了""着""过"都是体标记,"了"表示完整体,"着"表示进行体,"过"表示经历体,但是它们的使用不具有完全的语法强制性,与典型的词形变化所体现的体范畴不完全一样。

6. 人称(person)

"人称"也是动词的一种语法范畴,指的是动词随着主语人称的变化而有相应的形态变化。① 比如,法语 regarder(看)一词会随着主语名词的人称变化而发生形态上的变化:

(5) a. je regarde
　　 我看
　　b. nous regardons
　　 我们看
　　c. tu regardes
　　 你看
　　d. vous regardez
　　 你们看
　　e. il/elle regarde
　　 他/她看
　　f. ils/elles regardent
　　 他们/她们看

英语现在时句子的主语是第三人称单数形式时,动词后加-s,即第三人称单数形式标示的实际也是人称,只不过人称范畴在英语中已经衰落,只剩下第三人称单数形式这一种情况。

7. 态(voice)

"态"是动词的一种语法范畴,表示动作和主语的关系,一般可以分为主动态(active)和被动态(passive)两种。主动态表示主语是动作的发出

---

① 语言类型学的研究发现,除了主语之外,有一些语言中的动词还会随着直接宾语、间接宾语甚至受益者的人称变化而有相应的形态变化。

者,被动态表示主语是动作的承受者。比如,英语动词的被动态是在动词原形后面加屈折后缀-ed(要配合助动词 be 使用):

(6) a. John protected Mary. (主动态)
　　b. Mary was protected by John. (被动态)

又比如,拉丁语中 puer amat(男孩爱)是主动态,puer amatur(男孩被爱)是被动态,主动态与被动态的分别直接反映在动词的词形变化中。

在有的语言里,如古希腊语、梵语等,动词除了有主动态和被动态之外,还有中动态(middle voice)。中动态表示主语既是动作的发出者,又是动作的承受者,即动作行为作用于自身;或者表示主语既是动作的发出者也是动作的受益者等情况。

以上介绍了一些常见的由形态变化表达的语法范畴。总起来看,语法范畴具有如下特点:

① 有共同的意义领域。比如,数范畴表达的意义领域是数量,不管是单数形式还是复数形式,都属于这一共同的意义领域。

② 同一语法范畴中的各个变化形式是互相对立、排斥的。比如,一个名词不可能既是主格,也是宾格,选择了一种格形式,就不能再采用别的格形式。变化形式的选择有的取决于意义,有的取决于结构内部的相互制约。比如,在 The report was good 中,report 选择了单数,动词选择了过去时,这是由所要表达的意义决定的;但动词用单数 was 而不用复数 were,则是由前面的 the report 所决定的。

③ 同一语法范畴中各个项所表示的意义不仅取决于它本身,而且也取决于它和其他项之间的相互制约关系。比如,"复数"的含义就取决于系统中除了单数是否还有双数和三数。某个项的意义发生了变化,其他项的意义也会随之发生相应的改变。项的增加和减少也会引起其他项的意义变化。比如,有些语言的数系统原来是三分的,有双数存在,在演变中双数形式消失了,复数的含义就随之从大于二变为大于一了。这一特点也体现了语言的系统性。

第四节　句法规则

本节讨论由词组合成句子的规则。

一、词类

要想讲明白句子的组合规则,首先要讲清"词类"(word class)。词可以从不同的角度来分类。如按照词的构成音节,可以分为单音词和多音词;按照词的意义也可以分出不同的类别,如表示动物的词、表示建筑物的词,等等。但是,"词类"作为语言学的术语,不是指从任何角度分出来的词的类别,而是专指词的语法类别,即从词的语法性质的角度划分出来的词的类别。

句子的不同位置对可以出现的词语有不同的要求。比如汉语中,名词可以出现在句子开头的位置,但"了""的"就不可以出现在句子开头的位置。每个位置上可能出现的词要到有关的词类聚合里去选择。词类就是按照词在结构中所能起的作用即词的句法功能分出来的类。具体来讲,句法功能包括在句子中充当的角色和跟其他成分组合的能力。在一种语言里,凡是能在同样的组合位置中出现的词,它们的句法功能相同,就可以归成一类。每种语言都有自己的词类体系,词类的种类、每个词类中具体包括的成员都可能存在语言间的差异,因此不同语言的词类需要分别归纳。

词可以分为实词和虚词两大类。实词具有比较实在的意义,而虚词的词汇意义比较虚化,主要表示一些抽象的语法关系。实词可以分为名词、动词、形容词等类别。虚词包括连词、介词、助词、副词[①]等类别。

如何确定一个词的词类,在语言学里是一个比较困难的问题,也存在比较多的认识分歧。一般来讲,词类的形式表现比意义更容易把握,很难从意义的标准来确定词类。比如,从意义上说,名词是指称人和事物的词,这是为了简洁地说明名词而经常采用的一个定义,这个定义便于人们理解。但是如果仅从意义上来确定一个词是不是名词会遇到困难。比如,在英语的句子 Seeing is believing 中,seeing 很难说是指称什么事物,但却是一个名词。汉语的"金""银"虽可表示事物,但语言学的分析表明它们并不是名词,因为它们都不能做主语或宾语。使用意义来鉴别词类的另一个困难是,同样的意义在不同的语言中可能用不同词类的词来表达。比如,阿坎语(Akan,加纳的主要语言)只有很少的形容词,英语用形容词表达的不少概念,它用动词来表达。再比如,英语中一些形容词所表达的意义在汉语中是用"有+N"式动宾结构来表达的,很多这样的动宾结构应该看作短

[①] 副词中有些词意义较为实在,因此有些学者将副词归为实词。

语(其中的名词可以被修饰,如"有很大意义""有很多经验"等),而不是形容词,如:

有意义	meaningful, significant
有经验	experienced
有启发	enlightening
有必要	necessary
有特色	distinctive
有代表性	typical, representative
有说服力	convincing, persuasive
有效果	effective
有创意	creative

因此,语言学一般会采用一些形式的标准来确定词类。比如,英语名词有以下形式特征,可据以确定词类:

① 可以前加 the 变成定指形式,如 the man;
② 可以加's 变成所有格形式,如 the teacher's book;
③ 可以加前缀 non-变成否定形式,如 nonbeliever。

下面我们看一下汉语中名词和动词的区分。[①] 汉语的名词可以做主语和宾语,但动词也可以在不改变形式的情况下做主语和宾语,这是汉语的一个特点。因此,从充当的句子成分的角度不能把汉语的名词和动词区分开来。从与其他成分的组合上看,汉语动词可以前加"不",如"不睡""不通知",汉语的名词不能前加"不",如"*不书""*不消息"。"不人不鬼"类的表达看起来好像是反例,但这种结构并不能产,下面的形式都不合语法:

(1) *不饭不茶
(2) *不书不报

而且"不 X 不 Y"这种格式中的名词必须是单音节的,如果是双音节的就不能说:

(3) *不活人不死鬼
(4) *不人类不鬼类

[①] 参看 Huang, C.-T. James, Li, Y.-H. Audrey and Li, Yafei(2009)*The Syntax of Chinese*. Cambridge: Cambridge University Press.

另外,"不 X"必须与"不 Y"对举出现,比如,不能单说"不人",也不能单说"不鬼",只能合在一起说"不人不鬼"。因此,可以说"不人不鬼"类表达是习语性表达,具有一定的词汇性,不属于句法的产物。

动词后面可以带"了""着""过",名词不能。如:

(5) a. 他吃了荔枝。
　　b. 他正吃着荔枝。
　　c. 他吃过荔枝。
(6) a. *书了
　　b. *书着
　　c. *书过

一些动词的后面可以加宾语,引入动作支配的对象。如:

(7) 媒体报道了那次事故。
(8) 张三翻译了一部小说。
(9) 老师批评了这个研究生。

例(7)中"报道"是动词,"那次事故"是"报道"支配的对象,可以直接放在"报道"的后面做宾语。例(8)和例(9)中的"翻译"和"批评"也都是动词,后面带了宾语。

表达类似意义的名词只能用"对"把支配的对象引入,而不能将支配的对象直接放在后面做宾语。如:

(10) 媒体对那次事故的报道
(11) 张三对一部小说的翻译
(12) 老师对这个研究生的批评

例(10)中"报道"是名词,它语义上支配的对象"那次事故"只能用介词"对"引入,放在其前做定语,不能直接放在后面做宾语。在这样的名词结构中"的"是必需的。

再来看汉语形容词的形式特征。当形容词有两个关涉成分时,一个实现为主语,另一个要用"对"引入,这一点上的表现与名词相同:

(13) 他对这个结局很不满。
(14) 张三对员工很傲慢。

可以对比动词"适合"与形容词"合适":

(15) 这个工作很适合你。

(16) 这个工作对你很合适。

英语中有平行的情况,名词和形容词的关涉对象都可以用介词 of 引入:

(17) She loves butterflies. (love,动词)

(18) her love of butterflies (love,名词)

(19) She is fond of butterflies. (fond,形容词)

用"对"与否是区分动词和形容词的一个标准,这个标准与重叠模式的差异(动词用 ABAB,形容词用 AABB)相一致:

(20) a. 他明白这个道理。

b. 他应该明白明白这个道理。

c. *他应该明明白白这个道理。

(21) a. 这个道理很明白。

b. 这个道理明明白白。

c. *这个道理明白明白。

例(20)中"明白"是动词,重叠形式是"明白明白"而不能是"明明白白";例(21)中"明白"是形容词,重叠形式是"明明白白"而不能是"明白明白"。

形容词前一般可以加"很",但用"很"来鉴别形容词不是一个很好的标准,因为一些心理动词的前面也可以加"很"。如:

(22) 小王很喜欢小李。

(23) 他很感谢大家的帮助。

不过,能加"很"的心理动词的后面可以带宾语,这一点不同于形容词。

形容词也有一些与名词不同的表现。出现在谓语位置时,名词一般需要"是",而形容词不需要"是",可以直接做谓语,[①]在这一点上与动词相同。例(24a)中"英雄"是名词,出现在谓语位置,需要"是";例(24b)中"高"和"矮"是形容词,可以直接做谓语。

[①] 汉语的形容词做谓语时不是完全自由的,一般要与程度副词(比如"很")配合使用,除非是在对举环境中。比如,一般不说"这棵树高",要说成"这棵树很高",除非对比着说:"这棵树高,那棵树矮。"

(24) a. 他是英雄。
　　　b. 这棵树高,那棵树矮。

因此可以说,形容词既有一些名词的特征,也有一些动词的特征。

需要说明的是,这里列举的汉语名词、动词、形容词的形式特征是一些主要特征,并不是这些词类的全部特征。

在有些语言中,词与词组合时形式上往往要发生变化。同一个词与不同的词组合就有不同的变化。这些不同的变化形成一个聚合,叫作词形变化,或者叫作形态。形态综合反映词的句法功能,因此也完全可以作为划分词类的依据。比如,英语中可数名词可以有复数形式,表现在当名词被大于一的数词修饰时,必须采用复数形式。two book 是不合语法的,因为在与 two 组合时,book 必须在形式上发生变化,用复数形式,说成 two books。英语的动词可以有过去时和进行体等形式,形容词和副词可以有比较级和最高级等形式,通过形态也可以确定词类,比如通过时的词形变化就可以确定英语的动词,因为其他的词类没有这样的词形变化。

划分词类的形态原则和句法功能原则基本是一致的,但如果一种语言的形态不充分,或者形态和句法功能发生矛盾,词类还得按照句法功能来定。也就是说,句法功能是更根本的标准。例如,俄语有少数名词没有数和格的变化,大部分专有名词的变化和形容词一样,但这并不妨碍把它们归入名词一类,这时形态原则就让位于句法功能原则了。

一个词类的内部还可以根据形式标准再分出小类。比如,汉语的形容词可以分为性质形容词和状态形容词两类。性质形容词可以前加"很"等程度副词,比如"凉",可以加"很"构成"很凉";而状态形容词不可以前加"很"等程度副词,比如"冰凉",不可以说"很冰凉"。

词类的划分有助于描述语法的组合规则。有了词类的概念,就可以对句子的内部结构做出更为概括的说明。比如:

(25) a. 张三研究数学。
　　　b. 李四喜欢排球。
　　　c. 王五怕蛇。

例(25)这组句子的内部结构都可以概括为"名词+动词+名词"。用指明句子组成成分的词类属性的方式来描写句子的构造,可以简洁地说明一系列句子的生成。每一类词中都可以再分出小类,有了更细致的类,就能更细致地说明组合规则。比如,例(25)这些句子中的动词,从小类上说是及物动词,因此用"名词+及物动词+名词"来说明这组句子的内部结构是更为准确的。

以上讨论的名词、动词和形容词是实词,下面再介绍一下虚词的类别及特点。实词的类一般比较大,类中的成员比较多,而且可能随时会有新成员的加入,是一个相对开放的类。虚词数量有限,虽然也会有新成员的加入,但是需要比较长的时间,不会频繁发生,是一个相对封闭的类。虚词没有特别实在的词汇意义,专门起语法作用,是体现结构关系的重要语法手段,语法特征比较明显。例如,汉语中起连接作用的连词(如"和""或者""虽然")、表示语气的语气词(如"呢""吗""吧""嘛")、黏附在实词后面表示时态或某种关系的助词(如"了""着""过""的")等,都是虚词。又如,英语中的连词(如if,though,and,or)、介词(如in,on,at)等也都是虚词。各个虚词表示的语法意义都不一样,所以语法研究既需要考察每类虚词的共性,也需要对每个虚词进行深入的讨论。

二、句法组合的层次性

句法方面的组合规则主要指词与词组合成短语或者句子的规则。说出来的句子听起来是一个词接一个词出现的,好像是线性的,但实际上句子的内部结构是有层次性的,词与词并不是像穿珠子那样一个接一个地串联在一起,而是有些词先组合,再与另外的词组合,并且不是简单地按照从左到右的顺序组合的,两个表面上紧邻的词语并不一定是关系最密切的。请看下面这个汉语句子的层次结构:

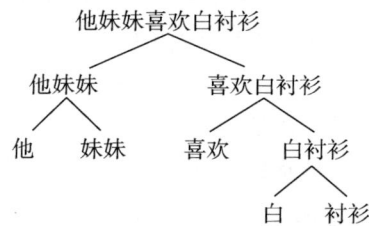

在这个句子中,"他"与"妹妹"组合成一个板块,"白"与"衬衫"组合成一个板块,然后再与"喜欢"组合成"喜欢白衬衫"这样一个更大的板块,"他妹妹"与"喜欢白衬衫"这两个板块组成了句子。"妹妹"与"喜欢"以及"喜欢"与"白",虽然在线性顺序上紧邻,但关系并不紧密,它们并不组合为一个构造句子的有意义的板块。

从上面的分析可以看出,句子不是简单地把词串联在一起,而是词与词之间先组合成一些有意义的片段,这些片段再组合成句子。我们把构成句子的有意义的片段称为"句法成分"(constituents)。句法成分具有以下特点,可以根据这些特点来鉴别句法成分。①

1. 能够独立回答问题

(26) a. 甲:谁喜欢白衬衫?
      乙:他妹妹。
   b. 甲:他妹妹喜欢什么?
      乙:白衬衫。
   c. 甲:他妹妹有什么特点?
      乙:喜欢白衬衫。

从以上例子可以看出,"他妹妹""白衬衫""喜欢白衬衫"都可以用来独立回答问题,因此它们都是句法成分。"喜欢白"不能独立回答问题,因此不是一个句法成分。能够独立回答问题表明句法成分是有明确意义的,能够单用。

2. 能够被代词或其他成分替代

(27) 她喜欢白衬衫。

"他妹妹"可以被代词"她"替代,形成(27)中的句子。

(28) 他妹妹喜欢白衬衫,我也是。

"喜欢白衬衫"可以被"也是"替代,如(28)所示。"也是"虽然不是代词,但可以替代做谓语的句法成分。"喜欢白"不能被代词或其他成分替代,这也证明它不是一个句法成分。

能够被代词或其他成分替代说明句法成分是一个完整的板块,有固定的功能。

3. 可以移位

(29) a. 白衬衫,他妹妹喜欢。
    b. 喜欢白衬衫,他妹妹。

从例(29a)可以看出,"白衬衫"可以从动词后移动到句首位置。(29b)即口语中的"易位句"②,"他妹妹"与"喜欢白衬衫"的位置发生了互换。"白

---

① 参看 Fromkin, V., Rodman, R. and Hyams, N. (2019) *An Introduction to Language* (11th edition). Boston: Cengage Learning. pp. 81—82.

② 陆俭明《汉语口语句法里的易位现象》,《中国语文》1980 年第 1 期。

衬衫""他妹妹"与"喜欢白衬衫"都可以移位,都是句法成分。但"喜欢白"不能移位,不是一个句法成分。可以移位也表明句法成分是一个结构和意义相对完整的板块。

经过分析,可以确定"他妹妹喜欢白衬衫"这个句子共有三个句法成分:"他妹妹""白衬衫""喜欢白衬衫"。可以看出,句法成分就是介于词和句子之间的构造,它们是一些短语。找到句法成分实际上就是揭示句子的构造部件。

三、句法范畴与句法树形图

前面我们已经知道,词具有不同的词类属性。短语的语法功能表现与作为其中心的词的功能是一致的。以名词为中心构成的短语称为名词短语,在句子中的作用与名词相同。比如,"美丽的城市"这个短语的中心是名词"城市",这决定了整个短语与名词的功能相同,是名词短语。以动词为中心构成的短语称为动词短语,在句子中的作用与动词相同。比如,"飞快地跑"这一短语的中心是动词"跑",整个短语与动词的功能相同,是一个动词短语。这就是说,短语也可以有类似"词类属性"的"语类属性","语类属性"决定了短语在句子中的分布与功能。"词类属性"和"语类属性"都属于"句法属性"。

我们不仅可以给一个句子划分出层次结构,还可以给构成句子的不同单位贴上句法属性的标签。这样,对句子的认识就又深入了一层。看下面这个例子:

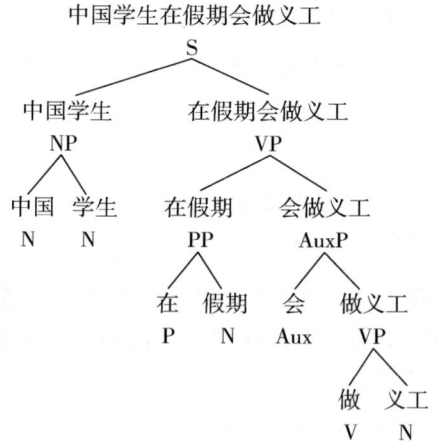

在上图中,不仅对句子的层次进行了切分,还对切分出的处于不同层

级的单位的句法属性都用符号进行了标注。S 代表句子，N 代表名词，V 代表动词，P 代表介词，Aux 代表助动词，NP 代表名词短语，VP 代表动词短语，PP 代表介词短语，AuxP 代表助动词短语（由助动词和动词短语构成）。用这些符号来表示句法单位的性质，比较简便。

在上图中，构成句子的词语在不同的层次多次呈现，不够简洁。我们可以只在图的最末端插入词语，这样就可以让图示更简洁一些，这就形成了常规的句法树形图。如下所示：

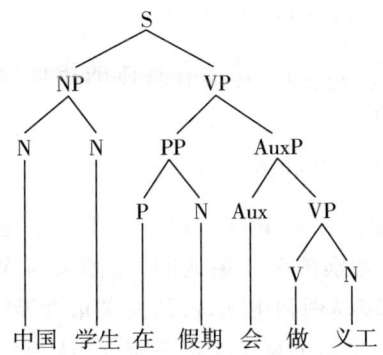

句法树形图能非常直观清晰地显示句子的内部结构，缺点是比较占篇幅。为了节省篇幅，句子的内部结构也可以用多重方括号来表示，每一个方括号内的成分代表一个层次，每个方括号左侧用下标形式标出这一层单位的句法性质。如下所示：

[s [NP [N 中国] [N 学生]] [VP [PP [P 在] [N 假期]] [AuxP [Aux 会] [VP [V 做] [N 义工]]]]]

多重方括号的标示与树形图的标示性质上是一样的，都能揭示句子的层级构造和组成单位的句法属性，只是看起来相对费力一些。

依据句法树形图可以定义句子组成成分之间的结构关系，可以最直观地看出的两种关系是上下关系和前后关系。在树形图中，线段会聚的地方称为"节点"。节点有高有低。当一个节点分枝为两个节点时，处于高处的节点称为"母节点"，处于低处的分出来的两个节点称为"子节点"。比如下图中，A 是母节点，B 和 C 是子节点。

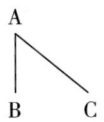

母节点和子节点之间的关系就是支配关系(dominance),这是一种上下关系。比如上图中,A 支配 B 和 C。B 和 C 处于同一层级,构成"姊妹节点"。它们之间是前后关系,B 前于 C。

这些结构关系在描写句法规则时是有用的。比如,可以用结构层次中的上下关系给主语和宾语下定义。① 传统语法研究用意义给主语和宾语下定义,把主语界定为句子的表述对象或者动作的施事。这样的定义虽然简明易懂,但会遇到一些困难的例子。比如:

(30) No one has seen the ball.

这个句子的主语是 no one,并没有具体的指称对象,把这样的主语称作表述对象就显得别扭。

(31) The ball rolled over.

这个句子的主语是 the ball(球),但它并不一定是 roll(滚动)这个动作的施事,球的滚动可以是别的东西造成的,比如风的吹动。

总的来说,意义比较模糊和主观,仅从意义角度界定主语不能让人满意。

结构主义语言学按先后关系给主语下定义,认为句中第一个名词短语是主语。这是用形式的标准来界定主语,在操作上比较方便,但也会遇到一些困难的例子。比如:

(32) 我哥哥的女儿很漂亮。

例(32)中,做主语的是"我哥哥的女儿",而不是"我哥哥",虽然后者可以看作句子的第一个名词短语。

生成语法用层次结构中的上下关系来定义主语,认为直接被 S 支配的 NP 是主语,直接被 VP 支配的 NP 是宾语。可以图示如下:

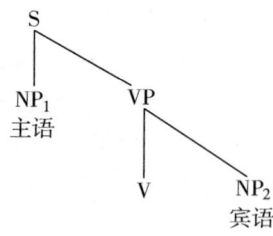

----

① 参看徐烈炯《生成语法理论》,上海外语教育出版社,1988 年;徐烈炯《生成语法理论:标准理论到最简方案》,上海教育出版社,2009 年。

从这个图可以看出,主语在句法结构中的位置比宾语高,宾语和动词是姊妹节点,而主语在一个更高的层次,主语与动词和宾语组成的动宾短语形成一个姊妹节点。按照结构,主语可以定义为受句子支配的第一个名词短语。这个定义利用了句法结构中的上下关系,是具有形式标准的,而且更符合语言事实,将对主语的认识推进了一步。

主语在句法结构中比宾语的位置高,造成了主语和宾语的不对称。处于主语和宾语之间的动词并不是与主语和宾语保持同样的关系,而是与宾语的关系更近,与主语的关系较远。这表现在一系列语言事实上。

动词和宾语是姊妹节点,二者组成的动宾短语关系紧密,可以移位,如例(33)所示,也可以被其他成分替代,如例(34)所示。

(33) a. Mary loves her brother.
 b. Loves her brother, Mary does.
(34) He passed the exam, and so did I.

两个句子在主语相同的情况下,可以把动宾结构并列在一起,这表明动宾结构是一个紧密的句法单位:

(35) a. 我们爱朋友,我们恨敌人。
 b. 我们爱朋友、恨敌人。

但是当两个句子的宾语相同时,却不能把主语和动词组成的结构并列在一起,这表明主语和动词并不组成一个紧密的句法单位:

(36) a. 张三洗菜,李四炒菜。
 b. *张三洗、李四炒菜。

在汉语的句子中,主语之后可以停顿,可以加上语气词,说明主语和动宾结构之间关联松散。如:

(37) a. 他当过兵。
 b. 他啊,当过兵。

但是动词和宾语之间不能停顿,动词后不能加上语气词,说明动词和宾语之间结构紧密:

(38) *他当过啊,兵。

汉语中动宾结构可以构成复合词。如:

理发　折纸　候车　修脚　开车

动宾结构也可以变成习语，具有一定的词汇性质，这在英语和汉语中都有很多例子。如：

kick the bucket　　　　catch a cold
make money　　　　　rain cats and dogs

碰钉子　走后门　穿小鞋　扣帽子

但主语和及物动词一般不能构成复合词，比如在"脑充血"这个形式中，"充血"可以单说，但"脑充"不能单说，不能形成一个复合词。

从语言类型学的角度看，动词和宾语紧邻的语言占多数。如果只考虑主语（subject，记作 S）、动词（verb，记作 V）和宾语（object，记作 O）这三个主要句子成分，从逻辑上看，一个句子有六种可能的语序：SOV、SVO、VSO、VOS、OSV、OVS。但实际上这六种语序并不是平均分布的，世界上大部分语言的语序是 SOV 或 SVO，在这两种语序中，宾语都是紧邻动词的。具有 VSO 或 OSV 语序的语言极少，也就是说，动词和宾语被主语隔开的语言极少。这也证明，宾语和动词的关系比主语和动词的关系更密切。

可见，将主语定义为直接被 S 支配的 NP 是更为准确的，能解释众多语言现象。这同时也证明，句法树形图所显示的各种结构关系对于分析句法来讲是非常有用的。

四、语法结构的意义和形式

词组合成语法结构以后，整个结构的意义总是大于作为构成成分的各个词的意义的总和，因为这里增加了语法结构的意义。比如，"红花"不同于"花红"，前者是修饰关系，表示"红的花"，即表示"红"这个集合与"花"这个集合的交集；后者是陈述关系，表示"花是红的"，即用"红"对"花"进行陈述。这里的修饰关系和陈述关系就是语法结构提供的意义。

汉语中词与词组合的五种主要结构类型，即主谓结构、动宾结构、偏正结构（包括定中结构和状中结构）、并列结构、述补结构，都是从语法意义的角度划分出来的。它们的名称已提示了每种结构的语法意义。

各种语法结构的语法意义必须通过一定的语法形式才能体现出来。语法形式就是构造语法结构的手段。主要有以下几种：

1. 词类配列

词类配列指的是选择合适的词类成员组配在一起。基本结构的各个项要求一定词类里的成员来充当。比如,在汉语中要组成一个定中结构(以名词性成分为中心的偏正结构),可以选择一个形容词性成分和一个名词性成分组合在一起,如"白布"。在理解一个语法结构的意义时,其中的词类配列是做出判断的一个重要依据,比如,人们就是根据动词和名词的配列识别出"拍桌子"是一个动宾结构。

2. 语序

语序指语言成分之间的组合顺序。语序的不同可以造成不同的语法结构。比如"红花"与"花红"就是因为语序不同而成为不同的语法结构。在不同的语言中,同一种语法结构可能会有不同的语序选择。比如动宾结构,在汉语中是采取动词放在宾语前面的语序,但在日语中是采取宾语放在动词前面的语序。像汉语一样采用动宾语序的语言有一批,像日语一样采取宾动语序的语言也有一批。介词和介词所引入的宾语的语序在不同语言中也有不同选择,有的语言把介词放在所引入的词语的前面,比如英语 in the classroom,介词 in 在其引入的 the classroom 的前面,这样的介词被称为"前置词"(preposition);有的语言把介词放在所引入的词语的后面,比如日语"教室で(在教室里)",介词で在其引入的"教室"的后面,这样的介词可以称为"后置词"(postposition)。修饰语和中心语的位置在不同的语言里也有不同的语序安排,有一些语言采取修饰语在前的语序,而另一些语言则采取中心语在前的语序。

有的语言语序较为自由,比如俄语,表达同样的意思,可以有多种可能的语序安排,不同的语序安排只有强调点的不同;也有的语言语序比较稳固,比如汉语。

3. 虚词和词形变化

虚词可以指示语法关系,因此可以帮助构成特定的语法结构。比如,在汉语中,虚词"和""或者""而"可以帮助构成并列结构,"的"可以帮助构成偏正结构。

词形变化或者说词的形态,也可以指示语法关系。在有的语言中,词在构成句子时,在特定的位置上必须有特定的词形变化,这是语法的需要。比如,有些语言的名词有格的变化,在构造主谓结构时,主语要采用主格的形式,在构造动宾结构时,宾语要采用宾格的形式。可见,词形变化也是一种构造语法结构的手段。

有的语言形态较为发达,因此在指示语法关系时,形态起了很大的作用,比如俄语、德语等;而有的语言形态不发达,指示语法关系主要依靠虚词,比如汉语、越南语等。

五、五种主要的语法结构

下面对主谓结构、动宾结构、偏正结构、并列结构、述补结构这五种主要的语法结构的语法意义和形式特点进行逐一说明。

1. 主谓结构

主谓结构的语法意义是反映主体与主体的动作、性质、状态的关系。比如:

(39) 鸟飞了。

谓语"飞了"表示的是主语"鸟"的动作。

(40) 这棵树很高。

谓语"很高"表示的是主语"这棵树"的性质。

(41) 他的脸黑乎乎的。

谓语"黑乎乎的"表示的是主语"他的脸"的状态。

在词类配列方面,在英语中,主语由名词性成分充当,谓语由动词性成分充当;但在汉语中,动词性成分有时也可充当主语,名词性成分有时也可充当谓语:

(42) 打人不应该。

(43) 那个人黄头发。

在语序上,英语和汉语一样,一般是主语在前,谓语在后。

在形态上,英语的主语如果是由代词充当,就用主格:

(44) I haven't read that book yet.

而且,英语有主谓一致的要求,表现在主语是第三人称代词、句子是现在时的情况下,动词要采用原形后加后缀-s 的形式。如:

(45) John likes Mary.

正是因为有格和主谓一致这些形态要求,英语的主语比较好确认。如:

(46) That book has been sold.

此句中 that book 是主语,因为 that book 是单数,谓语中的助动词也是第三人称单数 has,显示了主谓一致。

　　(47) That book I haven't read yet.

　　此句中,that book 虽然出现在句首,但并不是主语,因为与句子中的助动词 have 不匹配。I 与助动词 have 匹配,而且是主格,因此可以认定为主语。

　　汉语的主谓结构没有特定的虚词作为标记,是比较松散的结构,主语之后可以停顿,也可以加上语气词。如:

　　(48) 我呢,今天有点事。

　　这表明汉语的主语并不是一个严格的句法范畴,实际上只是谈话的起点,是"话题"(topic),因此,不管是名词性成分还是动词性成分都可以充当。汉语的谓语实际上是与"话题"相对的"说明"(comment),或者叫"述题",是对话题的情况做出陈述。话题和说明之间的关系可以是多种多样的。

　　2. 动宾结构

　　动宾结构(也称"述宾结构")的语法意义是表示动作和受动作支配的事物的关系。如"吃苹果"是一个动宾结构,其中"吃"表示动作,"苹果"是受"吃"支配的事物。

　　在词类配列方面,汉语的动宾结构根据宾语的不同性质,有两种配列方式:一种是"动词性成分+名词性成分",如"怕老师";另一种是"动词性成分+动词性成分(包括小句)",如"怕被批评""希望张三来"。

　　汉语动宾结构的一个突出特点是,动词和宾语之间的语义关系较为多样:

　　(49) a. 吃苹果　　　　　(动作与动作的受事,即动作的支配对象)
　　　　 b. 吃食堂　　　　　(动作与动作发生的处所)
　　　　 c. 吃大碗　　　　　(动作与动作的工具)
　　　　 d. 吃父母　　　　　(动作与动作的受事的来源)
　　　　 e. 吃情调　　　　　(动作与动作发生的环境特点)

　　从语序上看,有的语言的动宾结构采用"动词+宾语"的语序,有的语言采用"宾语+动词"的语序。

　　从形态上看,有的语言动宾结构的宾语有格的变化,要采用宾格形式,有的语言要求动词和宾语之间有一致关系。如以下印度斯坦语的句子:

(50) a. Aurat-nē　　　ghōrī　　　mār-ī.
　　　女人-作格　　　母马　　　　打-阴性.单数
　　　女人打母马。

　　b. Aurat-nē　　　ghōrā　　　mār-ā.
　　　女人-作格　　　公马　　　　打-阳性.单数
　　　女人打公马。

(50a)和(50b)两个句子中的主语和动词都相同,但(50a)中的宾语是阴性单数,(50b)中的宾语是阳性单数,因此两句中的动词带有不同的后缀,显示了动宾之间的一致关系。这与汉语的情况形成了对比,汉语缺乏严格意义上的形态变化,不管宾语是什么类型,动词在形式上都不会发生变化。

3.偏正结构

偏正结构的语法意义是表示修饰和被修饰的关系。

偏正结构可以根据中心语的性质分为两类:定中结构和状中结构。在词类配列上,定中结构以名词性成分为中心语,状中结构以动词性成分为中心语。

有的语言偏正结构采用"偏+正"的语序,比如汉语;而有的语言则采用"正+偏"的语序,比如法语:

(51)　vin　　　rouge
　　　酒　　　　红
　　　红酒

在形态上,有的语言会要求修饰中心名词的形容词和冠词与中心名词保持性、数、格等范畴上的一致。如以下法语中的偏正结构:

(52) a. le　　　　　tableau　　　　noir
　　　　冠词(阳性)　板(阳性)　　　黑(阳性)
　　　　黑板

　　　b. la　　　　　jupe　　　　　noire
　　　　冠词(阴性)　裙子(阴性)　　黑(阴性)
　　　　黑裙子

　　　c. les　　　　 chaussures　　　noires
　　　　冠词(复数)　皮鞋(复数)　　 黑(复数)
　　　　黑皮鞋

在以上例子中,根据所修饰的名词的性和数的不同,法语的形容词"黑"和冠词都有阴性、阳性、复数三种不同的变化形式。

有些语言主要是靠虚词来指示偏正关系。比如在汉语中,修饰性成分和中心语之间可以出现结构助词"的"或"地"来标明偏正关系。

4. 并列结构

并列结构(也称"联合结构")的语法意义是表示并列或选择关系。并列结构的构成成分在语法地位上是平等的。

在词类配列上,并列结构的各项在词类属性上应该相同。如:

(53) a. 老师和学生　今天或明天　　　　　(名词性成分的并列)
　　　b. 又唱又跳　　边吃边喝　　　　　　(动词性成分的并列)
　　　c. 又大又甜　　既聪明又漂亮　　　　(形容词性成分的并列)

并列结构在语序上的特点是并列项之间可以换位。如"老师和学生"也可以说成"学生和老师"。

指示并列关系的虚词,汉语中有"和、或、而、又……又……、既……又……、一边……一边……"等,英语中常用的有 and 和 or。

汉语中并列结构十分发达,不仅有很多并列式自由短语,还有很发达的具有习语性质的并列结构的四字格。如:

　　铜墙铁壁　　胡思乱想　　头晕眼花　　说三道四　　赶尽杀绝

5. 述补结构

汉语的述补结构中补语补充说明述语的程度、结果、状态、趋向或可能性等。如:

(54) 好得很　　　　　　　　　　　　　　　　　(补语表示程度)
(55) 打扫干净　兴奋得他睡不着觉　　　　　　　(补语表示结果、状态)
(56) 走进来　　　　　　　　　　　　　　　　　(补语表示趋向)
(57) 吃不完　　　　　　　　　　　　　　　　　(补语表示可能性)

述语由动词性成分或形容词性成分充当,补语由动词性成分、形容词性成分或小句充当。在语序上,述语在前,补语在后。

英语中与汉语的述补结构表义接近的是"动+宾+补"结构,这种结构里补语不能直接挨着动词:

(58) She wiped the table clean.

汉语中可以出现在述补结构中的虚词是"得"和"个"。如：

（59）吃得精光

（60）吃了个精光

六、句法组合的递归性

在句法组合中，同样的结构可以层层嵌套，借用数学的术语，句法结构的这种性质可以称为"递归性"。比如：

（61）惠子曰："子非鱼，安知鱼之乐？"庄子曰："子非我，安知我不知鱼之乐？"（《庄子·秋水》）

在上面的例子中，庄子的回答可以概括为一句话："子安知我不知鱼之乐"，"我不知鱼之乐"这个主谓结构嵌套进了另一个主谓结构"子安知"中做宾语。

再如，"他的爸爸的爸爸的爸爸"是把偏正结构多次嵌套的结果。"他的爸爸"是一个偏正结构，在定语的位置嵌套一个偏正结构，就得到了"他的爸爸的爸爸"；在做定语的偏正结构的定语位置再嵌套一个偏正结构，就得到了"他的爸爸的爸爸的爸爸"。这种嵌套在理论上可以无限进行下去，但受到人们短时记忆的限制，实际存在的句子不可能特别长。

基本句法结构的类型有限，因此出现递归是必然的。句法结构的层次性为递归性的出现也提供了条件，相同性质的句法结构可以出现在不同的层次上。正是由于句法组合具有层次性和递归性，才保证了语言具有无限的生成性。

语言中实现句法递归的方式主要有以下几种：①

1. 附加（adjunction）

附加是对一个基本结构的组成成分加以修饰，这样就可以得到一个更长的形式，但基本结构的性质不变，这样就造成了结构的递归。如：

（62）a. 张三是个歌手。

b. 张三是个聪明的歌手。

c. 张三是个聪明、英俊的歌手。

d. 张三是个聪明、英俊、快乐的歌手。

---

① 参看董秀芳、张和友主编《语言学引论》，北京师范大学出版社，2017年，第167—170页。

例(62)中,b句在a句的名词"歌手"前附加了一个形容词"聪明"进行修饰,组成了一个定中短语;c句在b句的基础上增加了另一个形容词"英俊";d句在c句的基础上增加了另一个形容词"快乐"。从a句到b句再到c句和d句,句子的长度不断增加,主要就是做宾语的名词短语不断变长,但其名词短语的性质并没有改变,只是不断增加定语让定中关系不断嵌套而已。

再比如:

(63) a. 他拿走了梯子。
b. 他悄悄地拿走了梯子。
c. 他悄悄地、不动声色地拿走了梯子。

上例中,b句在a句的动词前附加了一个副词"悄悄"进行修饰,c句又在b句的基础上附加了一个"不动声色"对动词进行修饰。从a句到b句再到c句,句子的长度不断增加,主要就是动词短语变长了,实际上是不断增加状语让状中关系嵌套的结果。

2. 内嵌(embedding)

一个句子可以嵌套在另一个句子之中,充当另一个句子的一个成分。通过这种内嵌的方式也能造成递归。比如:

(64) a. 他默默地离开了。
b. 我知道他默默地离开了。
c. 他默默地离开惹恼了大家。
d. 他默默地离开的那个公司不久就倒闭了。

上例中,a句里,"他默默地离开了"是一个独立的句子;在b句中,"他默默地离开了"作为宾语嵌入了另一个句子之中;在c句中,"他默默地离开"作为主语嵌入了另一个句子之中;在d句中,"他默默地离开"作为定语嵌入了另一个句子之中。

内嵌可以无限重复下去。比如例(64b)可以再作为宾语嵌入一个更大的句子中形成例(65),而例(65)还可以再作为宾语嵌入更大的句子中形成例(66):

(65) 她知道我知道他默默地离开了。
(66) 他们都知道她知道我知道他默默地离开了。

3. 并列(coordination)

并列结构的整体功能与并列项的功能一致。通过并列的方式也可以实现递归。如：

(67) a. John went to the store.
b. John went to the store and bought a box of chocolate.

以上例子中，b 句对 a 句中做谓语的动词短语进行了并列操作，两个动宾结构并列在一起，使句子变得更长。再如：

(68) a. 我喜欢好吃的东西。
b. 我喜欢好吃的东西和美丽的风景。

例(68)中，b 句对 a 句中的宾语进行了并列操作，两个定中式名词短语并列之后形成一个更大的名词短语做宾语。

以上三种方式造成了递归，其实也是对句子进行扩展的三种方式。利用上面的这些方式，给定任何一个句子，总是有办法扩展出一个更长的句子。

七、句法结构的变换

语言中存在着很多不同的句子格式，这些句子格式之间有着种种关联，可以通过一些手段相互变换。比如，肯定句可以变为否定句，主动句可以变为被动句，陈述句可以变为疑问句和祈使句，等等。在变换过程中，可以改变成分的位置，也可以增添、省略或者替换某些成分。

变换是语法格式的有规则的变化，它能超越一个语法格式的范围，揭示有关格式之间的关系。因此，变换也被作为一种语法研究手段，备受语言学家的关注。

1. 变换依赖于结构

变换必须参照句法的内部结构来进行。[①] 这一点可以从对变换规则的归纳中得到验证。比如，英语陈述句变换为一般疑问句的规则，如果不参照结构，似乎可以概括为：将第一个助动词提到句首。这样的概括没有涉及句子结构，看起来非常简洁。根据这一概括能正确地得出下面的变换：

(69) The boy is sleeping. → Is the boy sleeping?

但是如果检验一些更复杂的例子，就会发现这种不参照结构的简单概括并不总是正确的：

---

① 参看 Fromkin, V., Rodman, R. and Hyams, N. (2019) *An Introduction to Language* (11th edition). Boston：Cengage Learning. p.385。

(70) a. The boy who is sleeping was dreaming.
　　　b. Was the boy who is sleeping dreaming?
　　　c. *Is the boy who sleeping was dreaming?

(70a)如果要变为一般疑问句,只能采用(70b)的形式,即把做主语的复杂名词短语 the boy who is sleeping 后的助动词 was 移到句首,而不能采用(70c)的形式。(70c)是把句子中可以找到的第一个助动词移到了句首,但是句子不合法。这表明,不能简单地将第一个助动词移到句首,必须参照句子的内部结构。

英语从陈述句变换为一般疑问句的规则应该概括为:将做主语的 NP 后的助动词移到句首。这个概括涉及了结构,变得更严密,能够正确地得出所有的变换。下面的例子也支持这种依赖于结构的变换规则:

(71) a. The boy who can sleep will dream.
　　　b. Will the boy who can sleep dream?
　　　c. *Can the boy who sleep will dream?

(71a)中有两个助动词,如果简单地将第一个助动词 can 移到句首,就像(71c)那样,是不能得到正确的一般疑问句的;只有将位于做主语的复杂名词短语 the boy who can sleep 后的助动词 will 移到句首,才能得到合格的一般疑问句,如(71b)所示。

再看一个同类的例子。英语中引导宾语从句的 that 可以省略,如下例所示:

(72) I know that you know. → I know you know.

但引导主语从句的 that 不可以省略:

(73) That you know bothers me. → *You know bothers me.

可见,对关系代词 that 的删略也是要参照结构的,不能简单地说引导从句的 that 可以省略,只能说处在特定结构位置的 that 才可以省略,具体来讲,就是引导宾语从句的 that 是可以删略的。

以上证据充分表明,句法变换必须依赖于句子结构,这是句法变换的一个重要性质。

2. 变换和句法同义

语言中要表达某个意义,往往有几种不同的说法供选择。几种句子格式表示相同或相近的结构意义,称为句法同义。处于句法同义关系中的不同的句子格式可以相互变换。比如,以下一组句子所表达的命题意义相同,彼此可以变换:

(74) a. 猫吃了鱼。　　　　　　　　　　　　　　　　(主动句)
　　　b. 鱼被猫吃了。　　　　　　　　　　　　　　("被"字句)
　　　c. 鱼,猫吃了。　　　　　　　　　　　　(宾语提前的话题句)
　　　d. 猫把鱼吃了。　　　　　　　　　　　　　　("把"字句)

具有句法同义关系的格式形成了一个聚合。利用变换可以把这些格式之间的形式关联说清楚。研究句法同义格式不仅可以弄清楚语言中功能接近的表达手段,对于语言教学也有好处。在语言教学实践中,把句法同义格式联系起来进行讲解,并做一些相应的变换练习,可以帮助语言学习者系统性地掌握这些密切相关的句法格式。

3. 变换和句法多义

有时,一个句法结构可以有两种或两种以上的解读,即形成句法多义,或说歧义结构。就像词有多义词一样,句子也有多义句。通过变换的方法可以分化句法多义。聚集在一个句法结构里面的不同的结构意义在别的结构里不一定聚集在一起,变换正是把它们放到另一些结构里去检验,看是否能够把它们区分开来。比如下面这个英语句子就存在两种解读:①

(75) He saw a girl with a telescope.

这句话既可以理解为"他用望远镜看见了一个女孩",也可以理解为"他看见了一个带着望远镜的女孩"。产生歧义最主要的原因是句子中介词短语可以有不同的结构位置:一种情况是在动词短语内,做动词短语 saw a girl 的附加语,表示工具;另一种情况是在名词短语内,做名词中心语 a girl 的后置定语。可以用括号表示出这两种情况下不同的句法层次,(76)代表第一种情况,(77)代表第二种情况:

(76) [saw a girl][with a telescope]
(77) [saw [a girl with a telescope]]

位于动词短语内表示工具的介词短语可以移到句首:

---

① 类似的分析可参看 Fromkin, V., Rodman, R. and Hyams, N. (2019) *An Introduction to Language* (11th edition). Boston: Cengage Learning. pp. 105—106.

(78) With a telescope he saw a girl.

经过移位变换之后,句子就没有歧义了,只能表示"他用望远镜看见了一个女孩"这个意思。

位于名词短语内的介词短语不可以移到句首,比如下面的句子只有一种解读,即"他看见了一个带着红色提包的女孩":

(79) He saw a girl with a red bag.

在这个句子中,介词短语只能理解为处于名词短语之内,不能移到句首:

(80) * With a red bag, he saw a girl.

通过变换分化句法多义,既可以区分两种表面上相同的结构,更好地认识句法结构的层次性,也有助于在语言的实际使用中化解歧义,更准确地表达语义。

4. 变换和词汇语义

有时候表面相同的句法结构存在不同的变换,其深层原因在于其中的词语属于不同的语义类别。试比较(81)与(82)中的两组句子:

(81) a. 他卖一批图书给学校。→他卖给学校一批图书。
　　　b. 他送一份情报给敌人。→他送给敌人一份情报。
　　　c. 他递一支香烟给老张。→他递给老张一支香烟。
　　　d. 他扔一个皮球给小红。→他扔给小红一个皮球。
(82) a. 他找一批图书给学校。→ * 他找给学校一批图书。
　　　b. 他偷一份情报给敌人。→ * 他偷给敌人一份情报。
　　　c. 他讨一支香烟给老张。→ * 他讨给老张一支香烟。
　　　d. 他抢一个皮球给小红。→ * 他抢给小红一个皮球。

上面的两组句子,从词类配列上看完全相同,都是"代词+动词+数量词+名词+给+名词",但是两组句子的变换能力却有不同。第一组句子都可以变换成"代词+动词+给+名词+数量词+名词",但第二组句子不能做这样的变换。这种不同的根源在于句子中动词的词汇语义。第一组句子中的动词都具有"给予"的语义特征,而第二组句子中的动词都具有"取得"的语义特征。可以再进一步精简,把这两个语义特征表示为一个语义特征的正负值取值的不同,就可以说第一组句子的动词都有[＋给予]的语义特征,而第二组句子的动词都有[一给予]的语义特征。

可见,变换能发现词语中与语法相关的不同的语义类别,这样,不论是在组合上还是在聚合上,都能把语法分析向深处推进一步。

第五节 语言的结构类型

从语言的语法结构特点出发,可以将世界上的语言分为孤立语、屈折语、黏着语、复综语四大类型。

孤立语的特点是缺乏词形变化,但是语序很严格,虚词的作用很重要。比较典型的孤立语有汉语、越南语等。汉语的词基本没有表达屈折功能的形态变化。比如,普通名词没有单复数①,没有性和格的变化。"一本书""两本书""三本书"中的"书"形式相同,不管数量是多少;"书很多""买书"中的"书"形式也相同,不管是处在主语位置还是宾语位置。汉语动词没有时、人称、态等的变化,不管是"昨天去""现在去"还是"明天去","去"的形式都是一样的,不会随着动作发生时间的变化而变化;"我去""你去""他去""我们去""你们去""他们去","去"的形式都是一样的,不会随着主语人称的变化而变化;"我交了作业""作业交了","交"的形式都是一样的,不会随着是主动还是被动而发生变化②。汉语表达各种语法范畴和语法关系主要是依靠语序和虚词。比如"张三打李四"中"张三"处于动词前,是主语,而"李四打张三"中"张三"处于动词后,是宾语,这是靠语序来区分句子成分;"他的妈妈"中虚词"的"指示的是领属关系,相当于其他一些语言中名词的所有格所起的作用,这是用虚词来表示语法关系。

屈折语的特点是有丰富的词形变化,词与词之间的语法关系主要靠词形变化来表示,因而语序没有孤立语那么重要。屈折语中,屈折词缀的功能和形式之间不是一对一的关系,对应关系比较复杂,表现在以下几个方面:

① 同一种功能可以由几个不同的词缀形式来表达。比如,英语中的过去分词既可以用词缀-ed(如 talked)来表达,也可以用词缀-en(如 taken)来表达,还可以同时用元音内部屈折和加后缀的方式来表达(如 stolen)。

---

① 不过,指人名词可以通过加"们"表示复数。
② 汉语的"被"字句可以表示被动,但"被"不是前缀,而是虚词,动词前加"被"不是形态变化,而是句法操作。

② 不同的变词语素①包含的语素变体可能同形。比如,英语过去时和过去分词都有-ed这样一个语素变体,举例来讲,worked既是work的过去时形式,也是其过去分词形式。

③ 一个变词语素可以同时表示好几种语法意义。比如,古希腊语名词的数和格是"化合"在一起表达的。表示"哨兵"义的名词的一些词形变化如下所示:②

	单数	复数
主格	phýlaks	phýlakes
宾格	phýlaka	phýlakas
所有格	phýlakos	phýlákɔːn
与格	phýlaki	phýlaksi

phýlaks是"哨兵"的单数主格形式,但其中只包含一个后缀-s,这说明后缀-s既表达了单数,也表达了主格,数与格是合并在一起表达的,无法拆分开来。其他七个后缀(-es,-a,-as,-os,-ɔːn,-i,-si)也都是同时包含了格的意义和数的意义,不能离析出哪一部分表示格意义,哪一部分表示数意义。

属于屈折语的有俄语、法语、德语、英语③等。

黏着语的特点是词形变化丰富,这一点与屈折语相同;但是每一个变词语素都只表示一种语法意义,而每种语法意义也总是由一个变词语素表示,也就是说,变词语素和语法意义之间具有一对一的关系。因此,如果一个词要表示三种语法意义,就需要三个变词语素。词根和变词语素之间的结合并不紧密,两者都有相当大的独立性,变词语素好像是黏附在词根上似的。属于黏着语的有土耳其语、维吾尔语、芬兰语等。以土耳其语名词的数和格的表达为例,土耳其语的词根 köy 表示"村庄",它的一些词形变化如下:④

---

① "变词语素"指能改变词的语法形式的语素,包括屈折词缀,也包括其他能改变词的语法形式的手段。

② 引自 Matthews, P. H. (1991) *Morphology* (2nd edition). 外语教学与研究出版社,2000. pp. 170—171。

③ 英语虽然是屈折语,但是由于在演变过程中屈折形态弱化比较严重,因此今天看来,它在屈折语中并不是特别典型的。

④ 引自 Matthews, P. H. (1991) *Morphology* (2nd edition). 外语教学与研究出版社,2000. p. 108。

	单数	复数
绝对格（用于主语或无定宾语）	köy	köyler
宾格（有定宾语）	köyü	köyleri
所有格	köyün	köylerin
与格	köye	köylere
处所格	köyde	köylerde
夺格	köyden	köylerden

从以上举例不难看出，土耳其语的数和格用后缀来表达。土耳其语名词的词法结构是：词根＋复数词缀＋格词缀。复数词缀是-ler。绝对格是零形式，与格是后缀-e，处所格（即表示动作发生地点的格）是后缀-de，夺格（表示动作的起点，也可以表示来源）是后缀-den。宾格和所有格表面上看起来在单数形式和复数形式中是不同的，宾格在单数形式中是后缀-ü，在复数形式中是后缀-i；所有格在单数形式中是后缀-ün，在复数形式中是后缀-in。其实，这两个词缀的不同是由语音变化带来的，是由"元音和谐"这一土耳其语中存在的语音要求决定的。元音和谐指一个词的形式内要含有同一类型的元音。比如，要求圆唇元音与圆唇元音搭配，不圆唇元音与不圆唇元音搭配，前元音与前元音搭配，后元音与后元音搭配，等等。复数的宾格后缀之所以是-i而非-ü，是为了与前面复数词缀-ler中的不圆唇元音 e 形成元音和谐。复数的所有格后缀和单数的所有格后缀形式不同，也是同样的原因。除了这个语音上的变化，词根与词缀之间以及词缀与词缀之间的界限都是非常清晰的，很容易区分开。

复综语是一种特殊类型的黏着语。复综语的一个词往往由好些个语素编插黏合而成，有的语素不到一个音节。由于在一个词里面插入了表示多种意思的各种语素，词的长度可以很长。一个词往往可以构成一个句子。复综语中有很多是美洲印第安人的语言。比如，夸瓦瓦拉语（K^{w}ak^{w}ala）就是一种复综语。这种语言有一些"词汇性后缀"（lexical suffix），其意义比较具体，与一些主要词类所表达的意义范畴是重叠的，可以加在几乎任何词性的词基后面，限制比较少。比如：[1]

---

[1] 参看 Anderson, Stephen R. (1992) *A-Morphous Morphology*. Cambridge: Cambridge University Press. p. 26。

naqa 喝	naq'ixsd 想要喝（后缀对应动词的意义）
migʷat 海豹	migʷatuλ 得到海豹（后缀对应动词的意义）
gəlt- 长	gəldatu 长耳朵的（后缀对应名词的意义）
q'aku 奴隶	q'akubidu? 小奴隶（后缀对应形容词的意义）
'yak 坏	'yakq'ala 彻底坏（后缀对应副词的意义）
q'əy- 多	q'igaa 太多（后缀对应副词的意义）
mukʷa 拴	mugʷu'yud 拴在中间（后缀对应表示地点的介词短语的意义）

语言的这四种结构类型是根据语法结构的基本面貌来区分的，并不考虑语言之间在历史上的亲缘关系。

把几千种语言分成孤立语、屈折语、黏着语、复综语四类，只能是一个大致的分类。每一种类型的语言中都可能或多或少地带有其他类型语言的某些特点。

需要指出的是，将语言从语法结构的角度进行分类，不包含价值高低的判断，也就是说语言类型不分优劣。不能认为某一类型的语言比另一类型的语言更先进或更发达。应该说，所有的语言在功能上都是等值的，因为所有的语言都能很好地满足表达外部客观世界与人类精神世界的需求，并不存在表达有缺陷的语言。

除了传统的孤立语、屈折语、黏着语、复综语这样的分类之外，语言从结构角度的分类还可以根据某种具体的语法特征的标准来进行。比如，根据句法上主谓宾的次序是 SVO 还是 SOV，可以分出动宾型语言和宾动型语言两大类；根据语素是不是单音节，可以分出单音节语和多音节语两大类；根据不及物动词句的主语是与及物动词句中主语的形态标记相同，还是与及物动词句中宾语的形态标记相同，可以分出宾格语言和作格语言；等等。不同的分类体现了不同的观察语言的视角。根据每种不同的分类角度，可以讨论语言在不同方面的类型差异。综合不同的角度，就可以更好、更全面地认识人类语言的特点。

第四章　语义和语用

　　语言的意义是什么？这是一个非常复杂的问题。大致说来，语言的意义可以分为两个层次。一个层次涉及语言符号的形式本身所表达的内容，属于语义学的研究范畴，包括对词汇语义和句义的研究。另一个层次涉及语言与使用者的关系，涉及说话人具体运用语言时所要达到的交际目的。比如，同样是"天气真热！"这句话，说话人与听话人的关系不同，所处的交谈环境不同，所要表达的意思就可能不同：也许是刚从空调房间出来而发的感叹，也许是为打发长时间等车的无聊而进行的搭讪，也许是委婉地请听者开窗透气……这一层次的意义是语用学研究的内容。本章的讨论兼及以上两个方面。

第一节　词汇和词义

一、词和词汇

　　在语法结构中，词是最重要的一级语法单位。从意义表达上看，词是承载意义的重要单位，用它可以对现实现象进行基本的分类和定名。因此，研究语言符号的意义一般都以词作为基本单位。词汇和词义的研究在传统语言研究中是语义研究的主体。

　　着眼于概念意义的表达，一个语言中词汇的范围要大于词的范围。词汇是一种语言里所有的词和成语等固定用语的总汇，既包括"天""人""跑""美丽"这样的词，也包括"哗众取宠""井底之蛙"这样的成语、"北京大学""全国人民代表大会"这样表专名的凝固词组以及"磨刀不误砍柴工""吃一堑，长一智"这样的俗语，甚至还可以包括"总而言之""也就是说"这样在话语中专门起提示或连接作用的惯用性词组。

二、基本词汇和一般词汇

　　一种语言里的词汇数量可以多达几十万个。不过，不同词汇成员在词汇系统中的地位并不相同，有的相对来讲更常用，有的则不太常用。据此，词汇可以分为两大部分:基本词汇和一般词汇。

基本词汇是词汇系统中的核心成员,在词汇系统中的地位最重要。这些词所表达的都是与人们世世代代的日常生活关系最密切的事物或现象,比如自然现象、人、家畜、家禽、人的肢体和器官、亲属、方位、数目、工具、常见的动作行为、事物常见的性质状态,等等。举例来看,在汉语中,下面这些词都属于基本词汇:

天、地、风、月、雷、电、水、火、山、湖、海
人、马、牛、羊、狗、猫、鸡、猪、兔
眼、耳、嘴、手、脚、心、肺、肠、胃
爸、妈、哥、姐、弟、妹
上、下、前、后、左、右、东、南、西、北
一、二、三、四
刀、床、灯、笔、碗、纸、门、房、车
生、死、长、吃、说、走、跑、想、问、听、看、跳、飞
大、小、多、少、长、短、红、白

基本词汇具有以下三个特点:

1. 全民常用

基本词汇由于表义的基本性,在语言交流中经常被用到,因而是全体语言使用者都掌握的词汇。而且,基本词汇也是儿童在语言习得的过程中最早学会的词汇。

2. 稳固

基本词汇在语言中往往有悠久的历史,不容易发生变化,比较稳固。比如,汉语中的"山"属于基本词汇,这个词从先秦就已出现,一直沿用到现在,基本意义没有发生大的变化。当然,基本词汇里也有些成员在语言的演变中被逐渐替换。比如,现代汉语的"脚"在古代是"足","眼"在古代是"目","看"在古代是"视","船"在古代是"舟"。被替换的古词不再作为独立的词使用,但大多数仍然以词根的身份参与构词。

3. 有构词能力

基本词汇一般都由一个词根语素构成,而且很多是单音节的,在形式上比较简短。基本词汇可以作为孳生新词的基干,具有比较强的构词能力。比如,"水"属于基本词汇,《现代汉语词典》(第 7 版)中收录的由"水"构成的词共有 429 个之多。

一般词汇是除了基本词汇以外的词。一般词汇的特点与基本词汇正好相反。一般词汇不是全民常用的。比如,各行各业都有一些术语,这些词只在本行业的范围里使用,别人不大了解,这些术语就属于一般词汇。一般词汇容易发生变化,不具有稳固性。比如一些网络新词,它们可能在短时间内较为流行,但过了一段时间之后,有可能就不再流行,甚至不再被使用了。一般词汇没有构词能力或者构词能力比较弱。比如,科技术语的构词能力就很弱。

一般词汇数量很大,包括的成分比较杂,一般来讲,语言中的新词、古词、外来词、行业用语、科技术语、方言俚语词等都属于一般词汇。

社会的发展变化首先在一般词汇中得到反映。比如,社会中出现了新事物,语言中就会相应地出现新词,这些新词就是作为一般词汇而存在的。

一般词汇如果使用时间长了,被全民接受并具有稳固性和较强的构词能力之后,就可以转化为基本词汇。

区分基本词汇和一般词汇,对于研究语言的历史、进行语文教学都有积极的作用。研究一个语言的词汇史,应该以基本词汇的演变为考察重点。学习一种语言的词汇,首先应该学习基本词汇,牢固地掌握了基本词汇,就等于掌握了整个词汇的骨干。

三、词义的构成

词的意义可以分成两类。表示比较抽象的语法关系的意义叫语法意义(如虚词所表示的意义),这在第三章中已经做了分析;而我们通常说的"词义",是指比较实在的词汇意义,它是语义研究的基础。

词义可以分为两个部分:理性意义和附加色彩。

1. 理性意义

词的理性意义也称为概念意义,指说一种语言的人在对现实世界的认知中形成的共同的主观映像,是认知的成果,是对现象的分类和概括反映。比如"苹果"一词,其理性意义是对现实世界中一种水果的概括反映。设想一下,当 A 对 B 说"递我一个苹果",B 就会把苹果递过来,而不会是其他水果或别的东西。两个人都把"苹果"这个词和现实中的苹果这种水果联系起来,而不是和其他事物、现象联系起来。A 和 B 对"苹果"一词的使用和理解,反映出二人都掌握"苹果"一词的理性意义,都明确 píngguǒ 这个语音形式反映的是哪一类现实现象。

词的理性意义不仅可以概括地反映各种客观物质现象,还可以反映主观心理现象或主观的观念,如"快乐""伤心""仙女""魔兽"等。词义不管反映的是客观物质现象还是主观心理现象,在使用中指代的都是说话者的心理现实。

2.附加色彩

对于同样的现实现象,人们的主观态度可以不同,这就给词义加上了一层附加色彩。附加色彩是附着在词的理性意义上的。

附加色彩包括感情色彩、语体色彩、象征功能等。

感情色彩可以分为褒义、贬义和中性。所谓"褒",就是以赞扬、肯定的态度去反映现实现象的特征,褒义词俗称"好字眼儿";所谓"贬",则是以鄙视、否定的态度去反映现实现象的特征,贬义词俗称"坏字眼儿"。例如,"果断"和"武断"、"自信"和"自负"、"鼓励"和"怂恿"等都是前褒后贬。中性词指的是没有明显褒贬色彩的词。

语体色彩是应言语交际有多方面不同的"得体"需求而产生的。语体可以分为口语体和书面语体两大类,前者适用于与家人、朋友、熟人等随意的、面对面的私人交际的场合;后者适用于教育、学术、宗教等领域和国与国之间、上下级政府或机构之间等严肃、正式的非私人性交际场合。口语色彩的词多利用当代仍在通用的语素及语素义来构造,如"生日";书面语色彩的词多为历史用法的沉积,如"诞辰"。书面语体还可以进一步分为公文语体、政论语体、科技语体和文艺语体等。有一些词语可以在所有的语体中出现,也有一些词语只适合在部分语体中出现。只在特定的语体中出现的词语,就带有语体色彩,如"兹"具有公文语体色彩。

不同的词语在不同的语言中象征意义不同,这与语言的民族文化特征相关。比如,喜鹊在捷克语中叫作 strake,是小偷小摸的象征,而在汉语中则是喜庆的象征;猴子在汉语中象征聪明、调皮,但在越南语中表示丑和倒霉。

四、词义的特点

1.概括性

词义对现实现象的反映是概括的反映。概括性是词义的一个重要特点。名称是用来标志一类事物的符号。个别的事物虽然千差万别,如果名称相同,就意味着彼此的差别被略去,整类事物的共性以及和其他类事物的差别被凸显出来。所以有了名称,人们就能够把现实现象中特殊的东西当作普遍的、一般的东西,把复杂的东西当作简单的东西来掌握。比方说,现实世界里的苹果有品种、滋味、颜色、形状、大小等差别,而汉语统统给它们以一个名称——"苹果"。"苹果"这个词的意义就不管这种水果的品种、滋味、颜色、形状、大小等种种特殊性和复杂性，而只概括地反映所有苹果共同具有的一些特征，以便将苹果与桃子、梨等其他水果区别开来。

2. 模糊性

经过概括而形成的一般的、简单的东西，本身往往带有一定的模糊性，它只有一个大致的范围，而没有明确的界限。

恩格斯在《英国工人阶级状况》中叙述过这么一件事：由于工人强烈地反对资本家把每天的劳动时间延长到十二个小时以上，英国议会不得不通过一项议案，规定"夜间"一词应该理解为晚上六时到早晨六时这一段时间。原来，英国的法律规定禁止做夜工，但什么是"夜间"，从几点到几点算"夜间"，却是模糊的。资本家钻了这个空子，把夜间的时间规定得很短，以此来延长劳动时间，榨取超额利润，这就激起了工人的斗争。其实，语言里不仅"夜间"一词的含义是模糊的，"早晨""白天"等名词也是如此。"早晨"和"上午"、"下午"和"傍晚"、"傍晚"和"夜晚"等都只有一个大致的范围，相互之间没有一个几点几分的明确界限。

形容词的词义也表现出模糊性。比如，"他很高"这个句子中，"高"的标准是什么？是一米八以上，还是一米八五以上甚至一米九以上，并没有明确的界限。再比如，"他是一个圆脸"，什么样的脸属于"圆"的？严格来讲，没有一个人的脸形与几何图形中的圆完全一致，那么在多大程度上接近于圆形就可以叫作"圆脸"呢？显然也没有明确的标准。

词义的模糊性犹如在光谱上区分不同颜色。我们可以指出"红""黄""蓝""绿"等颜色的典型代表，在光谱上确认这些颜色的中心地带，但是它们在光谱上的确切分界我们却指不出来。所以对于一种不典型的颜色，人们就很容易产生认识上的分歧。一个词的意义所指的现象大致有一个范围，也必须包含能与其他现象区别开来的特征，但是往往找不出确切的边界。

为什么词义会有模糊性呢？这是因为，客观世界是连续的，而语言符号是离散的，用离散的符号去指称连续的世界，就必然会产生模糊性。

词义的模糊性虽然有时候会带来认识上的分歧，在有的情况下会有一定的负面作用，但词义的模糊性是必要的，可以使日常交际得以顺利进行。试想，如果有人问你"你们学校大吗"，你必须实地测量了学校的面积，然后再跟其他同类学校的面积做了比较之后才能回答，语言交流就变得太复杂了。如果要求词义非得丁是丁、卯是卯，身高一米九以上才能说"高"，一米八九就不行,年满八十才能说"老",七十九岁半就不行,那交际就很难顺畅地进行了。正因为大家都满足于具有模糊性的词义,才保证了日常交流的效率。

而且,在有需要的时候,我们也可以通过规定让词义明确起来。比如,在我国法律文件中,对于"成年人"有严格的规定,指的是年满十八周岁。这就消除了日常口语中"成年人"这个词的模糊性,让这个词的词义变得有明确的界限。另外,各门学科的专业术语也有明确的界定,不存在模糊性。

第二节 词义的各种关系

词义的形成一方面以现实现象为基础,另一方面也受制于与同一语言中其他词的意义的相互关系,因为语言是一个系统,词不是孤立存在的,而是处于词汇系统之中的。本节介绍传统词义研究最关注的几种词义关系。不同的语言对现实有不同的切分,也就具有不同的概念结构,词义彼此的关系也各有自己的特点。

一、多义关系
1. 单义和多义

一个词的意义可以只概括反映某一类现实现象,也可以概括反映相互有联系的几类现实现象,前者在语言中表现为单义词,后者表现为多义词。

单义词,顾名思义,只有一个意义。科学术语一般是单义的,并且没有各种附加色彩,例如"原子""分子""元音""辅音"等。日常语言中的词往往是多义的。一个词的多个意义之间的关系构成多义关系。

一个词在刚开始产生的时候大多是单义的,在使用中,有关的意义也逐渐用它来表达,它就变成了多义词。语言所要表达的意义总是在不断增多,让一个词兼表几个相互有联系的意义而不必另造新词,符合经济的原则。语言的这个要求由于语境的支持和词义的模糊性而得到满足。语境可以让词义明确起来,一个多义词在特定语境中使用时,语言使用者可以明确它的所指;词义的模糊性作为词义的一个本质特征使得词义的引申变化成为可能,从而允许了多义词的存在。

2. 本义、派生义和中心意义

在多义词的多个义项中,有历史可查的最初的意义叫作"本义",由本义衍生出来的意义叫作"派生义",在一个时代最基本、最常用的意义叫作

"中心意义"。中心意义有时和本义一致，有时和本义不一致。本义是从历史渊源来说的，中心意义是就多义词在某个时代的各个意义的关系来说的。

比如，"兵"在历史文献中最初的意思是"兵器、武器"，较早的用例如"缮甲兵，具卒乘"(《左传·隐公元年》)，成语"短兵相接"中还保留着这个意思。战士打仗必须使用兵器，因此"兵"派生出"拿兵器的人"，即"士兵"的意义，这是"兵"的派生义，同时也是"兵"在现代汉语中的中心意义。"兵"的中心意义与其本义不一致。

再如，"火"的本义是"物体燃烧时所发的光和焰"，这同时也是"火"在现代汉语里的中心意义。"火"还可以表示"兴旺、兴隆"，这是"火"的一个派生义。

3. 语义引申的两种途径：隐喻和转喻

派生义产生的途径就是一般所说的引申。引申大体上可以分成隐喻和转喻两种方式。隐喻建立在两个意义所反映的现实现象的某种相似的基础上。例如，汉语"习"的本义是"数飞"(《说文·习部》)，也就是鸟反复地飞的意思："鹰乃学习"(《礼记·月令》)，就是小鹰学习反复地飞。从这个意义派生出"反复练习、复习、温习"的意思："学而时习之"(《论语·学而》)，就是学了要按时反复温习，这是因为"复习""温习"是反复多次的行为，和反复地飞有相似的地方。再如，缝衣针上的窟窿像人眼，因而"眼"可以通过隐喻指缝衣针上的窟窿（英语的 eye 也有同样的引申）。

隐喻与作为修辞格的比喻不同。传统的研究将比喻看作一种文学手段，而隐喻是一种认知机制，普遍存在于日常语言之中。当我们说"山脚"的时候，没有感觉到在用修辞格，但这里实际上有一个隐喻："脚"是指人和动物最下面的起支撑作用的身体器官，而"山脚"是指山的最下部，二者之间有基于位置的相似性，因此这个语义引申是隐喻造成的。再如，我们经常说"要抓紧时间学习"，这是一个非常普通的说法，说这句话的时候，我们也没有感觉到在使用修辞格，但这里实际也涉及一个隐喻："抓紧"最初是对有形物体的处理方式，如"抓紧棍子""抓紧把手"等，当我们说"抓紧时间"时，是用表述具体物体的方式来表述无形的时间，意思是不要让时间轻易溜走，从抓紧有形的物体到抓紧无形的时间，其间的相似性是"把握住、不让轻易离开"。人们使用和接受这样的隐喻是自然而然的。可见，隐喻就渗透在我们的日常用语中。

转喻的基础是两类现实现象之间存在某种相关性。语言中的转喻就是用指称甲类现象的词去指称与之有关的乙类现象。比如，英语的 pen 本来是"羽毛"的意思,由于古代用羽毛蘸墨水写字,羽毛和书写工具经常联系在一起,于是 pen 增加了"笔"的意思。汉语里"面孔"可以指人,因为一般人们就是通过面孔来识别不同的人的。法语 bureau 的意义是"毛布",后来指铺毛布的"办公桌",进一步指有办公桌的"办公室",最后又指办公的机构"厅""局"。俄语 jazyk 是"舌头"的意思,也可以用来指"语言",这是用工具来表示它所实行的活动(汉语中也有"口舌"等用"舌"指说话的例子,抓俘虏也叫"捉舌头")。英语的 glass(玻璃)可指"玻璃杯",这是用制造产品所用的材料来指所制造的产品。汉语中的"茅台(酒)"因产地而得名。寺院的住持称为"方丈",这是由于他住在一丈见方的屋子中。工具和活动、材料和产品、地名和产品等都可以在人们的心目中建立起相关关系,因而是常见的转喻类型,能带来词义的引申。

转喻与隐喻一样,也是一种认知机制,渗透在日常语言的语义之中。比如,当我们说"壶开了"时,就运用了转喻,用"壶"来转指"壶中的水","壶中的水"与"壶"当然是密切相关的。"壶开了"这种说法极为平常,人们不会感受到这样说是运用了什么修辞格,这说明转喻像隐喻一样,是日常语言中普遍存在的。

多义词虽然有几个意义,但在使用中一般不会产生混淆,因为上下文使其中的一个意义显示出来,排除了其他的意义。比如,汉语中"他们很熟"中的"熟"只能指"关系不生疏",而"饭熟了"中的"熟"只能指"食物烹饪后可以吃了"。

4. 多义关系的语言共性与差异

由于隐喻和转喻这两种认知机制的普遍性,不同语言中语义相同的词可能出现类似的引申,即有同样的多义关系。比如,"深"在汉语中既可以表示从上到下或从外到里的距离大,如"这条河很深""深宅大院",也可以表示颜色浓,如"这块布的颜色很深",还可以表示内容复杂难懂,如"这门课程对我来讲有点深";英语的 deep 同样有这三种含义。再如,汉语的"听"既可以表示用耳朵接收声音,如"他听到了风声",也可以表示听从,如"他不听朋友的建议";英语的 listen 也有这两种含义。以上这些共性是由于不同语言的词经历了类似的隐喻引申。在很多语言中,一个词可以同时表示植物和植物的花或果实。比如,汉语的"牡丹"既可以指整株植物,也可以只指花;"桃"既可以指桃树,也可以指桃树的果实。英语中的 rose 既可以表示玫瑰(或蔷薇)这种植物,也可以表示这种植物的花;cherry 既可以表示樱桃树,也可以表示这种树的果实。这反映了不同的语言可以有共同的转喻引申模式。

不同的语言在词语的多义关系上也存在不少差异。比如,俄语的 okno 是"窗户"的意思,后来它也表示冰窟窿、云层中透出的青天、两堂课之间的空当(即课表上的空格)这些意思,因为这些事物或现象在某些方面的形象都有些像窗户。汉语中和 okno 相当的词是"窗",它没有 okno 的"冰窟窿"等派生义,因为汉族人并没有在这些事物的有关特征之间建立起联想。再如,汉语的"想"除了表示"思考"(如"想了想"),还可以表示"想念"(如"我想你"),"思考"和"想念"都是心理活动,二者之间是相关的关系。英语的 think 可以表示"思考",但不能表示"想念"。这表明不同语言中的转喻引申模式也可以不同。

可见,在词语的多义关系中,既存在一些语言共性,也存在不少语言差异,值得进行深入研究。

5. 多义词和同音词

多义词的不同意义之间有内在联系,语言使用者一般都能够在心理上建立起多义词不同意义之间的关系。在词典编纂中,多义词列为一个词条,不同的意义列为同一词条的不同义项。如果不同的意义之间没有联系,但是语音形式相同,那形成的就是同音词。同音词的语音形式相同是偶然因素造成的,实际上是不同的词具有相同的语音形式,在词典中应该列为不同的词条。

请比较多义关系和同音关系的不同:

A	B
爽	爽
① 明朗、清亮:秋高气爽	差失:毫厘不爽
② 舒服:身体不爽	
花	花
① 植物的繁殖器官,有各种的形状和颜色	用;耗费:花钱,花时间
② 样子或形状像花的:雪花,浪花	

A 列的"爽"和"花"的两个义项之间都是多义关系,各个意义之间有内在联系;而"爽"和"花"的 A 列义项与 B 列义项之间是同音关系,相互之间在意义上没有联系,同时在文字上也是同形的。

再如,英语的 nail(指甲)和 nail(钉子)、sense(感觉)和 sense(意义),俄语的 zavod(工厂)和 zavod[(钟表的)发条]、mir(世界)和 mir(和平)等也是语音上同音、文字上同形的词。

　　语言中更多的是文字上不同形的同音词，例如汉语读 gōng 这个音的有若干个同音词，这些同音词有"工、弓、公、供、功、宫"等字形的不同；英语中的 to,two,too 等也是同音但文字上不同形。

　　需要注意的是，随着时间的推移，原来的多义词的义项之间的关联可能变得模糊，不能被后来的语言使用者所感知，因此原来的多义关系就可能被重新分析为同音关系。比如，"管"的"管子"义和"管理"义原本是有关联的，因为古代的钥匙是管状的，从"管子"义可以引申出"钥匙"义。因为拿着钥匙的人往往就是管理者，从"钥匙"义又可进一步引申出"管理"义。随着社会的发展，钥匙的形状已经不再是管状的了，"管"在现代汉语中就没有了"钥匙"义，"管"的"管子"义与"管理"义之间的联系就断裂了。虽然《现代汉语词典》(第 7 版)还是把"管子"义和"管理"义列在同一词条之下，处理为一词多义，但现代汉语的一般使用者不能感知到这两个义项之间的关联，可能将其理解为同音关系。

　　同音词的不同意义之间没有关联，但在语言的运用中可以由同音引发而联想到那些原本没有关联的意义。编民歌、说笑话、说相声和写文学作品的人往往利用同音词来增强语言表现力。曹雪芹在给《红楼梦》里的人物取名字时就充分利用了同音的特点，寄托自己的情感和思想。例如，"甄士隐"是"真事隐(去)"，"贾雨村"是"假语村(言)"，作者借这两个人的名字在说反话。又如"元迎探惜"是"原应叹惜"，"甄英莲"是"真应怜"，等等，体现出作者对人物命运的悲叹。灯谜、歇后语也常常利用同音词，如"旗杆上绑鸡毛——好大的胆(掸)子""外甥打灯笼——照旧(舅)"等。适当运用同音词，可以达到"一语双关"的特殊效果。在当代汉语中，所谓"谐音梗"也经常被使用，这就是利用同音词以达到幽默的效果。如："听说看武打片能减肥，因为里面经常说：你瘦死(受死)吧。"

二、同义关系

　　意义相同或基本相同的词是同义词。如果一个词的意义范围包括另一个词，则这两个词不是同义词。也就是说，指称大类事物的词和指称大类事物中某一小类事物的词不构成同义词，比如"蔬菜"和"白菜"不是同义词；指称整体的词和指称整体中的一部分的词也不构成同义词，如"手"和"手指"不是同义词。

　　同义词中意义完全相同的叫等义词。请比较下列两组词：

A	B
大夫—医生	鼓励—怂恿
鸡蛋—鸡子儿	成果—后果
西红柿—番茄	坚固—坚强
公尺—米	脑瓜子—头颅
扩音器—麦克风	愤慨—愤怒

其中互相成对的两个词都是同义词。A 与 B 的区别在于 A 组中成对的词意义完全相同，而 B 组中成对的词在意义上有一些细微的差别。A 组属于等义词。

等义词往往是语言借用的结果，借自外方言或外语的词与本地原有的词形成等义词。根据经济原则，等义词不可能长期共存于同一个语言系统中，在长期的使用中或者意义产生分化，或者其中一个被淘汰。

语言中的等义词是很少的，多半是意义基本相同但有细微差别的同义词，也可以称为近义词。这些差别可以表现为词义所概括反映的侧面和重点有所不同，这种不同往往影响到搭配的习惯；或者在词义的附加色彩方面有差异，这种差异往往影响到运用的范围。这样，一组同义词里的各个词都有自己的职责分工，可以相互补充地从不同角度去表达某一类现实现象。

例如，英语的 many 和 much、few 和 little 是搭配习惯不同的同义词：many 和 few 只能表示可数的东西的多和少，只能与可数名词连用，而 much 和 little 只能表示不可数的东西的多和少，只能与不可数名词连用，它们相互补充，实现了英语对事物可数性的细分。汉语的"采取"和"采用"是同义词，但"采取"多用于方针、政策、措施、手段、形式、态度等抽象的现象，而"采用"多用于一些具体的事物。"成果"和"后果"都表示结果，但"成果"多指工作或事业的收获，是好的结果，具有褒义色彩，而"后果"多表示不好的结果，具有贬义色彩。"教导"和"教唆"有共同的意义"用话语去劝导人"，但"教导"是启发的意思，开导的内容是好的、正确的、健康的，而"教唆"则相反，开导的内容是不好的、不正确的、不健康的。前者含褒义，后者含贬义。"鼓励"是"勉励别人向好的、健康的方向发展"，而"怂恿"是"挑动别人去干不正当的事情"，也是前褒后贬。英语的 little 和 small 都是"小"的意思，small 不带感情色彩，而 little 带有说话人的主观评价，有指小和爱称的感情色彩。"伉俪"和"两口子"都指夫妻，前者带有书面语体风格，而后者带有口语体风格。

语言中的词很多是多义词。多义词在和其他词比较同义关系时,要考虑到词的不同义项。多义词的各个义项会与不同的词构成同义关系。比如,汉语的"老"是多义词,有许多有关联的义项。从不同的义项看就有不同的同义词,比如,"死"(隔壁前天老了人了)、"陈旧"(老机器)、"好久"(老没见他了)、"经常"(人家老提前完成任务,咱们呢?)、"很"(老早,老远)等都是"老"的同义词。

同义词在语言的运用中为人们准确、细致地表达思想提供了多种选择的可能。正确地使用同义词是一种语言艺术,可以使言辞准确、生动、活泼,避免同一词语的重复。在文学作品中,恰当地运用同义词能帮助作家更准确地描写现实生活,刻画人物性格。

三、反义关系

意义相反或相对的词叫作反义词。反义词必须以共同的意义领域为前提,概括反映的是同类现象中的两个对立的方面。如"长"和"短"都属于长度度量的范围,"白"和"黑"同属颜色。"白"和"暗"不能构成反义词,因为二者不属于同一意义领域,"白"属于颜色域,而"暗"属于亮度域。

反义词可以分为三类:

① 渐进反义词。这类反义词各自占据某一个连续维度的两个极点,允许有中间状态存在。肯定一方则会否定另一方,但否定一方不一定就会肯定另一方。比如,"长"和"短"属于渐进反义词,它们占据长度的两个极点,存在中间状态,可以既不长也不短。肯定了"长"就一定是"不短",但否定了"长"不一定就是"短"。理论上,在"长"和"短"这两个极点之间存在渐变的无数个中间状态。"高—低""胖—瘦""粗—细""厚—薄""重—轻""大—小""亮—暗""多—少"等都是渐进反义词。

② 互补反义词。这类反义词穷尽地分割了某一意义领域,二者是非此即彼的关系,不存在中间状态,肯定一方则是否定另一方,否定一方则是肯定另一方。比如"生"和"死"就是一对互补反义词,是"生"就不是"死",不是"生"就一定是"死",在"生"和"死"之外不存在另一种状态。"正—反""整体—局部"等都是互补反义词。

③ 相对反义词。这一类反义词之间的关系是相对而言的。比如"买"和"卖"是一对相对反义词,二者的关系是彼此依赖、相辅相成的,不像互补反义词那样是非此即彼的关系,"不买"不意味着就是"卖","不卖"也不意

味着就是"买"。"买"和"卖"也不像渐进反义词那样构成连续的维度，"买"和"卖"这两点之间并不存在连续渐变的状态。"夫—妻""进—出""给予—取得"等都是相对反义词。

构成反义词的两个成员之间的关系并不是完全平等的，往往是其中有一个在语言中被更多地使用。

比如，英语中 man 和 woman 是一对反义词，其中 man 的使用范围更大，不仅可以指男人，也可以泛指包括男人和女人在内的人，而 woman 只能指女人，语义范围窄，因而使用的场合就比 man 要少。再如，dog 可以指公狗，也可以泛指狗，但 bitch 只能指母狗，dog 比 bitch 使用范围更广。

形容词性反义词使用上的不对称情况更常见、更系统。比如，在渐进反义词中，处于正向一极的成员运用得更普遍。我们一般问"这个桌子有多长"而不问"这个桌子有多短"。当问"这个桌子有多长"的时候，并不表明这个桌子的长度高于平均值，问的只是桌子的长度而已。只有在已经知道了"桌子比较短"的情况下，才问"这个桌子有多短"，以确定桌子到底短到什么程度。同样，一般问"这个房间有多大""这棵树有多高"，而不问"这个房间有多小""这棵树有多矮"，等等。这表明"长""大""高"使用的场合要多于它们的反义词"短""小""矮"。概括来讲，处于反义词正向一极的成员在语义上可以发生"中立化"，用来询问维度上的任何量值。很多语言里都是如此。

一个词如果有几个不同的义项，那么就可能有好几个反义词。例如，"正"是个多义词，它的很多个意义都有自己的反义词，像"邪""误""反""歪""偏""副""负"都与它构成反义关系。

同义和反义中的"同"和"反"是对立的统一。反义词必须以共同的意义领域为前提，没有"同"就无所谓"反"。同义词中也往往包含着反义的因素，在大同中有小异。所以有些成对的词，如果不限于基本理性意义，说它们是同义词固然可以，说它们是反义词也未始不可。例如，英语的 many 和 much，从其表示"多"的意义来说是同义词，而 many 只用于可数的事物，much 只用于不可数的事物，在这一点上又可以说是反义词。在汉语中，同义语素和反义语素的构词作用是相同的，两者都可以构成并列式复合词，例如"美丽""丰富""英雄""宽广""肥胖""狭窄"等是同义语素的结合，"教学""呼吸""反正""动静""左右""开关"等是反义语素的结合。这也从一个侧面说明同义和反义有某种对立统一的关系。

四、上下位关系

词义的上下位关系指词义反映的现象之间具有包含和被包含的关系：上位义更具有概括性，所反映的现实现象比下位义更多。比如，"人"是"男孩"的上位词，"人"所反映的现实现象是不同年龄、不同性别、不同种族的"人"，当然也包含表示下位义的"男孩"。而下位义比上位义的概念内涵属性更丰富，除了继承上位义的所有属性外，还有自己特有的属性。比如，"男孩"除具有"人"的所有属性外，还具有"男性""年龄小"的属性。类似的具有上下位关系的词还有"树/松树、蔬菜/白菜、学生/中学生、花/玫瑰"等，都是斜线后的下位词的概念内涵义更丰富。

词义的上下位关系具有层级性。存在这样的情况：甲概念是乙概念的上位概念，乙概念是丙概念的上位概念，丙概念又是丁概念的上位概念，依次类推。比如，以下的三组词中，每组中第一个词是第二个词的上位概念，而第二个词又是第三个词的上位概念。

动物　狗　哈巴狗
水果　苹果　国光苹果
家具　沙发　真皮沙发

可见，上下位概念构成的是一个分类层级，大类下面可以包含小类，小类下面可以包含更小的类。要注意的是，分类有科学分类和民俗分类之别。科学分类是基于科学研究的对事物的严谨的分类，而民俗分类是老百姓对事物的分类。科学分类中层级体系严谨，不会出现某个层级类名的空缺，但民俗分类中有可能出现某个层级类名的空缺。比如，人的运动可以分为陆地上的运动、水里的运动和空中的运动，在英语中，swim（游泳）指称水里的运动，fly（飞翔）指称空中的运动，但是英语中并没有一个词来指称陆地上的运动，陆地上的运动是一个"隐蔽类"，没有专门的名称，出现了这一层级类名上的空缺。但是，英语中有很多词指称陆地上的运动的下位类别，包括 run（跑）、walk（走）、crawl（爬）、hop（单腿跳）、jump（双腿跳）等。科学分类对事物的分类层级比较多，比如，科学对植物的分类现在已达到13个主要层次，但民俗分类一般不会超过5层，更常见的是只有3个层次。比如，以下是民俗分类中的植物层级：

生物　植物　灌木　月季　香水月季　　　　　（5个层次）
生物　植物　月季　　　　　　　　　　　　　（3个层次，常见）

日常语言中的上下位概念是基于民俗分类而不是科学分类。在日常语言的上下位概念中，处于上下位概念层级里的中间层次的概念可以称为"基本层次范畴"〔简称"基本范畴"(basic category)〕，或叫"自然类"，如"狗"比"动物"的层级低，比"哈巴狗"的层级高，是一个基本范畴。

基本范畴在内部有足够的相似点，与其他类别成员又有足够的相异点，因此比较容易识别。基本范畴内部各个成员有共同的整体形态，可以画出来。比如，"狗"是基本范畴，"动物"是其上位范畴，"哈巴狗"是其下位范畴，我们可以画一条狗，但要画一个动物不太可能，画一条哈巴狗的难度也比较大。因为动物作为一个范畴包括的种类太多，内部缺乏相似性；哈巴狗作为下位范畴，内部有足够多的相似性，但与其他狗的相异之处不太突显，比较难以把握。基本范畴表示的事物往往可以与特定的动作相联系，能用动作表示出来。比如，"花"是基本范畴，与采摘的动作相联系，但其上位概念"植物"和其下位概念"月季花"都不能和特定的动作相联系。① 这显示，基本范畴所指示的事物与人有更多的互动关联。

基本范畴的这些特征使其相对于更上位的概念和更下位的概念来说更为突显。基本范畴是语言中儿童最先习得的名称，形式上往往是最简短的。比起更上位的概念和更下位的概念来说，都是更为常用的，在语言中的使用频率更高。比如，在以下的对话中，答话中使用基本范畴是最自然、最合适的，如果用上位范畴来回答就显得过于笼统，而如果用下位范畴来回答又提供了问者不需要知道的细节，显得奇怪。

　　(1) 甲：你今天早上干什么去了？
　　　　乙：我遛狗去了。
　　　　　？？？我遛动物去了。
　　　　　？？？我遛哈巴狗去了。
　　(2) 甲：你这个周末干什么？
　　　　乙：在家修沙发。
　　　　　？？？在家修家具。
　　　　　？？？在家修真皮沙发。

---

① 作为"花"的上位概念的"植物"由于包含的成员太多而不能与某一个特定的动作产生固定的联系；作为"花"的下位概念的"月季花"也没有具有区别性的与其相联系的特定动作，因为月季花与其他的花都与采摘动作相联系，无法找到只与月季花相联系的特定动作。所以，我们无法做出一个动作来表示"植物"或"月季花"。

五、语义场和语义成分分析

1.语义场

德国的特里尔提出了"词汇场"(lexical field)的概念,将物理学中"场"的概念借入了语言学,指意义相近的词构成的集合,也有人称为"语义场"(semantic field)。比如,表示亲属称谓的词构成了亲属语义场,表示颜色的词构成了颜色语义场,等等。

在不同语言中,相同语义场中成员的数量可以不同。比如,有的语言颜色语义场中基本颜色词有7个,也有的语言基本颜色词是6个、5个甚至2个。在同一语义场中,如果词汇成员的数量较多,那么具体到每个成员,其语义负担相对就小,即语义指称范围较小;如果词汇成员的数量较少,那么具体到每个成员,其语义负担相对就大,即语义指称范围较大。

同一语义场内的成员的词义之间有制约关系,体现了词汇语义的系统性。只有通过分析和比较同处于一个语义场内的其他成员的词义,才能确切地了解某个词的意思。比如,在同胞亲属语义场中,汉语有四个成员:"哥哥、姐姐、弟弟、妹妹",而英语只有两个成员:sister和brother。要想了解汉语中"哥哥"的确切词义,就不得不把它与处于同一语义场中的"姐姐、弟弟、妹妹"联系在一起,"哥哥"不是"姐姐""妹妹","哥哥"是男性,"哥哥"不是"弟弟","哥哥"是年长的。而英语中brother的词义要与同处于一个语义场中的sister联系在一起看,brother不是sister,brother是男性,但是关于年龄的长幼,没有要求。所以英语的brother相当于汉语中的"哥哥"和"弟弟"。brother的词义范围比较大,因为与其同处于一个语义场的成员少;"哥哥"的词义范围比较小,因为与其同处于一个语义场的成员多。

在共时研究中,可以通过语义场揭示词义的系统性和词义关系的复杂性;在历时研究中,可以在某个语义场内系统性地观察词义的变动。

2.语义成分分析

为了更明确地分析同一语义场中的词之间的语义关系,可以采用语义成分分析法。词的每一个意义称为一个"义位"(sememe)。粗略地说,义位大致相当于词典中的义项。义位还不是最小的语义单位,就像音位可以进一步分解为一束区别特征一样,义位也可以进一步分解为一束"语义成分"。语义成分也可以叫作"义素"。下面是一个典型的例子:

woman	[FEMALE]	[ADULT]	[HUMAN]
man	[MALE]	[ADULT]	[HUMAN]
boy	[MALE]	[NON-ADULT]	[HUMAN]
girl	[FEMALE]	[NON-ADULT]	[HUMAN]

方括号中大写的形式标记的是语义成分。用大写的形式,是强调这些语义成分具有超越具体语言中的词汇的一般性。语义成分不具有语音形式。

可以采用正负值的标记方法使描写进一步简化,即用"＋"表示具有某种语义成分,用"－"表示不具有某种语义成分:

woman	[＋FEMALE]	[＋ADULT]	[＋HUMAN]
man	[－FEMALE]	[＋ADULT]	[＋HUMAN]
boy	[－FEMALE]	[－ADULT]	[＋HUMAN]
girl	[＋FEMALE]	[－ADULT]	[＋HUMAN]

将词义分解为语义成分可以更加直观地看清一个词的语义构成以及不同词语之间的语义关系。如果一个词包含另一个词的所有的语义成分,还包含另一个词不具有的语义成分,那么这两个词之间就是上下位关系。下位概念包含的语义成分比上位概念更多。我们还可以通过语义成分的相同与相异,确定同义词和反义词中的"同"与"异"的具体表现。

但语义成分的确定并不是一件容易的事情,有些词语很难分出清晰的语义成分。比如"红",除了可以分出"颜色"这一个语义成分之外,"红"与其他颜色相区别的特征该如何概括,就比较难以确定。

第三节　句义

一、词语的搭配和词义在句义中的实现

词义的组合是通过词语的搭配(组合)来实现的。词语的搭配一方面要受到语法规则的支配(已见于前一章的分析),另一方面也要受到语义条件的限制。词语搭配的语义条件是多方面的。像"月亮吃月饼""苹果玩猴子""花儿嗅路"之类的词语搭配,虽然符合抽象的语法规则"名词＋动词＋名词",但是不符合语义组合的条件:从词的语义成分分析看,"吃""玩""嗅"都具有[＋动作]语义成分,要求施动者必须具有[＋有生]特征,而"月亮""苹果""花儿"都不具有[＋有生]的特征。我们在后面关于句子语义角

色的讨论中会进一步说明词义搭配和句子语义结构的关系。这种词义的不搭配造成句义荒谬或逻辑错误,直接与现实世界相冲突。现实世界中的"月亮""苹果""花儿"根本不可能发出"吃""玩""嗅"这样的动作,因而表达这些现象的词语也不可能有上述那样的语义组合关系。如果现实中出现这样的句子,根据合作的原则(参见语用部分),听话者会理解为是童话或幻想小说,"月亮""苹果""花儿"都是有生命的个体。

词语的搭配还涉及每个语言词义系统内部语义场的特征。比方说,同样一种现实现象,一种语言(或方言)用一个词来表达,另一种语言(或方言)用两个、三个甚至更多的词来表达,这样,不同语言(或方言)的词语搭配关系也就必然会呈现出不同的特点。北京话和上海话都有"吃"这个词,北京话中"吃"的对象只限于固体食物,只能和表示固体食物的词语搭配;而上海话中"吃"的对象除了固体食物以外,还包括流体食物、液体饮料(如"吃粥""吃水""吃酒"等),甚至还有气体(如"吃烟"等)。北京话和上海话在词语搭配关系方面为什么会有这种不同?因为北京话与"吃"同处于一个语义场中的成员还有"喝"和"吸",各有分工,它们的搭配关系在上海话中由"吃"一个词来承担。上海话的"吃"的语义范围宽于北京话的"吃"。所以,处于同一语义场中的成员,它们之间是相互制约的。假定有甲、乙、丙三个成员,甲的搭配关系不仅取决于它自己,还取决于它与乙、丙的关系,受乙与丙的制约。如果这个语义场中消失了一个成员乙,那么甲与丙的搭配范围就会有相应的改变。由此可见,词义组合的语义条件还要受到语义场中其他成员的制约。这种制约同样可以在词的语义成分分析中体现出来,如前例中,北京话"吃"的语义成分就不同于上海话中的"吃"。

词语的搭配还要考虑社会的使用习惯,即所谓"惯用法"。例如英语中,"昨天下午"是 yesterday afternoon,"昨天夜里"是 last night,要表示"昨天晚上",用 yesterday 或 last 修饰 evening 都可以;汉语中可以说"打毛衣",不可以说"打渔网",可以说"实力空虚",不可以说"实力空洞"。对于这些惯用法,就很难说清楚词语搭配的语义条件。掌握惯用法是学习外语的一个难点。

词语的搭配还涉及词义的各种附加色彩和修辞效果。例如带有褒义的词不能用于贬义,常用于口语的词不大和书面语词搭配,庄重的文章钻进轻佻或者诙谐的字眼就会破坏全文的格调。语言词汇里面的词都带有自己的使用特点,所以词的组合特别要求选词恰当。在这方面,典范的作品是我们学习的榜样,紧要的地方简直减一分嫌瘦,增一分嫌肥,无法更易一字,这是对词语搭配的更高要求了。

词义在搭配组合中还会凸显一些语义特征,隐去一些语义特征。词义的概括是把特殊的、复杂的现实现象变成一般的、简单的东西。经过这番手续,词才能成为认识现实现象的一种工具,用来指称某类现象中的任何个别的、特殊的现象。交际中谈到的现象往往都是个别的、特殊的。只有一般性、概括性特点的词一进入句子,就得和具体的、特殊的现象相联系,从一般回到个别。这时,概括的词义中具有的语义特征就有的凸显,有些隐去。例如在"脸蛋儿冻得像苹果""苹果绿""苹果脸"等组合中,"苹果"一词凸显的是颜色、形状等特征,而苹果的滋味、营养等特征则是隐去的。如果说词义的形成是从特殊到一般,从复杂到简单,那么词义的组合就是从一般回到特殊,从简单回到复杂,组合中的词义往往会突出语义特征中的某一方面。

正确的词语搭配是使句子有意义的基本条件,在此基础上才能进一步讨论句子的意义构成。

二、句子的语义结构和人类经验的映像

语言中的词是把连续的现实世界切分开来认知的结果,现实世界被抽象为离散的物体、性质、状态、动作等个体映像。可是,大千世界,古往今来,我们的内心所思无处不及。在我们每天对现实世界的具体认知过程中,物体与性质、状态、动作总是结合在一起,在时空中存在并不断变动,这些可统称为"人类经验"。人类经验是没有极限的,而语言却能以有限驭无限,把它一一描述出来,这是因为,语言可以用有限的词按照少数语法结构规则组合成更大的单位。语言是用比词更大的单位——短语和句子——来描述人类经验中的各种存在和变动。

句子有为数不多的语法结构,除此之外,句子也有数目有限的语义结构。句子的语法结构是根据句子成分在语言内的表现(比如替换的可能性)而抽象出来的,而语义结构则是依据语言成分与人类经验的映像关系得出的。换个角度说就是,虽然人类经验古往今来变动不居,但是说每种语言的人们,却把这些千变万化的现象或事件分析为由稳定的、空间上离散的"实体"(体词)和依附于实体上的、时间上有连续性的可变的"动程"

(谓词)构成的结构,并把动程与实体之间的相互关系抽象为有限的若干种类型。这些有限多的"谓词—体词"关系类型(一般称作"动—名关系"),就是句子的语义结构。语义结构中谓词和体词的搭配规则就是句子的语义规则。

　　句子成分的搭配不仅要符合语法规则,还要符合语义规则。比如,前面举的"苹果玩猴子"等句子,语法上完全合格,可我们仍然觉得这些句子不合适,这是因为它们在语义上不合格:"玩"这种动作的发出者应该是有生命的,没有生命的"苹果"不能"玩"其他东西。如果把句子的成分换一换次序,换为"猴子玩苹果",不但语法上仍然合格,语义上也合格了:有生命的"猴子"可以做"玩"这个动作的发出者,无生命的"苹果"可以是动作"玩"的对象。下面是更多的例子:

　　(1)学生在看报纸。　　　　♯报纸在看学生。①
　　(2)老师写完论文了。　　　♯论文写完老师了。
　　(3)鸡在啄米。　　　　　　♯米在啄鸡。
　　(4)小王丢了钱包。　　　　♯钱包丢了小王。

　　这些平行的句子对说明,"苹果玩猴子"这个句子不好不是个别的现象。在汉语的许多句子中,无生命的物体放在动词前面,句子不合适,放在动词的后面,句子就没有问题了。这说明,从语义结构看:①句中的名词与动词有不同的语义关系,语义学中称之为"语义角色",语义角色是可以涵盖许多句子动—名关系的抽象角色,比如动作的发出者与动作的承受者;②不同的语义角色可能需要具有不同语义成分的名词来担任,比如不少动作需要发出者是有生命的(记作[+有生]);③不同语义角色与句子的语法结构(在汉语中主要体现为动、名的相互次序)有关联。对于句子语义结构的研究,要涉及以上三个方面。

　　语义角色是根据句中名词与动词的语义关系抽象出来的,反映了人们对古往今来变动不居的人类经验中"实体"与"动程"多种多样具体关系的模式化抽象。比如,一天会发生许许多多的事,一些事可以分析为有若干个实体参与,其中有些实体在主动地"做"什么,它们的所作所为影响到了另一些实体;另一些事则是某些实体自然而然地发生了变化,并不影响其他实体;等等。那么,要描写大千世界一共需要多少种语义角色呢?跟

---

① ♯表示语义上不合格。

划分词类一样,动程可以粗分为较少的大类,也可以细分为较多的小类,语义角色也随之有粗细多少的不同。下面只介绍最粗略的大类。①

动程可分为如下最基本的大类:

  (5) 猴子玩苹果/他跑了/我送了小李一本书   (动作)
  (6) 花很红/眼睛大大的/冰化了   (性质/状态)
  (7) 惨案震惊了世界   (使动)

与动程相配,实体有如下常见的大类:

施事 自主性动作行为的主动发出者,如(5)中的"猴子""他"和"我"。

受事 因施事的动作行为而受到影响的事物,如(5)中的"苹果""一本书"。

与事 施事所发动事件的非主动参与者,最常见的是因施事的行为而受益或受损者,如(5)中的"小李"。

主事② 性质、状态或发生非自主变化的主体,如(6)中的"花""眼睛"和"冰"。

致事 事件或变化的引发者,如(7)中的"惨案"。

以上几种基本的语义角色是直接参与动程的实体,没有这些语义角色的参与,动程也就不成其为动程。了解了这些语义角色的内涵,也就不难理解它们对承担这些角色的词的语义特征的限制。除此之外,这些语义角色在参与动程时还可以凭借一些其他实体,还要有一定的时空环境,因此作为人类经验映像的句子还可以有一些外围的语义角色。外围语义角色是句子可以选择但不是必须具有的成分。外围语义角色主要有:

工具 动作行为所凭借的器具或材料,如"小王用钥匙开门/小李用萝卜削了个飞鸟"中的"钥匙"和"萝卜"。

方所 动作行为发生或开始、结束的场所、方位或范围,如"在学校读书/从家里跑了/到北京旅游/放在桌子上"中的"学校/家里/北京/桌子上"。

---

① 由于观察者的视角不同,世界各种语言所抽象出的语义角色也有所不同,但至少可区分出两大类型:从动作和动作者着眼的角度与从现象和现象承担者的角度。本书只介绍目前研究最多的前一种。下文的分类是以袁毓林《论元角色的层级关系和语义特征》(《世界汉语教学》2002 年第 3 期)为基础简化而成,为便于理解,有修改。袁的方案更加全面合理,比如语义角色区分了若干层级,具体的语义角色还有感事、结果、对象、系事、材料、方式等,有兴趣的读者可直接参考袁文。

② 也有学者称为"客事"。

时间 动作行为、事件发生或开始、结束的时间,延续的时段等,如"在1997年我上了大学/从 8 点起停止供电/到 12 点恢复/看了三天"中的"1997 年/8 点/12 点/三天"。

句子中的谓语动词和与之相配合的语义角色构成了句子的语义结构。句子的语义结构与语法结构相对独立又互有联系,句子的语义角色与主语、谓语等句法成分也是相对独立又互有关联。请看下面的两个句子:

(8) 猴子吃了香蕉。 (主语:猴子,宾语:香蕉;施事:猴子,受事:香蕉)

(9) 香蕉被猴子吃了。(主语:香蕉,宾语:无; 施事:猴子,受事:香蕉)

例(8)和例(9)的主语、宾语都不相同,而施事、受事却完全相同,这说明从语言内符号间关系着眼的句法成分与从人类经验映像着眼的语义角色不是一回事。

语义角色和句法成分又有密切的关系。首先,语义角色必须在句子中体现,因此具体句子中的某个语义角色一定也同时担任句法结构中的某个成分。其次,通观人类语言,施事与主语重合的句子占绝大多数,这说明各个民族对世界的认知有共性的一面。再次,究竟哪些语义角色可以充任哪些句法成分,不同的语言也会有所不同。比如,英语的受事只能在有明确的被动语态的句子中才能充当主语,而汉语的受事可以在没有明确的被动标记的句子中做主语。于是,汉语的"鸡不吃了"可以有"鸡"做施事(鸡停止进食了)和"鸡"做受事(人不想吃鸡了)两种理解,是歧义句;而英语不会有这种情况。再比如,德语等形态变化比较丰富的语言中,只有施事(主动语态句)、受事(被动语态句)两种语义角色可以做主语(用主格标记),与事在任何句子中都不能做主语;而汉语中与事完全可以做主语,比如"小王已经送过了"中的"小王"可以理解为受赠的一方,即与事。

句子中可能出现哪些语义角色是根据谓语动词的类决定的,在实际说的句子中有时可能省略某个角色,但根据上下文或语境都可以补充还原。例如,动词"送(赠送)"要求有施事(赠送者)、受事(赠送物)、与事(受赠者)三个语义角色,"小王已经送过了"这句话只出现一个语义角色,但根据上下文或语境可以补充出所缺的另外两个语义角色,从而"小王"究竟是赠送者还是受赠者也会确定下来。

语法上合乎语法结构规则,语义上合乎语义结构规则,这样的句子才有可能作为人类经验的映像。

三、句法语义范畴和属于说话者的人类经验映像

句子都是说话者说出的,表达的是具体说话人对具体人类经验的观察、所持态度以及他在即时言语交流事件中的角色等。换言之,具体的句子表达的都是属于说话者的人类经验映像和交际要求。前一小节所说的句法语义结构所提供的人类经验映像,必须跟说话者和"说话时空"挂钩,才能表达"属于说话者的人类经验映像"。

句子与说话时空的关联,由句子中跟"说话者——说话时——说话地"(也称"我——现在——这里")相关的某些语义范畴①及其表达来实现。下面仅做简单介绍。

1. 人称、时、指示

这三个范畴是负责句子与"说话者——说话时——说话地"挂钩的范畴,在哲学上也称作"索引"(index)范畴,也即可以根据它们搜寻到说话时的具体场景。

这里所说的人称是从语义和语用的角度来讲的。在具体的言语场景中,说话者是第一人称,受话者是第二人称,除此之外的人物都是第三人称。人称对言语中提到的人物进行了角色定位。人称的确定基于说话者。

时是与"说话时"挂钩的范畴。在第三章中我们已经提到,不少语言中这些"定位"成分已经语法化为特定的语法范畴。比如,许多有形态变化的语言有"时"的范畴,动词需要根据"说话时"定位而发生"过去、现在、将来"时的变化才能进入句子;有的语言没有词的形态变化,就用助词、副词或某些词汇成分来表达句子跟言语交际现场的关联。比如汉语放在句末的"了",如果句子中没有其他时间坐标,就表示"说话时""出现了新的情况"。

指示是与"说话地"挂钩的范畴,许多语言中都用专门的指示代词来表示。比如汉语普通话中"这"表示离说话人近,"那"表示离说话人远。还有不少汉语方言(像山西、山东、江浙等)的指示词是三分的,比如山西有将近四分之一的方言是"这(近指)、那(中指)、兀(远指)"三分。

人称和指示范畴除了上面所说的指向话语外言语场景的功能,还有指向话语内上下文的功能,我们将在语用一节中介绍。

---

① 关于世界各种语言和汉语多种方言中的语义范畴及其表达,《语法调查研究手册》(第二版)(刘丹青编著,上海教育出版社,2017)提供了更丰富的材料。

2. 语气

语气是表达句子的言语交际作用的范畴。几乎所有语言的句子都可以区分陈述、疑问、祈使、感叹等不同语气。

陈述语气表示说话者要告知受话者信息，疑问语气表示说话者向受话者询问信息，祈使语气表示说话者要受话者做或不做某事，感叹语气表示说话者要向受话者传递某种强烈的情感或态度。

语气范畴大多用特定的句型和/或虚词来表达。比如汉语的"V 不 V"句型，英语的"助动词＋主语"句型，汉语的"谁、哪个、哪里"或"吗"，英语的WH-成分等，都是用来表示疑问语气的。而祈使句则以没有主语、用原形动词（无形态变化或不加时体助词）最为常见，如"Go out!""快走！"。

3. 情态

情态是体现说话者对所言的主观态度的范畴，主要由情态助动词、情态副词或"我认为、我相信、我肯定、我确信"等小句来体现。本来句子就是表达说话者的所知、看法或要求的，情态则为表达说话者主观上认为自己的所知、看法的真实性如何，或实现自己要求的强制性或意愿性如何，提供了若干种不同的选择。比如：

(10) 火车开走了。

(11) 火车一定开走了。

(12) 火车可能开走了。

(13) 我认为火车开走了。

这四个句子表达的意义中涉及同样一个事件，但说话者对于句中描述的事件与真实世界的关系所持的态度却有不同。例(10)采取的是客观陈述的方式，说话者对事件的真实性确定无疑，而例(11)－(13)都增加了说话者的主观态度，其中例(12)对事件真实性的确信程度最低。

通过人称、时、指示、语气和情态等语义范畴及其表征形式，句子不仅具有了与普遍性人类经验的关联，还获得了与具体人类经验（说话者与说话时空）的关联，句子的语义结构所描述的现象或事件和具体的时空结合起来，句子所反映的人类经验和说话者结合起来，从而真正成为表征"属于说话者的人类经验映像"的工具。

四、句子的真值和句义的蕴涵、预设关系

前面我们谈到，句子的动词和它所要求的由名词承担的语义角色构成

了句子的语义结构,再加上各种成句范畴,使得句子可以反映变动不居的人类经验,成为说一种语言的人认知人类经验的工具,也即思维的工具。从语言和思维的关系看,词义表达的是"概念",句义表达的则是说话者对真实世界中某个现象或事件的"判断"。句子所表达的判断是否真实地反映了现实世界中的现象或事件,语义学中看作是"句子真假"或"句子的真值"问题。如果句义所表述的现象或事件在现实世界中真实存在,则该句为真;反之,如果句义所表述的现象或事件在现实世界中并不存在,则该句为假。比如,"第29届奥运会在伦敦举行"这个句子的真值为假,因为第29届奥运会是在北京举行的。

语义学关心句子的真值,但不是要把每个句子都拿到真实世界中去检验,而是要发现语义上有联系的句子、短语、词汇的真值是否存在可推导的关系。目前,用类似逻辑符号的形式研究句子真值的演算,已经成为语言学中一个蔚为壮观的分支——真值条件语义学,也叫逻辑语义学、形式语义学。这方面的内容比较专门,本书拟不涉及。下面仅简单地介绍句义之间真值的两种重要关系——蕴涵和预设。

1. 蕴涵

通俗地说,句子真值的蕴涵关系就是,从一个句子的句义一定可以推导出另一个句子的句义,反向推导却不成立。准确地说则是,设有 a、b 两个句子,如果:①a 为真,b 一定为真,②b 为假,a 一定为假,③a 为假,b 既可为真也可为假;那么:a 句义蕴涵 b 句义。比如:

(14) a. 李明买了猕猴桃。
　　　b. 李明买了水果。
(15) a. 李明感冒了。
　　　b. 李明病了。
(16) a. 李明批评了张三。
　　　b. 张三挨批评了。

(14)(15)中 a、b 两个句子的句义间的蕴涵关系直接与词义的上下位关系相关,如"猕猴桃"是"水果"的下位概念,"感冒"是"病"的下位概念。一对句子中相同语义角色的词如果词义有下位与上位的关系,则句义经常有蕴涵关系。比如如果"买了猕猴桃"就一定"买了水果",如果"没买水果"就一定"没买猕猴桃",而如果"没买猕猴桃"却既可以"没买(其他)水果",也可以"买了(其他)水果"。

(16)中的 a、b 是同一动词的施受同现句与受事单现句。受事单现句其实也隐含有施事,只是未限定施事的人选。这种句法上的区别,与前两句在词义上的区别有异曲同工之妙,句子中隐含施事的可能人选的范围(可理解为"有人")一定大于施受同现句中显现的施事,从概念外延上看,相当于上位概念与下位概念的关系。所以,有类似句法对应关系的句对也有句义蕴涵关系。

2. 预设

通俗地说,如果一个句子的肯定形式和否定形式都以另一个句子的肯定形式为前提,则另一个句子是该句的预设。准确的说法是,设有 a、b 两个句子,如果:①a 为真,b 一定为真,②a 为假,b 也仍然为真;那么:b 句义是 a 句义的预设。例如:

(17) a. 他哥哥昨天回来了/没回来。
　　　b. 他有哥哥。

预设与蕴涵不同的特点在于在 a 为假的情况下,作为预设的 b 是真值只有"真"一种可能,而作为蕴涵的 b 则是真值有"真"和"假"两种可能。这说明,作为预设的 b 是 a 具有语义真值的前提。比如"他"必须"有哥哥",才可能说及"他哥哥昨天回来了/没回来"的事,即使"他哥哥昨天没回来",也只有在"他有哥哥"的前提下,说这句话才是有意义的。

第四节　语用

在本章的开头我们谈到,语言的意义可以分为两个层次,一个属于语义学研究的范围,研究的是语言符号以及符号的组合与现实世界、人类经验的关系,前面谈到的词义和句义基本属于这个层次。但如果仅仅到此为止,我们还不能够充分理解具体的言语交际中话语所传达的意义。请看下面这句话:

(1) 这样行,明天就过去吧。

我们理解了句子本身的意义,但是如果不知道说话者是什么人,在什么时候什么地方说的,言谈语境中还有什么人或物,之前说过什么话和发生过什么事,就不可能知道"这样"指什么,"明天"是哪一天,"过去"是从哪儿去哪儿,是"谁"明天就过去。总之,还是不会明白这句话究竟要传递什么信息。这就涉及了语言意义的另一个层次，即语用义的层次，它涉及语言形式与语境特别是语境中的说话者的关系。这一节我们要讨论语言意义的这个层次。

一、语境和语境义

语境的含义有三个方面。首先是指话语的物理语境，又叫作"言谈现场"。物理语境指话语的说话者/受话者、说话当时的时空及这一时空中的所有存在。话语需要与言谈现场的说话者/受话者、说话时空及其存在正确地关联，才能准确地传递和被理解。

《三国演义》中有一段故事，描写曹操行刺董卓未成，逃亡到他父亲的好友吕伯奢家。晚上，曹操听见后堂有人说话："缚而杀之，何如？"曹操在亡命中，思想处于高度警惕的状态，时时处处都在防备别人的告发和官府的搜捕，所以一听见这话就以为吕伯奢一家人要杀他，思忖："是矣，今若不先下手，必遭擒获。"于是杀尽吕伯奢一家。直至后面看到一口绑着待宰的猪，才知道杀错了。这里的关键是，"缚而杀之"中的"之"作为一个代词在当时的言谈语境中指称什么。吕伯奢的家人在捆绑猪的现场交谈，彼此间传递的是"之"指代"猪"的信息，但曹操是在另一间屋子里听到的，看不到言谈现场的情景，因而完全领会错了。

物理语境中的各种要素，特别是说话者、受话者、说话时、说话地，在面对面交谈的句子中常常被省略，需要根据语境补充出来，才能得到完整的句义。比如例(1)"明天就过去吧"，必须知道说话时，才能知道"明天"是哪一天；必须知道说话地，才能知道"过去"的起点；必须知道说话者和受话者，才可能知道"过去"的主语是谁。

其次，语境还包括话语语境。话语语境是指一个连贯的言语事件中前面或后面的话语(如交谈双方前面说过的话、小说中的上下文)。某些代词的指代对象、某些句中省略的内容，并不在话语的物理语境中存在，但可以从话语语境中推断出来。请看下面的对话：

(2) 甲：你认识昨天演讲的人吗？
   乙：认识。他是我大学时的老师。

乙的回答中，"认识"一句的完整表达是"我认识昨天演讲的人"，话语中省略了句子的宾语，保留了动词，但根据前面的话，完全可以把宾语补充出来。下一句中的"他"所指代的人也不处在对话双方说话时的环境中，而只是在前面的话语中出现过。例(1)"这样行"中的"这样",也必须依赖交谈中前面说过的话。总之,句子中的省略和某些指代所传递的意义,必须依赖话语语境来补充。

除了以上两方面,语境还包括说话者和受话者的背景知识。比如例(2),除前面的话语外,甲和乙还需要具有"昨天有人演讲"这个共同知识,这是乙理解甲提问的基本前提,也就是上一节中提到的"预设"。从说话者信息传递的角度看,预设是说话者预测受话者已知的信息,它在言语交际中的作用后面还要进一步讨论。作为语境的背景知识可以非常广泛,包括语言知识之外的生活常识和社会文化知识。在对话的话语中,说话者和受话者对意义的理解在很大程度上要依赖语言形式之外的背景知识。背景知识可以帮助受话者理解说话者要传递的意义,特别是言外之意。请看下面的对话:

(3) 甲:请问几点了?
    乙:对不起,我没戴表。

这里甲明白乙的回答要基于这样的背景知识:表是计时的工具,知道时间需要看表,在交际现场没有公用表的情况下,个人没有戴表就无法看表,无法看表就无法知道时间。具有了这样的背景知识,就可以从"没戴表"推出"不知道几点"的回答。又比如,学生甲走进宿舍,对同屋的同学乙说:"太热了!"于是乙打开了空调。这里乙理解甲的要求基于这样的共同背景知识:空调可以制冷降温。在日常对话中,像这样必须通过共同的背景知识才能理解话语的实际意义的例子比比皆是。

篇章理解同样需要足够的背景知识,这一点我们在阅读中会经常体验到。阅读专业著作要有专业知识,阅读中外古今的历史著作、文学作品,也需要利用社会文化历史知识甚至生活经验去补充,才能真正理解。如果不了解中国封建社会的家庭关系,不但读《红楼梦》有困难,就是读巴金的小说《家》,也会觉得觉新这个人物的遭遇有点奇怪;不了解旧社会证券市场买空卖空的做法,就无法弄懂《子夜》里的吴荪甫究竟是怎么倾家荡产的。《巴黎圣母院》的钟楼怪人为什么把卖艺姑娘从刑场抢进教堂?因为避入教堂的罪人,当局是无权逮捕的。中国古代也有类似的规定,鲁智深削发为僧,就可以避免官府的追缉。欧也妮·葛朗台怎么会钟情于自己的堂弟?因为按照法国的风俗,同姓的堂兄弟姊妹是允许通婚的。了解语言所反映的时代或民族的文化历史背景和风俗习惯,才能深入理解字里行间所表现出来的意义。

总之,进入言语交际的句子不再是孤立的语言单位。它是话语中的一个片段,反映的是与语境特别是说话者相关的特定人类经验的信息。反过来说,由于这些特定信息包含与物理语境、话语语境和背景知识语境相关的因素,因此理解这些特定信息也就需要这些语境的支持。

二、话题和说明

句子要合乎语法规则,说的是句子中各个成分的成分类选择、排列次序、形态变化、虚实搭配等要合乎语言内的句法模型。句子要合乎语义规则,说的是句子中各个成分的选择要符合语言外现实世界中实体和动程的实际关联。但这还不足够。如上所述,进入言语交际的句子不再是孤立的语言单位,而是语篇的一个片段。因此,进入言语交际的句子在符合语法规则、语义规则的前提下,还必须符合语篇组织的需要,符合在特定语境中最有效地交流信息的需要。这就涉及话题—说明和焦点—预设这两对概念。本小节先讨论前一对概念。

1. 话题和说明的定义与话题的有定性

说话者对受话者说话,一定是要向他传达一定的信息,这个信息一定是关于某个实体(包括特定时间、空间)的信息,可称作"信息的基点"。一个句子中句义信息所关涉的那个实体是句子的"话题",针对话题展开的句子的其他部分是"说明"。

说话者所选择的信息关涉对象,一般是有定的。所谓"有定"(definite),是指名词短语所指的对象在特定语境中能被唯一识别。如果说话者认为听话者能够明确识别所指对象,该名词短语就是有定的;反之则为无定(indefinite)的。以一个有定的实体作为话题,在此基础上添加说明,可以更好地向听话人传递在已知信息基础上的新信息。

2. 话题的句法表现

不同的语言中话题的句法表现不同。最常见的有两种情况,一种是用专门的虚词来标记,一种是用句子中特定的位置来标记。比如,日语有专门标记话题的助词は(wa):

(4) Zō-wa　　　hana-ga　　　naga-i.
　　 大象-话题　鼻子-主语　　很长

这句话中,"大象"是说话者要谈论的实体,句子要传递的是关于大象的信息。hana-ga naga-i 是对大象的说明,是有关大象的信息的展开。hana 是与句子谓词 naga-i 直接相关的实体,是句子的主语。话题也可以是时间或地点成分,比如日语句子:Kyō-wa watashi-wa ie-ni i-masu(今天嘛,我在家)。

汉语中,如果使用正常语调和一般句式,从句首开始往后看的第一个担任语义角色的成分是话题。比如"大象鼻子长"中的"大象"是话题,"鼻子,大象的最长"中的"鼻子"是话题;"今天嘛,我在家"中的"今天"是话题,"我今天在家"中的"我"是话题。

3.话题的意义

话题是句子所传达的信息所关涉的实体,选择不同的句子成分做话题时所传递的信息也不同。比如,"大象鼻子长"是要告诉受话者有关"大象"的信息,而"鼻子,大象的最长"是要告诉受话者有关"鼻子"的信息。

4.话题的关联与篇章话题

句子的话题是说话者选择的传递信息的基点,而这一选择跟说话者对整篇话语的信息组织结构有关。整篇话语中各个句子的话题往往有内在的联系,组成"话题链"。比如下面的三段话是从三篇小学生作文中摘录出来的①:

(5) 1 扎蝴蝶结的小姑娘找到了目标,2 Ø 把手绢轻轻地放在一个小个子的姑娘身后,3 Ø 又装着若无其事的样子向前走了几步,4 Ø 然后猛跑起来。

(6) 1 我正高兴地欣赏着,2 Ø 突然发现在不远的乱草上爬着一只两寸多长的蚂蚱,3 Ø 可称得上是蚂蚱王了。

(7) 1 干枝梅主干弯曲,2 枝杈稍长,3 浑身长满了针一样的小刺,4 枝杈上长满圆形淡绿色的小叶。5 每根枝杈的顶端都绽开着四朵粉红色的小花,6 每朵小花由蜜桃形的花瓣组成,7 Ø 中间长着几根细细的黄色花蕊,8 花蕊的每根柱头的顶上都有许多花粉,9 Ø 香气扑鼻。

(5)(6)是对动态事件的记叙。句首先给出有生的施事,然后以该施事作为信息的基点,按动态事件时间次序的先后依次报告施事的几个动作

---

① 例句及相关的说明,均引自王静《现代汉语语篇语义句法研究》,北京大学博士学位论文,2002 年。

[如(5)(6)中的∅]，或者把前面一个句子中新引进的语义角色作为后一句子的信息展开的基点[如(6)中的∅]。(7)是对静物的描写。句首给出无生的主体，然后以该主体为信息的基点，先依次说明它各个组成部分(带下划线的名词)的情况，然后以其中一个部分为基点对其下级组成部分做说明，其中有些组成部分是前一个句子的说明新引出的(∅)，如此不断嵌套。也即，对动态事件的记叙多以一个施事为话题贯穿多个句子，引领多个按时间顺序展开的说明；对静态物体的描述则多以该物体为主话题，以该物体的各个部分或空间相关物为次话题，分别对它们进行细致的描画。无论是动态事件还是静态物体，还都可以以前一句子说明中新引出的事物作为下一句子的信息基点再展开说明。

把各个句子的话题联系起来，可以看出，一个段落的信息有共同围绕的话题。比如例(7)中的第二个句号句以"枝杈"为主话题，以下级和下下级组成部分"花、花瓣中间、花蕊、花粉"为次话题而展开，该句的主话题又与前一句的话题"干枝梅"有部分－整体关系，因而又与前一句的话题关联起来，形成更大的段落话题"干枝梅"。再往大扩，把各个段落的话题联系起来，整个语篇也有共同围绕的更大的话题。比如例(5)描写的是丢手绢这一游戏中"丢"的步骤，下面还要依次讲"追"等其他步骤，整体合成"丢手绢"游戏的全过程。一个篇章有一个共同的篇章话题，使得篇章中的各个语段凝聚为整体；各个段落和段落中句子的话题，使得篇章的组织有了层次和结构。

相继出现的各个句子，如果话题或主话题相同，则后面句子的话题或者用代词指代，或者省略。汉语中省略的手段用得比较多，英语等语言则更常用代词指代。指代和省略也是语篇凝聚连贯的重要手段。如果把省略的话题都补出来，把指代词都换为原来的词，各个句子就好像散开了，不再像是一个凝聚连贯的语篇。

5. 话题与施事

话题体现说话者选择哪个句法成分作为向受话者传递信息的基点，并且与整篇话语的组织有关；施事则只体现句法成分与现实世界中的实体一动程关系的对应。话题和施事都落到句子同一个成分上的情况比较多，但也有很多情况两者不一致。比如"小王昨天去了北京"这句话中，"小王"既是施事又是话题，而"昨天，小王去了北京"这句话中，"小王"仍是施事，话题却换成了"昨天"。

6. 话题与主语

主语是单纯的语法范畴，在不少语言中由专门的格助词或名词的格变化标志出来。在具体句子中，话题与主语常常落在同一个句子成分上，但相反的情况也不少。

从话题和主语有明确区分的语言看，除了话题的有定性外，话题和主语的明显区别是：主语与谓语动词有直接的密切关系，由担任施事、受事等中心语义角色的成分充当；而话题则可以由担任外围语义角色的成分（时间、方所、工具等）充当，还可以与动词完全没有关系。比如赵元任先生举的两个例子"他是个日本女人"（在赵元任记录的实际话语中指"他的女佣是日本人"）和"那回大火，幸亏消防队到得早"。前一句中"他"与动词"是"之间没有直接的逻辑关系，但全句信息是关于"他"的；后一句"那回大火"与谓语动词"到"也没有语义角色的关系，但全句信息是关于"那回大火"的。所以"他"和"那回大火"分别是这两个句子的话题，而不是主语。由于汉语中没有格助词，名词也没有格的形态变化，所以对于汉语中什么是主语和汉语中话题与主语的区别，学界仍有争论，这里不做更多的介绍。

总之，话题在语篇组织方面有十分重要的作用。在我们要把自己的所见所思用语言表达出来的时候，不仅要选择合适的词，把词按合乎语法规则、语义规则的方式组织起来，而且要考虑以哪个成分作为信息组织的基点。基点选择不同，句子的意义也会有所不同。这种意义属于与说话人的主观意图和话语语境相关的语用层次。

三、焦点和预设

人们之所以要说话，是为了向对方传递他们所不知道的信息，也即新信息。句子中的新信息是说话者所传递信息的重点，是说话者认为受话者不知道因此希望受话者特别关注的部分。这就是句子的"焦点"。

焦点是句子中说话者认为受话者所不知道的信息，那么，与之相辅相成，它一定与说话者设定的受话者所知道的某些信息相关。句子传递信息所依赖的、说话者设定为自己与受话者都知道的那些知识就是"预设"。上一节我们介绍了语义学中有关预设的研究，那是作为句义之间的关系来研究的；本节对预设的讨论则是从进入言语交际的语境后，说话者设定的听说双方共同知识背景对句子会有什么影响的角度来看的。

说话者希望受话者特别关注的新信息，也即句子的焦点，一定会用一些可以感知的手段标示出来。

在会话中,焦点通过语调重音标示出来。例如"小明吃了苹果",如果语调重音在"小明",那么"小明"就是信息焦点,回答的是"谁吃了苹果"这样的问题,"有人吃了苹果"则是预设;如果重音在"苹果"上,回答的是"小明吃了什么"这样的问题,"小明吃了东西"则为预设。可见一个句子的预设是什么和话语中的信息传递密切相关。

　　焦点还可以用句法形式表现出来,比如,汉语的"是……的"句式中,"是"后面的成分就是信息的焦点。在"我是昨天来的"中,"我来了"是预设,是说话者设定的受话者已经知道的知识,而"昨天"是焦点,是说话者认为受话者不知道的新信息。英语的 it is…that… 句式也是标示焦点的,is 后的成分为焦点,例如 It was yesterday that Bob came 这句话中的 yesterday。

　　在有些语言中,焦点用专门的虚词来标示。如索马里语中,表示焦点的虚词 baa 放在名词后面,那么这个名词就是句子传递的信息焦点:①

(8) Amina　　　　baa　　　　wargeyskii　keentay.
　　阿米娜　　　焦点标记　　　报纸　　　　带来
　　是阿米娜带来了报纸。

(9) Amina　　　wargeyskii　　bay(baa+ay)　keentay.
　　阿米娜　　　报纸　　　　　焦点标记+她　带来
　　阿米娜带来的是报纸。

　　总之,预设和焦点对于语境中的信息传递至关重要。说话者要想让受话者理解自己传递信息中的重点,就要了解对方与自己共享的已知信息(预设)是什么,用一定的手段把对方所不知道的新信息(焦点)标示出来。而受话者要理解说话者表达的意思,除了要明确语言单位的一般意义,还必须通过一定的形式标志了解说话者设定的已知信息和新信息是什么。因说话者设定的新信息不同,句子的意义也有所区别。这种意义与说话者的主观性相关,与话语语境和背景知识语境相关,属于语用的层次。

四、日常生活和文学作品中的言内意外

1. 日常生活中的言内意外

　　这一类言内意外,我们在"语境和语境义"一节中已经以看表和开空调

---

① 引自 Saeed, J. I. (2023) *Semantics* (5th edition). Oxford: Wiley-Blackwell. p.239。

为例做过介绍。可以看出,这一类的言内意外主要是根据日常生活常识的推理。而根据推理可以导出的信息就不必在话语中出现,则是语用学中所说的"会话合作原则"在起作用。与这些例子相关的会话合作原则有:首先,会话双方要使自己的话语有参与交谈的共同目标或方向;其次,所说的话应包含当前交谈目的所需要的信息,同时不要多于所需要的信息。由此,能够用物理语境和日常生活常识推出来的信息就不必出现在说话者的话语中,受话者也会根据物理语境和日常生活常识去推导、补充说话者的话语,得到说话者的"言外之意"。

另外,社会文化所决定的得体原则也在日常会话中起作用。比如小辈对长辈、陌生人之间,在我们的社会中一般不宜直接提要求、发命令,所以常用"言内意外"的委婉方式表达自己的要求。这一点在下一小节还会有论述。

2. 文学作品中的言内意外

文学作品中的语言运用和日常话语有所不同。在文学创作和欣赏中,"言外之意"起着举足轻重的作用。"言不尽意"的现象,我们的先人早就注意到了。《庄子·天道》:"语有贵也,语之所贵者意也。意有所随,意之所随者,不可以言传也。"这说明早在先秦时期人们就已经注意到语言表达思想的功能和它的某些局限性。"言"与"意"的关系,一直是我国历史上的文艺理论特别是诗歌理论中的一个重要问题。刘勰的《文心雕龙》以及魏晋南北朝时期的很多人都对这个问题有深入的讨论。宋代的欧阳修则进一步从作者和读者两方面阐述了心得而未可言传的矛盾:

> 乐之道深矣,故工之善者,必得于心应于手而不可述之言也;听之善,亦必得于心而会以意,不可得而言也。……余尝问诗于圣俞,其声律之高下,文语之疵病,可以指而告余也;至其心之得者,不可以言而告也。余亦将以心得意会而未能至之者也。(《书梅圣俞稿后》)

这是说诗人的创作经验,那些精微的艺术技巧,很难用话语传达给别人,需要读者自己从诗人的作品中去细细体会,用自己的经验和社会文化知识去补充。

由于用语言表达思想的时候可以"言不尽意",留下一些意思上的空白让听话人自己去补充、理解,这就使语言的运用成为一种值得深究的学问。同样的意思采用不同的说法,往往会收到不同的效果。在日常生活中,像婉转的告诫、含蓄的言辞、辛辣的讽喻等,都很注意留下意思上的空白。这种现象可以用"言内意外"来概括。"言内意外"这种语言运用的手法在文学创作中占有重要的地位。一部好的小说,一首好诗,往往在有限的言辞中寄寓着无尽的意思,为读者咀嚼、琢磨作品的思想内容留下广阔的天地。这里举一首唐诗来说明"言内意外"的有关情况:"银烛秋光冷画屏,轻罗小扇扑流萤。天阶夜色凉如水,坐看牵牛织女星。"(杜牧《秋夕》)这首诗写一个失意宫女的孤独生活和凄凉心情。这里只分析第二句"轻罗小扇扑流萤"。从表面上看,这句诗很简单,描写一个宫女正用小扇子扑打着飞来飞去的萤火虫,实际上这个"言内"寄寓着好几层"意外",十分含蓄,耐人寻味。第一,萤火虫出没在野草丛生的荒凉地方,如今竟在宫院中飞来飞去,说明宫女生活的凄凉。第二,从扑萤的动作可以想见她的孤独与无聊,借扑萤来消遣那孤苦的岁月。第三,轻罗小扇象征着她被遗弃的命运:扇子本来是夏天用来扇风纳凉的,到秋天就搁置不用了,所以在古诗中常用来比喻弃妇。这些意思都是字里行间流露出来的,是"言内"的"意外",读者可以凭自己的感受去补充这"意外"的内容。文学作品特别是诗歌,都非常重视语言的这种暗示性和启发性,借此唤起读者的联想,以达到言有尽而意无穷的效果。

五、言语行为

从社会学的角度看,说话是人类的一种社会行为。像打人、吃饭等其他社会行为一样,"说话"这种社会行为也有对行为者之外的事物/人(特别是受话者)或行为者自身产生某种效力的目标,也有因行为而引发实际变化的效果。简而言之,言语交际行为本身也构成新的人类经验,与现实世界中的其他人、物、现象、事件有着"行为—效力"的关联。这些是语言在另一层次上的意义。从这一视角对语言意义的关注称为言语行为研究。

言语行为可以分为三个环节,分别是言内行为、言外行为和言后行为。言内行为指说话人运用语言结构规则说出有意义的话语的行为;言外行为是说话人的话语要达到的目的和意图;言后行为是说话人说出话语后达到的结果。

例如,教师在课堂上对学生说"请大家把书翻到第 8 页",教师运用语言单位和规则,说出有意义的句子,这是言内行为。教师说出这个句子是对学生的一种要求或指令,要使听话者做一件事,这是言外行为。学生听到教师的话,做出相应的行为,这是言后行为。

又比如,甲对乙说:"我明天没有时间。"这是一个简单的陈述句,说话者用这个句子陈述一个将来的情况,这是言内行为。说话者陈述的目的,在不同的语境中可能有所不同,也许就是要阐述一个事实,使乙了解到这个事实,从而做出相应的判断和决定,也许是委婉地拒绝乙的一个要求,这些都属于言外行为。乙听到甲的话后受到的影响就是言后行为。

在这三个环节中,言语行为研究最关注的是言外行为,很多情况下,言语行为就是指言外行为。

言语行为可以分为不同的类型,如阐述、命令、请求、询问、感谢、道歉、祝愿、承诺、宣告等。这些不同类型的言语行为都是通过不同的句型结合说话时的语境体现出来的。一般语言中都具有的陈述句、疑问句、祈使句等句型,表达的是说话者的语气,而从言语行为的角度看,则表现了最基本的言语行为类型。一般祈使句表现命令或请求的行为,疑问句表现询问的行为,陈述句表现阐述的行为。在语言形式上,一些特殊动词在言语行为中也起着很大的作用。一些动词如"建议""提议""命令""承诺""宣布"等,当主语为说话者"我"时,都体现了明显的相应的言语行为,这样的动词叫施为动词,这样的句子称为施为句。下面的句子都是施为句:

(10) 我提议由他担任主席。　　　　　　　　(提议的行为)
(11) 我宣布会议开幕。　　　　　　　　　　(宣告的行为)
(12) 祝你生活愉快。　　　　　　　　　　　(祝愿的行为)

由基本句型或施为句明确体现出来的言语行为,可以称为直接言语行为。要注意的是,句子的言语行为类型必须联系语境来确定。比如1949年10月1日毛泽东主席在天安门城楼上说的"中华人民共和国中央人民政府今天成立了"是宣告行为,这一行为对中国和每个中国人,对世界和世界人民有十分重要的言后效果——国与人民、国与国的关系从此而有重大的改变。而历史老师讲课时所说的"中华人民共和国成立了"则仅仅是一种阐述行为,言后效果是增加了受话者的知识。

现实中的话语,常常具有超越直接言语行为的其他的言语行为功能,这称为间接言语行为。例如,请求的言语行为常常并不使用祈使句,而使用疑问句。下面这些疑问句在很多语境中都是表示请求,它们的直接言语行为是询问,间接言语行为则是请求:

(13) 能把糖递给我吗?——请把糖递给我。
(14) 我能用一下你的笔吗?——请允许我用一下你的笔。
(15) 可以早一点吗?——请早一点。

同样，陈述句也可以表示命令、询问等言语行为，祈使句也可以表示感谢、道歉、祝愿等行为。例如：

（16）我希望你安静点儿。——请安静。
（17）我想知道你迟到的原因。——你为什么迟到了？
（18）请允许我向您表达歉意。——对不起，很抱歉。
（19）睡个好觉。——祝你睡个好觉。

上面这些句子表现间接言语行为的方式具有一般性，容易被受话者领会。还有一些现实中的话语属于哪种言语行为，在很大程度上取决于语境。同样的话语，在不同的语境中，可能是不同的言语行为。例如：

（20）这里少了一个茶杯。

如果是清点物品时说的话，那么这句话是向听话者阐述一个情形，使听话者了解一个事实。可是如果是说话者在餐馆对服务员说这句话，就是对服务员的请求行为，请服务员再拿来一个茶杯。

直接言语行为通常为字面意义具有的行为功能，间接言语行为是非字面意义具有的行为功能。这两方面的意义都是听话者所能把握的，但后者为言语的真正目的。听话者能够领会间接言语行为的表达，是依据对各种言语行为的语境条件的综合把握，同时也在贯彻会话中的合作原则。例如，疑问句用于请求，首先疑问的内容是显而易见的，前面例子"能把糖递给我吗"中的"把糖递给我"是听话者完全可以做到的，听话者基于会话的合作原则，知道说话者不可能做无意义的询问，而从说话的语境可以看出说话者想要用糖，可以据此推断出这是个请求的行为，而不是字面上显露的询问的行为。如果此时听话者不遵循合作的原则，可以对直接言语行为做出反应，回答"能"或"不能"，而不对间接的请求行为做出反应，这就有点开玩笑的意思了。

间接言语行为符合会话中的礼貌原则，一个重要的目的是要使说话者语气更委婉，从而维系听话者和说话者之间正常的人际关系。同样的请求行为，使用祈使句的直接言语行为要比用疑问句的间接言语行为带有更强的命令性。当然，采取哪种表达方式更适当，也要看说话者和听话者是什么样的社会关系，如用直接言语行为在相熟的朋友之间的对话中表达请求，可能就更为得体，使用间接言语行为反而表现出一种疏离和冷淡。

语言是一种社会现象，语言的存在离不开说话者的运用。语言在说话者的运用中既传递着说话者的思维成果,也传递着说话者的行为意向,这两个方面都属于语言的意义。言语行为研究关注言语活动参与者之间的互动关系,关注语言作为一种社会行为的不同目标、效力及其与使用者社会关系的对应。这一领域的研究内容丰富而复杂,更直接地揭示了语言的社会功能的性质。

第五章 文字

第一节 文字和语言

一、文字在人类历史上的重要作用

"文字"一词有两个意思,一是指一个一个的字,一是指语言的视觉符号体系。这一章所讲的文字,指的是后面一个意思。

语言的产生比文字早。有语言是人和猿的根本区别之一,甚至可以说,没有语言,人类就不可能从自然界的物种竞争中脱颖而出。大约5万年前,智人的一支开始有了语言,语言的产生使得这一支智人的人口急剧膨胀,文化飞速发展,并在地理上迅速扩张。① 总之,人类因为有了语言而完全脱离动物界,从此走上独立发展的道路,这是人类发展过程中的一件了不起的大事。

但语言是通过口、耳交际的,本质上是通过声音来实现交际过程。由于声音是一发即逝的,所以人们说话要受到时间和空间的一定限制。所谓时间限制,是指过去说的话现在听不见;所谓空间限制,是说交际的双方距离太远就听不见。所以,如果只有语言,一方面人类已有的经验很难完整地保留和传递,另一方面人类大脑这个"加工厂"的材料来源就只能限于个人的直接经验和口耳相传的间接经验。这样一来,因信息量有限,也无法充分发挥大脑的潜力,促进大脑的进化。因此,仅有语言的人类只能应付一些生存所必需的事情。

为了克服有声语言在时间和空间上的限制,人们发明了文字,使语言除了说和听的形式以外,又增加了一种写和看的形式。文字的出现比语言要晚得多。世界上最早的文字也只有几千年的历史。但是,文字在人类历史上的重要作用几乎可以与语言相媲美。文字至少有以下几个方面的特点和重要作用。

1. 文字的发明使一发即逝的语言可以"传于异地,留于异时"。这样一

---

① 参看王士元、柯津云《语言的起源及建模仿真初探》,《中国语文》2001年第3期。

来,不在交谈现场的人们,即使相隔千山万水,也可以通过文字写成的文本相互交流信息。

2. 文字使人类文化得以积累。在没有文字以前,人类的历史主要是通过传说和史诗来传承的,那时每一个文化群体或部落都有一些专门唱史诗和讲传说的人。如果遭遇天灾人祸,会唱史诗的人都去世了,历史的记录也就中断了,这个民族的历史也就会因此而永远消失。同样,在文字产生之前,人类的各种文化知识、生产经验只是靠父子或师徒间的口耳相传,一旦传承者遇难,这些知识和经验就会泯灭。文字的出现为人类历史和文化的传承提供了更好的手段,使人类的历史得以长久流传,人类的知识和经验得以积累增加。如果说语言使人类摆脱了动物的本能生活方式,那么文字则使人类由原始蒙昧状态进入了文明状态。

3. 文字能促进思维的发展。识字的人和文盲在智力和能力上的区别是非常大的。有了文字,人类不仅可以通过一发即逝的、在时间上线性排列的声音来思维,还可以通过文字来思维。文字使思维有了在二维空间中分布的形体表象,并且可以在时空中留住,反复多次地琢磨。设想一下不用二维的形体符号来完成一个简单的方程运算是多么困难,就可明白文字的重要性。有了文字,中外古今的人类实践的各种经验都可以成为大脑在异时异地、多次反复地、立体化加工的原料,这对于大脑的思维能力是一种不断进行的训练,有利于不断地提高思维的素质和潜力。知识与思维能力从此进入了良性的互动和增长。

如果把36亿年生物进化的过程缩短为一年,那么大约每7000年为1分钟。文字是在这一年的最后一天的最后一分钟产生的。这一分钟人类文化的发展速度,是以往任何一段时间都无法比拟的。比如,鸟类从在地上爬进化到能在天上飞,经历了几千万年的时间,相当于上述压缩时间的好几天;而人类解决上天问题从美国莱特兄弟最早设计的滑翔机,到现在的宇宙探测器,只花了一百多年时间,大约相当于压缩时间的$1/70$分钟。这样的发展速度是人类文明的奇迹,而文明的基础则是文字。可以说,在人类文化的演进过程中,语言的出现是第一个里程碑,它使得人类脱颖于动物。文字是第二个里程碑,它使人类由原始社会进入文明社会,或者说从史前时期进入有史时期。

二、文字的基本性质

"言者意之声,书者言之记"(《尚书·序》孔颖达正义)、"文字者,所以为意与声之迹也"(陈澧《东塾读书记》卷十一),我们古人的这两句话说明了语言和文字的关系,也说明了文字的基本性质:文字是用书写/视觉形式对语言进行再编码的符号系统。语言符号系统是第一性的,文字符号系统是第二性的。

文字在语言的基础上产生。语言中的语素、词这些单位包括音和义两个方面,文字是对语言中这些小的音义结合体的再编码。作为书写/视觉符号,文字除了语言的音、义之外,还有自己的形体。也即,文字有形、音和义三个方面。字形是文字符号的形式,音和义是文字符号的内容,即文字符号记录的是音义结合的语言符号。

语言是一种系统,文字也是一种系统。语言有大小不同的音义结合的各级单位,有单位的聚合类和组合规则;文字也有大小不同的各级形体单位,有文字单位的聚合类和组合规则。同时,由于文字是对语言的再编码,所以文字单位与语言单位、文字的组合规则与语言的组合规则有着系统的对应关系。

关于文字系统的组织,我们将在本章的第三节中详细讨论。这里我们要强调的是:不管采用什么样的"形",文字系统必然有一级较小但不是最小的形体单位对应于语言的某一级音义结合的小单位。也即,文字必有一级较小的单位是可以用语言中的音读出来并表达语言中音义结合体的意义的。

拼音文字一般是以文字系统中的次小单位[前后由空格隔开的一串字母(称作"文字词"或"形体词")]对应语言中的次小的语法单位(音义结合的"词")。比如英文的 book,字母串"book"是形,对应的是以[buk]为音、以"书"为义的一个词。汉文则一般以占据一个方块空间的形体单位"字"对应汉语里的最小语法单位、最小的音义结合体——语素。比如"语"这个字形,对应的是以[y]为音、以 LANGUAGE 为义的一个汉语的语素。尽管不同的文字形体不同,所对应的语言单位的大小不同,但文字系统中有某一级文字单位对应着语言的某一级单位(音义结合体),这一点是相同的。

三、汉字和汉语

采用拼音文字的语言,拼写就可以反映出语言符号的语音面貌,人们基本上按照字母的拼法就能读出音来。方块汉字与此不同,似乎能见"形"而知"义"。例如"日",最初的书写形式,形状像太阳;"田"的形状像地块;

"休"是"人"靠在树(木)上休息;"水""火""木""女"等偏旁表示字的意思跟"水""火""木""女"等有关系,好像字形本身就能跟意思直接挂钩,不一定要表达语言的"音"。这其实是一种误解。好些汉字的形体确实有提示意义的作用,但是作为一个文字系统的汉文和拼音文字一样,有一级文字单位和语言里的音义结合体相联系,这就是"字"这一级单位。汉字不仅跟特定的语素义相连,也跟特定的语音形式相连。例如,"日"尽管提示太阳的形象,但它并不记录汉语里的"太阳""日头""老爷儿"这些词,它只跟"rì"音及与其结合在一起的意义发生关系,记录汉语中"日"这个语素。

一般来说,拼音文字是人们按照字母的拼写阅读,所以写与读的距离大多不会太远,语音变了,拼写法一般也跟着变,虽然变化会有些滞后。例如,古代的拉丁语发展到现代的法语、意大利语、西班牙语等语言,记录拉丁语的拉丁文的拼写法也随之改变。要学习古典拉丁语,只知道现代法语或意大利语的拼写法是没有用的,必须像学习另一种文字体系一样,从头学习古典拉丁语的拼写法,按照这种拼写法读出语词的音。这个音是古语的音,表达什么意思,不一定知道。汉字的情况与此不同,字形不限于和一种读音挂钩,读音尽管变了,字形可以不变。从古代汉语到现代汉语,语音面貌发生了很大的变化,但方块汉字没有变(一个字从篆书到隶书、到楷书,是书写形体本身的变化,还是同一个字)。所以同一个汉字,各地的人都认识,但读音可以很不一样:广东人用广东话读,上海人用上海话读,北京人用北京话读,相互之间听不懂;而且用这些不同的方音还能去读古书,用不着像看拼音文字写的古书那样,得先学古音。把这些情况概括起来,就是汉字念出来听得懂听不懂无关大体,只要写出来看得懂就可以了。几千年来,汉字和汉语的关系大体上保持着这样一种状况。这使人们形成一种错觉,好像汉字是"看"的,不是读的,和语音没有联系。其实不然,汉字不仅是"看"的,而且也是"读"的,只不过它可以用不同时代、不同地域的音来读罢了。汉字和其他文字系统一样,不能绕过语音,直接表达概念。

在汉字与汉语的关系问题上还有一种常见的误解,就是把文字和语言等同起来,以为语言与文字是一回事。过去常常听到这样的议论:汉字简化了,改革了,叫我们怎么讲话? 其实这是误会。文字改革不等于语言改革。改进或改革文字的目的,恰恰是要使文字能更好地反映语言,而不是要改变语言。

文字还可以借用,借用文字不等于借用语言。比如,历史上,日本、朝鲜、越南等国家都借用过汉字,但这些国家使用的语言却还是自己的语言,并没有换用汉语。现在日文中仍然夹用汉字,这些汉字代表的语言符号(音义结合体)有的是从汉语借用的(来自汉语的借词),有的却是日语自己的。可见,一个语言可以借用别的语言的文字来记录自己的语言系统。

第二节 文字的产生

判定是否已经产生了文字系统,要看是否有一套与某一种语言的语言符号及其排列有固定对应关系的书写/视觉符号。下面我们通过对比几种非文字的形体记事方式与早期文字,谈谈非文字与文字的本质区别。

一、实物记事

原始社会没有文字。根据考古发现,世界各地在原始社会末期都出现了规模很大的部落联盟。随着生产的发展和社会生活的复杂化,人们(特别是氏族或部落的领袖和长老们)需要记载本氏族或本部落的人口、财产、对外战争等情况,以及内部发生的大事,以帮助记忆。经过长期的摸索,终于找到了记事的方法。实物记事是其中重要的一种。

比较普遍的实物记事的办法是结绳。据史书记载,我国古代就曾使用过这种方法。《易·系辞下》说:"上古结绳而治,后世圣人易之以书契。"结绳的具体办法已不得而知,后人只说是"事大大结其绳,事小小结其绳"。秘鲁人、琉球人、我国台湾的少数民族也都采用过这种方法。

讯木也是一种记事的方法,就是在一根木棒上刻上各种花纹或插进各种东西,用来帮助记忆和传达命令。据《北史·魏本纪》记载,魏先世"射猎为业,淳朴为俗,简易为化,不为文字,刻木结绳而已"。《唐会要·吐蕃》记载吐蕃"无文字,刻木结绳为约。征兵用金箭,寇至举燧"。《五代会要》也记载"契丹本无文记,唯刻木为信"。可见讯木在一个民族的文字发明以前,也和结绳一样,起过记事、传令等重要的交际作用。

实物记事的方式很多,现在一些没有文字的民族还保留着这种做法。我国境内的瑶族曾经用禾秆记录一年的收成,用木板刻点和玉米来记工分。云南陇川县的景颇族有一种以实物代替信息的习惯。假如小伙子爱上了一个姑娘,他就用树叶包上树根、大蒜、火柴梗、辣椒,再用线精巧地包扎好送给女方。树根表示想念,大蒜表示要姑娘考虑两人的事,辣椒代表炽烈的爱,火柴梗表示男方态度坚决,树叶代表有好多话要说。女方收到以后,如果同意,即将原物退回。如果不同意,便在原物上附加火炭,表示反感。如果还要考虑,便加上奶浆菜。

实物能够表达的信息很少,与文字的产生没有直接的关系。

二、图画记事

图画在古时候也是用来记事的一种重要方法。用图画记事、交流思想,可以用印第安人奥基布瓦(Ojibwa)部落的一个女子的情书来说明:

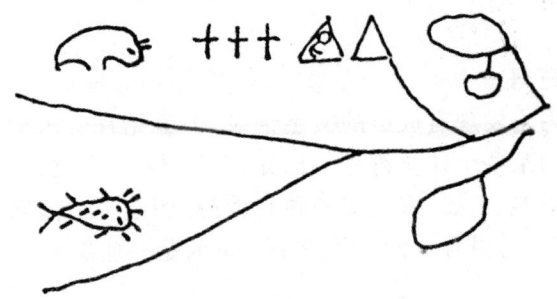

上面就是这个女子在赤杨树的树皮上写给自己情人的信。左上角的熊是女子所在部落的图腾,左下角的泥鳅是男子所在部落的图腾,曲线表示应走的道路,帐篷表示聚会的地方。帐篷里画一个人,表示她在那里等候。旁边的三个"十"形,表示周围住的是天主教徒。帐篷后面画大小三个湖沼,指示帐篷的位置。

这种图画把事情作为一个整体来描绘,是否看得懂,取决于看画的人和画画的人生活经历上的联系或其他条件,跟他们是不是说同一种语言没有关系。换一个熟悉当地人文地理环境的、说不同语言的人去看这一情书,应该可以看懂;而如果对当地的人文地理一无所知,恐怕只能望图兴叹,不知所云了。另外,即使是能够看懂这幅图画的人,叙说这幅图画的意思也可以用完全不同的语言或同一种语言不同的句子。

和实物记事相比,图画记事表达的信息更加丰富。实物记事只能表达静态的事物或事件整体的大小、数量,而图画记事不仅可以记录事物,还可以记录有发展过程的事件、事件内部的各个要素及其空间关系,可以表达心里的意愿和要求。图画记事的能力更接近自然有声语言。自然有声语言中不仅有表达静态事物的名词,也有表达名词之间的关系、记述事件、表达意愿的句子。另外值得注意的是,图画记事常常使用一些约定俗成的图形来表示特定的名物,比如上图中表达天主教的"十"形和表示部落图腾的熊形和泥鳅形;也常使用一些与现实事物外形相似的简单图形来表示事物,如上图中用三角图形表示帐篷。以上两种形体往往直接为早期文字继承,成为早期文字系统中的文字符号。由于以上原因,记事图画一般被认为是文字的前身。

记事图画还不是文字,图画表达信息的方式是以形体直接描画现实,而文字是通过以形体对应语言中音义结合的成分及其排列的方式来表达信息的。

三、刻画符号

原始社会尚未发现有成篇的文字记录,但原始社会末期大多已经开始使用类似文字的某些个体化符号。比如,我国半坡、大汶口、良渚等文化遗址出土的不少陶器、玉器,有一些刻画有族徽、图绘、纹饰、陶符、图案、记号等形体,其中不少与甲骨文的形体近似。下面是一些例子:[①]

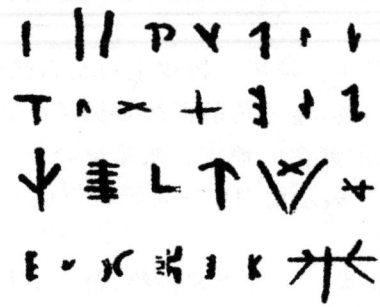

半坡陶器符

半坡陶器上的刻画符形体十分简单(大汶口和良渚也有同样的发现),较之记事图画更为抽象。虽然对于这些刻画符的意义还没有确切的解读,但专家们大多同意,这些反复多次出现的刻画符表达了某些固定的意义。现实中离散的物体可以用类似记事图画中的象形图案来表示,而一些较抽象的关系概念,如数量、上下前后等位置关系,则只能用更抽象、更简单的形体符号来表示,原始社会的上述刻画符很可能就是表达这些关系概念义的符号,当时它们应该是与特定语言的音义结合体相对应的。

---

① 本页及下页的图摘自何丹《图画文字说与人类文字的起源》,中国社会科学出版社,2003年,第187、231、235页。

除刻画符外,大汶口与良渚发现的两个合体图形引起了专家们的特别注意。李学勤先生认为,下面大汶口和良渚符号图示中左边的图形,都是上日下火的结构,当是"炅",义为"灵";右边的图形中下面部分都是"山"形,再配上上面的部分,前者表示"灵山"(大汶口),后者表示"鸟在山上",义为"岛"(良渚)。①

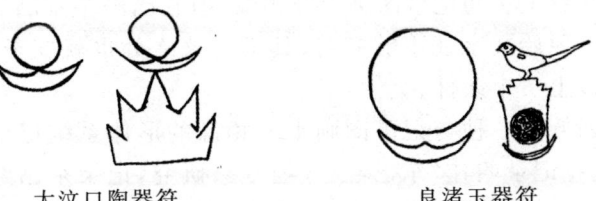

大汶口陶器符　　　　　良渚玉器符

世界其他地区的情况也大致类似。两河流域出土了大量用黏土做的体积很小的算符,研究者认为,这些算符的不同造型和上面的刻画符号,是作为计算的工具来使用的,②而且其中不少刻画形体与后来的苏美尔早期文字很相似。

综上,刻画符号数量相对有限,加之所表达的意义或者与符号有相似性联系,或者局限在很少的几个领域,这与数学符号、象征性图形的性质更加近似。也就是说,并不能确定这些刻画符号已经比较完备地对应语言符号,也不能确定这些符号已经有固定的排列次序来与语言中音义结合体的排列次序相对应,因此还不能说当时已经产生了文字系统。

文字作为一个系统,它的产生不是一蹴而就的。在文字系统出现之前,一定会有一些约定俗成的个体形体符号已经在较大的范围内使用,上面所讨论的在原始社会末期出现的这些刻画符,应该是文字产生之前必经的积累阶段的表现。

四、早期文字:原始的图画文字

判定文字系统已经产生,有三个基本的条件。第一,具有数量足够多的与某种语言里的语素或词相对应的小图形,这些小图形可以按这种语言

---

① 李学勤《论良渚文化玉器符号》,《湖南博物馆文集》,岳麓书社,1991年。转引自何丹《图画文字说与人类文字的起源》,中国社会科学出版社,2003年。

② 丹尼丝·史曼特-毕司拉(1978)《文字最早的前身》,王士元编辑、林幼菁翻译《语言涌现:发展与演化》,《语言暨语言学》专刊 D-1,"中研院"语言学研究所,2008年。

的音读出来;第二,这些小图形可以重复使用而所表达的音义不变;第三,这些小图形的排列规则足以反映这种语言说话时语素或词的排列次序,小图形排列的顺序不同,所反映的语言单位的排列次序也就不同,表达的意思也因此不同。也就是说,文字形体所表达的信息一定是与某种语言的音义结合体及其排列次序相对应的信息,而不是直接描画现实。

原始文字看上去与记事图画十分相像,但它已经基本满足了文字的以上三个条件。原始文字还不够完善,其不完善之处也就在于还不能全部、严格地满足以上三个条件。

我国纳西族用一种与记事图画十分相像的形体系统记录他们民族的古老传说,这些记录叫作"东巴经"。经专家研究,记录东巴经的形体系统已经属于文字,与记事图画有了本质性的差别。下面是用东巴文书写的《白蝙蝠取经记》中的一小段。①

东巴经师看着这段很像图画的经文,总是用相同的语音诵读出来,它对应着三个有固定的词和语序的句子。下面是傅懋勣先生对这段经文诵读的国际音标记音和汉语对译(字母左上角的数字表示纳西语的调类),以及按句的汉语翻译和对图形的音义分析:

$$^3\text{tsho} \quad ^2\text{tshu} \quad ^2\text{mbʌ}\text{ɻ} \quad ^2\text{me} \quad ^1\text{z}_\text{ı} ^2\text{lo} \quad ^2\text{ku} \quad ^2\text{ɯ} \quad ^2\text{mbʌ}\text{ɻ},$$
人　　类　　搬　　(助)　灵山　上　从　搬

$$^2\text{ɣɯ} \quad ^2\text{tshu} \quad ^3\text{ndzi} \quad ^2\text{me} \quad ^2\text{dʑ}^3\text{kho} \quad ^2\text{ku} \quad ^2\text{ɯ} \quad ^3\text{ndzi},$$
鸟　　类　　飞　　(助)　山凹处　　上　从　飞

$$^3\text{dzi} \quad ^2\text{tshu} \quad ^2\text{i} \quad ^2\text{me} \quad ^2\text{so} \quad ^3\text{ʂo} \quad ^2\text{ku} \quad ^2\text{ɯ} \quad ^2\text{i}.$$
水　　类　　流　　(助)　高山牧场　高　上　从　流

按句汉译:人的搬迁,是从灵山顶上搬下来;鸟的飞,是从山凹处飞出来;

---

① 经文及解读均摘自傅懋勣《纳西族图画文字〈白蝙蝠取经记〉研究》,商务印书馆,2012年,第19—22页。

水的流,是从高山牧场上流下来。(注:^{2}me 是助词,用来引起后边的话)

图块 1:一个翘足的、长着个像大象那样的长鼻子的人。人形表"人",翘足表"搬迁"。加象鼻是因为纳西语中用几个不同音的词表示不同的"人",象鼻加在人形上表示这里说的"人"是与"象"^{3}tshɔ 同音的那种人,象鼻起声符的作用。

图块 2:像一个东西挂起来的样子,本来表示"悬挂"义,这里借形取音,表示与"悬挂"同为^{2}tʂhɯ 音的另一个词"类"。

图块 3:包括上下两个图形。下面的图形表示东巴传说中的圣地灵山(音 ^{1}zɔ ^{2}lɔ)。山的上方有个"蛋"的图形,这里借形取音表示纳西语中与"蛋"同为 ^{2}ku 音的另一个词"上边、顶上"。

图块 4:可分为上下两个图形。下面的图形是山凹的形状,就表示"山凹"的意义。上面的图形是门扇的形状,这里借形取音表示与"门扇"同为 ^{3}khɔ 音的另一个词"处"。

图块 5:包括上下两个图形。上面的图形是张着翅膀的鸟,表示"鸟飞"的意思。下面的图形依然是借悬挂形表示与"悬挂"同音的"类"。

图块 6:包括上下两个图形。上面的图形是一杆秤,借形取音表示纳西语中与"秤"同为^{2}sɔ 音的另一个词"高山牧场"。下面的图形是顶部有两道标记的山,这个图形可以表示"山",但这里是用来表示形容词"高"。上下两图加起来表示"高高的高山牧场"。

图块 7:图形为水流动的样子,表示"水"这个词。

可以看出,虽然从形体与图画相似的程度来看,东巴图画文字与印第安少女情书等记事图画相差不多,但两者已有本质的区别。首先,东巴经中的图形与语言有直接关系,经文中的各个小图形都有自己固定的语音形式,是通过形体去表达语言中的音义结合体从而再表达意义,而不是像印第安少女情书那样用直接描画现实的方式去表达意义。要获得东巴图画文字所表达的信息,必须会说纳西语,不会说纳西语就不可能知道"象鼻"表"某种人"、"悬挂"表"类"、"秤"表"高山牧场";而要读懂印第安少女情书只需要了解当地的人文地理情况。其次,通过象形、形声、假借、指事等手段,东巴文已经可以表示语言中绝大多数的音义结合体,这些图形都可以重复使用而表达相同的意义,从而可以比较完善地记录语言;而印第安少女情书中只有部落图腾、天主教标记等少数符号。再次,东巴文各个小图形的排列次序已经大致反映语言中音义结合体的排列次序,而不是现实中各个物体的空间关系。比如,长着象鼻的翘足人在山的左边,并不表示现实中人与灵山的空间位置。特别是语言中句子一级单位的先后次序已经完全与图形的排列次序一致,这与印第安少女情书中三个湖泊与帐篷的关系完全不同。总之,对比成为文字的三个基本条件可以确定,东巴文已经是文字,而印第安少女情书只是记事图画。

可以看出,记事图画与原始的图画文字,关键性的一个区别在于是否用借音的办法扩大文字所能够记录的语词的范围。只有用借音表意的方法才可能表达"类""处"等表抽象概念的语词,只有用借音做声符的方法才能区分开并表示出语言中若干同义词的具体读音。

东巴文还不是成熟的文字系统,因为它还不完全符合文字的基本条件。以上面这一小段经文为例。第一,有时用一个不可拆分的图形表示两个语言单位,如张开翅膀的鸟表示纳西语中"鸟"和"飞"两个词。第二,个别虚词没有对应的图形,如助词 ^{2}me 和介词 ^{2}nɯ;有的虚词有对应的图形,但有时写出来,有时不写出来,如方位词 ^{2}ku。第三,句子中语言符号的次序与小图形的次序还没有完全一致。比如,图块 1 和图块 2 所对应的话语的语序是"人类搬迁",但图块的排列次序是"人搬迁+类"。三个句子都是先说话题("人""鸟""水"),但只有第一句是表示话题的图块居前。以上情况在东巴经文里比较普遍。

即使是较成熟的文字体系,比如甲骨文,也还保留着这方面的一些痕迹。例如有一条卜辞写着:"甲申卜御妇鼠妣己二牰"。那次占卜是问:是否可以用"二牰"作为牺牲来祭祀妣己,以祓除妇鼠的灾祸。"牰"显然是"牝"(母牛)、"牡"(公牛)两字的合文,"二牰"或指"二牝二牡",或指"二牛,一牝一牡"。无论哪一个意思,语言里的有些成分没有写出来。如果直接以"二牰"代替"一牝一牡",那与语言里的词和次序就有很大的距离,也就是说,文字和语言没有一一对应。这样的情况在甲骨文中尚有留存。

原始文字的形体没有完全定型,字形和语词的对应关系也没有完全固定,而且有些语词(特别是虚词)还没有造出字来表示。这样的文字工具当然只能粗略地记录语句。这种文字经过漫长的发展过程才成为能够完整地记录语言的成熟的文字体系。和原始文字比较,成熟的文字体系更加严格地符合文字的三个基本条件。

第三节 共时文字系统的特点及分类

文字可以从不同的角度分类。比如，从形体上分，可以有图画文字、象形文字、楔形文字（又称"钉头字"）、方块字等。这里我们只讨论根据文字单位与语言单位的关系而做的分类。要讨论这一角度的分类，首先要谈谈文字系统中单位的层级问题。

一、从文字的次小单位看文字的共性和分类

文字是形体符号的系统，它有大小不同的单位——大小不同的形体单元。

任何文字系统都有一级单位对应于语言中的音义结合体。它在文字文本中的排列次序对应于语言符号的出现次序，由此文字才可以有效地通过语言的符号义表达信息。从这一级单位观察文字与语言的关系，可看出所有文字的共性。

比如汉文中的"方块字"和英文中的"（文字）词"。汉文中的"字"以一个方块的形体出现，几乎都对应于汉语中的音义结合体——语素，汉文文本中一个一个方块字的出现次序对应着汉语中语素的出现次序，通过形体单元及其空间次序表达语素组合的意义。英文中的一个"词"，以前后有空格的一串字母的形体出现，对应于英语的音义结合体——词，文本中一个一个前后有空格的字母串的出现次序对应于英语词的出现次序，由此来表达英语词与词组合的意义。

对应语言单位的一定不是文字的最小单位。一个语言的语素数以千计，词则数以万计，如果一种文字的最小单位（形体上不可再拆分的小单元）也数以千计或数以万计，辨认和记忆的负担就太大了。从符号的本质看，其形式一面的单位应该比所要表达的内容一面的单位的数量更少，就好比语音的最小单位音位一定比语法的最小单位语素的数量少。文字也一样，作为表达语言的形式方面，它的最小单位一定比语言音义结合体的数量要少，最小的文字单位要组合起来才与语言中的音义结合体对应。

文字的这一级次小的单位都是既表音又表意的，但是它们对应的是哪一级音义结合体、哪一级语音单位却有所不同，可以据此对文字进行分类。比如，汉文的一个方块字在语法层面上大多对应语素，在音系层面上大多对应音节，所以可叫作"语素-音节文字"；英文的文字词（前后有空格的字母串）大多在语法层面上对应语法词（最小的自由造句单位），在音系层面

上对应音系词(符合词重音模式的一段语音),可以叫"语法词-音系词文字",简称"表词文字"。

二、从文字的最小单位看文字的不同类型

与语言中的音义结合体相对应的那一级文字单位(字或文字词),一定还可以拆分为更小的形体单元。比如,英文的词可拆分为"字母",汉文的方块字可拆分为"字元"(传统称为"偏旁""部首"),下面我们把所有文字的最小单元统称为"字符"[①]。

字符也跟语言中的某些项目对应,但对应的不再是音义结合体了。仍以英文和汉文为例:

	字词	字符	字符~对应的语义项	字符~对应的语音项
英文	sun	s+u+n	—	s~/s/, u~/ʌ/, n~/n/
汉文	晴	日+青	日~"太阳"	青~qīng[②]

从字符的层级上看它们所对应的语言项,不同的文字的差异十分明显。英文的字符只与英语的音有关系,而与英语语词的意义无关。如 sun 可拆为 s, u, n 三个字符,字符 s, u, n 都没有意义可言,但分别表示/s//ʌ//n/三个音位,这三个字符要排列在一起再加上前后的空格才能表示"太阳"的意义。而汉文的字符则有的与语素的意义有关,有的与语素的音有关。如"晴"的左一字符"日",其意义与"晴"的意义有关(天晴一定有太阳),其读音 rì 与"晴"的读音 qíng 完全无关,所以称为"意符";右一字符"青"与"晴"在语音上有十分相近的关系,所以称为"声符"。声符在意义上与语素是否有联系呢?不少学者认为不少声符在意义上与语素也有联系,比如"晴"则天空呈"青"的颜色,详见下一节第二小节。

根据字符与所记录的语言的关系,可以把文字分为表音文字和意音文字。

表音文字,又叫"拼音文字"或"字母文字",它们的最小文字单位——字符只表示语言符号的音,而不表示语言符号的意。表音文字还可以根据所表示的语音单位的性质分为更小的类。比如:

[①] 可参考裘锡圭《文字学概要》(修订本)第一、二章,商务印书馆,2013年;万业馨《应用汉字学概要》第一、二、三章,安徽大学出版社,2005年。

[②] 其实应该是造字时期"青"的语音形式。为了不牵涉复杂且尚未有定论的古音,这里姑且用现代音的拼音形式代替。

音位文字:有的字符表元音,有的字符表辅音,字符可以记录语言中所有的音位。如拉丁字母。英文就是使用拉丁字母作为字符的音位文字。

辅音文字:字符只表示语言中的辅音,元音没有专门的字符表示。如阿拉伯文。

音节文字:字符表示语言中的音节。如日本的假名。

意音文字则是有的字符提示语言符号的音,有的字符只提示语言符号的意义。提示音的字符叫作"声符",与音无关只与意义有关的字符叫作"意符"。汉文是典型的意音文字。

总之,表音文字与意音文字的分类,是以字符这一级单位与所记录语言的关系为依据来确定的。

从字符与语言的关系看,会不会有表意文字呢？答案是否定的。因为从字符层面上看,表意文字就意味着这种文字所有的字符都是不表音只表意的,而这是不可能的。首先,语言中有许多抽象概念词是无形可画、无法用象形的意符来表示的。如东巴经文中人类、鸟类的"类"。再比如,上古汉语中有个很常用的表揣度语气的虚词"其",甲骨文"今日其雨"就是问"今天会不会下雨"。这种语气虚词怎么能描形呢？其次,这些抽象概念也不可能都用与实物没有象形关系的抽象符号来表示,因为人的记忆能力是有限的,而语言中表示抽象概念的语素或词数量是很多的。因此,即使是尚不成熟的原始文字,只要已经能够较全面地记录语言,都需要利用借形取音的手段来表示抽象概念。

也就是说,任何一种成系统的文字,可以没有意符,但是不可能没有表音的声符。从字符的层次上看,不存在表意文字,这是由文字记录语言的基本性质决定的。

字符按一定的规则在二维平面中排列,组成上一级的符号,比如英文字母做单线性的排列由空格隔开组成英文词,汉字字符按左右或上下、内外的次序排列到一个方块空间中组成汉字。词或字这些二级单位再按从左到右或从上到下的线性次序排列来表示语言中音义结合体的出现次序。

有的文字有更复杂的结构,比如藏文,这里不做更详细的介绍。

第四节　文字的发展与传播

文字的创造有两种方式。一种是在某种语言的基础上自发产生并逐步完善的文字,叫作"自源文字"。另一种是部分或全部借用或参考其他民族文字的字形,再根据本民族语言的特点做或多或少的改动而形成的文字,叫作"他源文字"。

自源文字有向着什么方向发展完善的问题,他源文字则有创立时对所借用的文字进行了哪些改造和创新以及后来是否换用的问题。从这两个方面都可以看出,文字相对于所联系的语言,既有关系密切的适应性,又有相对的独立性。

一、早期自源文字:不完善的意音文字

世界上有悠久历史和丰富文献的自源文字有四种:中东两河流域的苏美尔文字、埃及地区的埃及古文字、中国中原地区的甲骨文和美洲的玛雅文字。这些早期的自源文字都是不完善的意音文字,字形的象形程度也都很高。

早期苏美尔文、古埃及文以及中国甲骨文中都有很多跟实物形体相像的图形,用来表示现实中某些常见的事物。由于与现实事物有相似性联系,所以这几种古文字有不少形体十分相似,形体与语言音义结合的方式也不出我国传统文字学所说"六书"中的象形、会意、指事、假借、形声这五种[①]。

这几种古文字都有大量的描摹外物形象的小图形,比如:

这些描摹外物形象的图形,可以单独用来表示语言中的音义结合体,这就是"六书"中的象形造字法。如上图中各种文字的"日""山""水"等。也可以把若干个象形的小图形放在一起,把这些小图形的意义合起来表示语言中的一个音义结合体,这就是"六书"中的会意造字法。比如苏美尔文字中把人头形 与水形 放在一起组成 ,表示语言中"喝"这个音义结

---

① "六书"中的转注,学界的认识很不一致,这里暂不讨论。

合体。汉字"休"是取"人""木"两形合起来的"人倚树"形来表达"休息"之义的"休"。会意字中各个小图形的身份不再是一个音义结合体而是只取其意不取其音的表意字符了,小图形组合后的整体才与语言的音相联系。此外还可以在单个象形图形的某个部分加上一些简单的标记,表示语言中另一个音义结合体,这相当于"六书"中的指事造字法。比如上图苏美尔文字中的人头形,如果在嘴的位置加一些线条组成◊,则表示语言中"说"这个音义结合体。指事造字还包括另一种情况,就是只用抽象的线条来表示现实中的关系或数字等抽象概念,如汉字"一""二""三""十""上""下"等。

象形字、会意字、指事字虽然可以从形体猜出它们所表示的意思,但作为文字它们已经与语素、词等单位的声音挂上了钩。字形与语词的声音挂钩,因而可以念出来,这是文字发展过程中最重要的一步。人们认识到字形和语音之间的联系之后,就可以借用象形表意的形体来表示语言中另一个与之同音的音义结合体,这相当于"六书"中的假借。早期的这几种自源文字中都有大量的假借字。比如古埃及砖块上记录着帝王姓名的圣书体铭文:

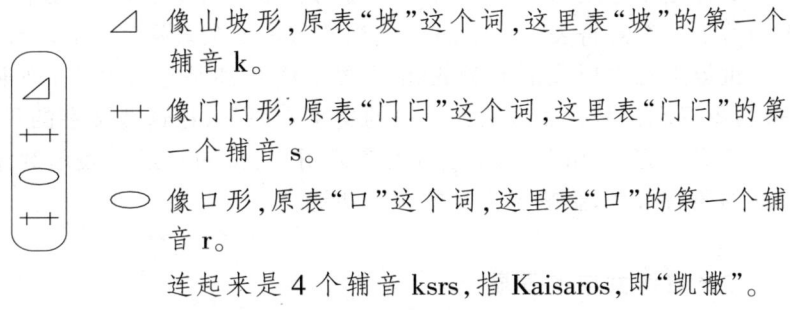

像山坡形,原表"坡"这个词,这里表"坡"的第一个辅音 k。

像门闩形,原表"门闩"这个词,这里表"门闩"的第一个辅音 s。

像口形,原表"口"这个词,这里表"口"的第一个辅音 r。

连起来是 4 个辅音 ksrs,指 Kaisaros,即"凯撒"。

可以看出,埃及古文字的假借是只借图形所联系的音义结合体的辅音,而汉文的假借则是借用图形所联系音义结合体的整体字音。如代词"其"借用像簸箕形状的"✕",语气词"唯"借用像鸟形的"隹"。是假借辅音还是假借字音整体,与不同语言中语言符号的音义关联点有很大的关系。汉语语言符号的音义关联在"一个音节对应一个语素义",而古埃及语属于闪-含语系的一支,其特点是词中的辅音表达实在的词根义,而元音表达较虚的形态义。①

---

① 为帮助理解这一类型语言的特点,可参考同属闪-含语系的阿拉伯语的例子。阿拉伯语中 katab-a 意为"他写了",kutib-a 意为"它被写了"。两词中的辅音 k-t-b 都表示"写",元音 a-a 表主动,u-i 表被动。

假借字的大量出现,说明人们已逐步意识到文字不一定要画出事物的形象,也可以直接表示语词的音。这是文字发展过程中的一个重大的进展。

假借方法的运用使一个字可以代表几个同音或音近的词,这是文字的一种早期的表音方法,会造成不同意义的同音语素或词无法区分。为了避免混淆,人们就在同音字的旁边加上表示意义类别的标志,即通常所说的"形旁"或"意符"。另一方面,语言中也有同义而不同音的语素或词,为了识别它们,也可以在象形表意的图形旁边加上另一个图形专门表音,即一般所说的"声旁"或"声符"。这样,把表意和表音两种方法结合起来,产生了形声字。像"情","忄"代表"心"的意思,是形旁或意符,"青"代表"情"的读音,是声旁或声符。上面所说的"其"原来指簸箕,后来借用为代词。代词"其"的使用场合远远超过簸箕的"其",喧宾夺主,"其"反而成了表示代词的"正字"。为了和原来的意思区别开,给"其"字加上意符(竹字头)表示簸箕。"箕"是后起的形声字。

其他几种古文字也用形声的方法来表示语言中的音义结合体,但不像汉字那样基本上是由一个声符一个意符构成。比如古埃及文常常是由数个声符加一个意符表示一个词①,这当然与古埃及语是多音节语有关系。

世界上独立形成的几种古老的文字体系都是意音文字,即兼用表意(包括象形和记号)、表音两种字符的文字。而且,在这些文字的早期,意音文字都尚不完善,由于假借法的大量运用,使得同一形体表示数个同音不同义的语言符号,影响了文字的达意功能。

二、自源文字的发展

古埃及文、古汉文、苏美尔文的早期都是不完善的意音文字,但它们后来的发展却不尽相同。

古埃及文逐渐发展出与辅音有严格对应关系的固定的表音字符:单辅音字符 24 个,后增加到 30 个;双辅音字符 75 个,其中常用的 50 个。而古埃及语中的一个词,就根据词中音节和辅音数目的多少,用一个或多个单、双辅音字符来表示,最后再加上一个意符,意符同时也起到为词分界的作用。随着辅音字符和意符的逐渐固定,埃及文也逐渐成为完善的意音文字:一段固定的形体单位只对应语言中的一个词,同音不同义或同义不同音的语词在文字形体上都有了区别。辅音字符在埃及文中之所以这

---

① B.A.伊斯特林《文字的产生和发展》(第 2 版),左少兴译,北京大学出版社,2002 年。

么重要,是因为古埃及语是一种以辅音表示词根义、元音表示形态范畴的多音节语。

汉字的发展与古埃及文有所不同。汉字的发展也是在表示语素义的象形字、会意字、指事字的基础上发展出只表示音的假借字,但由于汉语的基本语素都是一音节一义的,所以汉语的假借字一定也是单音节的。这之后大量运用了形声的手段:或者在单音节假借字的基础上增加形旁(意符),区分开同音不同义的单音词;或者在象形字、会意字、指事字的基础上增加声旁(声符),区分开同义不同音的单音词。而声符与单音词的音始终没有形成一符对一音的关系。比如,"戋"与"煎"用了不同的声符"戋"和"前",但表示的语音却完全相同。反过来,同一声符表示的音只是相近而不是完全相同,比如"戋"与"浅"的声母有别。这可能是由于汉语中同音的单音词还有词族孳生系列的不同,如"贱钱浅戋栈"属于语音相近并且意义有联系的同一词族,是由同一个词孳生而来的;而"前剪煎箭"不属于这个词族。不同的声符在表音的同时也区分开了单音词在词族上的联系,有学者称声符为"示源声符",就是为了强调声符具有区分不同词族的功能。①当然,假借也会造成语音相同,比如"箕"和"其",它们之间就完全没有意义上的联系了。

总之,汉字通过形声的手段,大致实现了一个方块的形体只对应当时汉语中的一个单音词。但声符表示的是音节而不是辅音,表示的是语音相近而不是语音相同,在表语音相近的同时有的还兼表词族的归属,这都与古埃及文不同。汉字独特的发展方向与汉语的词根都是单音节的、同音语素较多、古代常用改变音节的某一个成分来孳生意义相关的新词有密不可分的关系。

苏美尔文字使用的时间有一千多年,在前3500—前2300年的两河流域。这一千多年中苏美尔文字一直停留在不完善的意音文字阶段,既没有发展出一符对一音的固定声符,也没有像汉文那样出现大量新创的形声字,直至两河流域被其他民族侵占。据研究,苏美尔语属于黏着语,有不少单音节的词,与古埃及语、古汉语的语言类型都不相同,这可能是苏美尔文字的发展与另外两种文字不同的重要原因。

---

① 曾昭聪《形声字声符示源功能述论》,黄山书社,2002年。

三、他源文字的创新与文字的换用

他源文字指借用其他民族的文字记录本民族语言的文字。由于所记录的语言不同,引进的他源文字往往要根据自己语言的特点进行改造和创新。下面介绍两大系列他源文字的创新或换用:一是引进苏美尔文、古埃及文的他源文字系列,二是引进汉文的他源文字系列。

引进苏美尔文、古埃及文的他源文字系列,主要是向表音文字发展,可分为三个主要类型:声符多、意符少的意音表词文字,辅音文字,音位文字。①

1. 意音表词文字

苏美尔人生活的两河流域后来先后为阿卡德人(约前 2350—前 2000 年)、巴比伦人(前 19—前 18 世纪)、亚述人(前 14—前 6 世纪,中间有过衰落)所统治,他们都继承了与苏美尔后期文字相似的形体记录自己的语言。这一系统的文字后来又由两河流域向外传播,为不同的国家、不同的民族所使用,如埃兰人、赫梯人、波斯人、迦兰人等。

但这些民族的语言都跟苏美尔语的语言类型不同。其中阿卡德语、巴比伦语、亚述语跟古埃及语都是用辅音表示词根义的多音节语,同属于闪-含语系。也许是由于与古埃及语的特点相近,也许是由于同时受到了古埃及文的影响,这些人群所使用的文字也逐渐发生了变化,专门表音的声符逐渐增多而字符总数逐渐减少,声符与辅音逐渐形成固定的一一对应,成为与后期古埃及文类型相同的文字:声符对应辅音,同时在词末位置再加上一个意符。也即,这些文字跟古埃及文一样,从字符的层级上看属于意音文字,从较大的文字单位看则属于表词文字。这一类型的文字没有流传到现代。

2. 辅音文字

生活在地中海东岸的腓尼基人,处于两河流域文明与古埃及文明的交界处,在苏美尔、埃及两系文字的影响下,于公元前 1700 年左右创立了北闪米特字母。这一体系用 22 个字符表示语言中所有的单个辅音,弃用了表意字符和双辅音声符。这一看来不大的创新给文字的性质带来了根本的变化:大大减少了字符的数量,也更好地实现了字符与辅音的一一对应。腓尼基语属于北闪米特语,也是辅音表词根义的多音节语。有学者认为,

---

① 周有光《世界文字发展史》(第三版),上海教育出版社,2018 年。

这种语言类型有利于人们把辅音从音义结合体中剥离出来。① 但为什么古埃及文或巴比伦文就没有进一步发展为纯粹表音的辅音文字呢？据研究是由于这些文字的使用主要在皇室、宗教、法律等正式场合，文字具有特别的神圣性，不宜随便改动；而掌握文字的人位居高位，也不愿意让文字变得容易掌握。而腓尼基人是经商的民族，其文字主要在种种商业活动中使用，自然是越简单易学越好。

现代的阿拉伯文、波斯文等属于辅音文字，但在一些辅音字母上增加了一些附加符号来表示元音。

3. 音位文字

在公元前 1100 年左右，希腊人从腓尼基借来北闪米特字母记录自己的语言。希腊语与腓尼基语不是同一类型的语言，希腊语也是多音节语，但词根义是由辅音和元音的序列来表示的。为适应标写自己的语言，希腊人把北闪米特字母中几个自己用不着的辅音字母改为表示元音，并通过字形分化的方法增加了几个字母，最后定型为 26 个字母。虽然只增加了几个字母，但文字的类型就此有了很大的变化，由辅音文字变为音位文字：字母逐一标写语流中元辅音音位的出现次序，由此与语言中的词相对应。

希腊字母沿用至今。英、法、德、西班牙等现代语言使用的拉丁字母体系，是对希腊字母进行了一些形体的改造而形成的。

另一系列的他源文字是引进汉字并同时引进大量汉语借词的日本、朝鲜、越南等地的文字。这些国家引进的汉字既用来书写汉语借词，也用来书写他们自己语言的语词，尽管两套语词的语音完全不同。多年之后，这些民族又都创制了另外一套字符或文字系统，其中日本创制的假名和朝鲜创制的谚文是表音字符体系，越南创制的喃字则是与汉字造字法相同、方块形的意音文字体系。这些新创制的字符或文字体系与汉字曾长期共用。

日语、朝鲜语属于多音节黏着语，在实义词干之后有丰富的接尾成分，而且词干与接尾成分结合时要发生音变。用汉字记录实词词干，用表音字符记录接尾成分及其与词干结合时的音变，的确比仅用汉字更适合于这些语言的特点。越南语则跟汉语一样属于单音节孤立语，少有词形变化，所以新创的文字也是一音节一义一方块形体的意音型文字。

到了现代，朝鲜完全弃用汉字而换用表音谚文，越南在法国统治后换

---

① B.A. 伊斯特林《文字的产生和发展》（第 2 版），左少兴译，北京大学出版社，2002 年，第 238—239 页。

用了表音的拉丁字母标写自己的语言,日本则仍然是兼用汉字和表音的假名。

四、文字适应语言和文字的相对独立性

文字是记录语言的,所以每一种文字,无论是自源的还是他源的,都有适应自己所记录语言的内在发展动力。

古埃及文、阿卡德文、巴比伦文、亚述文的表音字符向表示固定的辅音序列的方向发展,腓尼基文在借用文字的基础上创制出完善的辅音文字,阿拉伯文至今使用辅音文字。凡此种种,与这些语言是辅音表词根义、元音表形态范畴的多音节语有密切关系。

希腊在借用辅音文字的基础上创制出音位文字,这种文字在欧洲广为传播,无疑与音位文字适合于表达这些欧洲语言以元辅音的排列表示词根义并有丰富的形态变化的特点有关。

汉字之所以长期停留在方块字的阶段,与汉语的特点有密切的关系。在古代很长的一段时期内,汉语的语词以单音节占优势,缺乏严格意义上的形态变化,缺乏词缀等附加语素。这些特点有利于保持一音节一词根一形的书写体系。如果汉语也像俄语那样是有词形变化的语言,那么古人就可能会选择另一种文字体系,以便把词尾变化表示出来。这从日语和汉字的关系中也可以得到印证。日语是黏着语,有词形变化,也多词缀等附加语素,因此日本人民除借用汉字外还创造出假名来补充书写日语的附加语素和词尾变化。

语言要求文字正确地记录它。语言的特点制约着文字的特点。但是文字和语言毕竟不是一回事,用什么形体去记录语言,其间没有必然的联系。不同的语言可以采用相同的文字形式(如英、法、德、西班牙等语言都采用拉丁字母),而同一语言也可以采用不同的文字形式,像南斯拉夫的塞尔维亚文有拉丁字母和斯拉夫字母两种拼写法,朝、越等国家原来采用汉字,后来换用了表音文字。这说明了文字相对于语言也有一定的独立性。

总之,不管是文字的产生、自源文字的发展还是他源文字的创新或换用,都说明了文字是对有声语言再编码的视觉符号系统,说明了文字既有适应语言特点的一面,也有相对独立的一面。

五、汉字与汉语拼音

汉字是意音文字,它的字符较多,字符与语言单位的对应不是一对一

式的,和拼音文字相比,要难写、难记一些。汉字之所以长期停留在意音文字阶段,除了前面说过的语言特点的制约以外,还有别的原因。汉族的居住地区地域辽阔,方言分歧,有的不能通话;汉族有悠久的文化传统,有大量用汉字记载的文献典籍。超地域、超时代的汉字既可以贯通古今,也可以联系各地区的人们的思想交流,对于维护国家统一、民族团结,便利各地区人民的往来起着重要作用。在语言没有统一的情况下,如果汉字也像其他文字那样实行拼音化,就会严重妨碍各地区人民的交往,而且也会和过去的文化遗产割断联系。这些因素都是汉字长期停留在意音文字阶段的重要原因。

汉民族用汉字创造了光辉灿烂的文化,但是随着社会的发展,这种文字也逐渐暴露出不适应社会需要的方面。它在学习、书写、文字信息的储存和检索等方面都不如拼音文字方便。我国从19世纪末开始,就不断有人发出文字改革的呼声,要求实现拼音化。文字改革的先驱卢戆章在1892年就指出,汉字实行拼音化之后,"凡字无师能自读。基于字话一律,则读于口,遂即达于心;又基于字画简易,则易于习认,亦即易于捉笔,省费十余载之光阴,将此光阴专攻于算学、格致、化学以及种种之实学,何患国不富强也哉"[①]。"五四运动"前后还出现过注音字母、国语罗马字作为汉字的标音工具,推行过拉丁化新文字。新中国成立后,第一届全国人民代表大会第五次会议于1958年正式通过公布《汉语拼音方案》。拼音方案的设计经过专家的长期研究和反复讨论,既能准确地反映普通话的音位系统,又跟国际上通用的拉丁字母一致,比以前的所有方案都前进了一大步。现在,它已经在汉字注音、识字教育、型号标写、资料检索、通信技术和信息处理等方面得到应用,我国的人名、地名在国际上也以拼音方案的写法作为标准。这证明它是一套合理、简便的标音工具,在辅助汉字的学习和汉语信息的储存检索方面起到了重要的作用。但需要注意的是,《汉语拼音方案》不是代替汉字的拼音文字,而只是帮助学习汉语、汉字和推广普通话的注音工具,只是辅助汉语信息储存和检索的工具,必须把它和汉字体系的改革区别开来。

汉字体系能不能改革,实现拼音化?至少目前我们还看不到需要对汉字体系进行根本的拼音化改革的需要。

首先,前面说过,文字是语言的视觉符号系统,它必须适应语言的结构

---

① 卢戆章(1892)《一目了然初阶·自序》,文字改革出版社,1956年。

特点。汉语的语素基本上是单音节的,汉字的语素-音节文字体系基本上符合汉语的结构特点,因而几千年来一直沿用下来而没有进行性质上的改革。汉语的音节结构比较简单,数量有限,而语素的数量要比音节多好多倍,因而语言中的同音语素特别多。例如 dān 这个音节所表达的语素就有 13 个之多[据《现代汉语词典》(第 7 版)],一旦实现拼音化,这些原来用字形来区别的不同语素就无法识别,势必会给语言文字的使用带来麻烦和混乱。有些单音语素虽已不单独使用,而与其他语素结合起来构成一个多音节的复合词,这自然可以减少一些同音语素所带来的麻烦,但又提出了一些新的问题:哪些是词,应该连写,哪些是词组,应该分开书写,汉语母语者也难有共识。

其次,从文字本身的特点来看,汉字和拼音文字也各有短长。拼音文字虽然有易学、易用的优点,但也有缺点,它只能跟一时一地的语音挂钩,难以沟通方言,更无法贯穿古今。所以从文字的稳固性看,汉字反而比拼音文字优越,它跨时间,贯穿古今;跨地域,沟通方言区之间的联系。现在,汉语的方言分歧还很大,普通话尚待进一步推广,在这种情况下如推行以普通话语音为基础的拼音文字,势必让方言区人民的学习发生困难,妨碍相互之间的交际。这不利于国家的统一、民族的团结和人民的往来。

再次,我国是一个有悠久历史的国家,优秀的历史文化传统都是通过汉字记载下来的。如果废弃汉字,实现拼音化,我们的历史文化传统就很难广泛地传承。这个至关重要的问题如不能得到妥善的解决,即使其他的条件(如语言统一)已经具备,汉字也无法进行拼音化的改革。

所以,全面比较汉字和拼音文字的效能,权衡得失,我们现在还看不到拼音文字有替代汉字而成为汉民族的正式文字的必要性和可能性。

第五节　书面语

一、口语和书面语

书面语不是文字问题,而是语言问题。我们只是为了叙述的方便,放在这里一并讨论。

文字出现以前,语言只有凭口、耳进行交际的口头形式,即所谓口语。有了文字以后,使用文字形式的文本语句与用口说出的一发即逝的"话"在创作和接收上都有诸多不同的特点,因而就有了适合于用文字写出来供"看"的书面语和适合于随时说出来供"听"的口语这两种语体的分化。

我国通常用"话"表示语言的口头形式（中国话、英国话、法国话），用"文"表示语言的书面形式（中文、日文、英文）。这里所谓的"话"和我们在第一章中所说的一句一句的"话"不是一个东西，这里所谓的"文"（书面语）和作为书写符号的文字也是两回事。我们需要把两者很好地区别开来，不能混同。

　　文字是书面语的书写工具，是体现书面语的一种物质形式，正像语音是体现口语的物质形式一样。所以文字和书面语虽有不可分割的联系，但文字本身不是书面语。没有文字，也就没有书面语。我们说汉语是世界上最古老的语言之一，就是指汉语有历史悠久的书面记载。

　　书面语在口语的基础上产生，是口语的加工形式，两者的基本系统是一致的。但由于表达媒介的不同，两者也有很明显的区别。

　　口语是听的。听和说连在一起，要求快，因而说话是随想随说，甚至是不假思索，脱口而出。说话的时候，除了连词成句以外，还可以利用整句话的高低快慢的变化、各种特殊的语调、身势等伴随的动作以及说话时的场景。口头交际讲求效率，有这么多的条件可以利用，所以口语的用词范围可以比较窄，句子比较短，结构比较简单，还可以有重复、脱节、颠倒、补说，也有起填空作用的"呃""这个""那个"之类的废话。这些现象我们往往意识不到或认识不足，因为我们在"听"的时候会自动地把它们过滤掉、修正过来。下面是我们根据北京话调查实际录音逐个音节转写成文字的一小段话，它充分表现出了口语语体语法上的特点：

　　　　原来我们（[uom^{214}]）是，原来我是饮，我是这（[tṣei^{51}]）就是这（[tṣei^{51}]）个，这（[tṣei^{51}]）个，也是饮食业的。所以我们（[uom^{214}]）这合儿（[xə^{51}]），最早我卖这（[tṣei^{51}]）个，天桥这（[tṣei^{51}]）个这（[tṣei^{51}]）个风味儿东西，爆肚儿。那（[nei^{51}]）是那（[nei^{51}]）是我的，那（[nei^{51}]）是我一小，那（[nei^{51}]）是专业。

　　书面语是看的。看和写连在一起，可以从容推敲，仔细琢磨。但是口语中的快慢高低变化、特殊语调、身势和说话场景都不起作用了，只有标点符号还起一点作用，但也有限。书面语只能用别的手段来弥补不足：扩大用词的范围，使用比较复杂的句子结构，尽量排除废话，讲究篇章结构、连贯照应等。口语和书面语的这些差别是由表达媒介的不同决定的，它们是同一种语言的不同的风格变异。

　　汉字的特点给口语和书面语的关系还带来一些不同于其他语言的特

点。首先,在以拼音文字为书写工具的语言中,拼写要反映现代的读音,古今的分野比较分明,书面语不容易直接引用古代的说法。所以书面语和口语的一致性比较强,谁如果套用几世纪以前的说法,就会闹笑话。汉语的情况有些不同。词语的读音虽然古今有别,但文字的写法却是一样的,这在客观上便于沟通古今。加之人们崇尚古代的典籍,古代的句式和词语用法通过师生传授,代代相传,一直沿用下来。新的作者会毫不犹豫地把公元前的词语和其后若干世纪产生的词语一起引用,口语中早就不用的旧词语仍旧可以在书面语中通行无阻。例如,"勿谓言之不预也""以其人之道还治其人之身""居心叵测""知其然而不知其所以然"等。类似的现象在使用拼音文字的语言中是少见的。

其次,在以拼音文字为书写工具的语言中,文字反映的是共同语的发音,书面语可以通过教育、阅读等途径对口语产生很大的影响,使书面语中的词语穿着共同语的语音外衣进入方言区,起着推广共同语的作用。汉语的情况有些不同。由于汉字不与统一的读音相联系,汉语书面语就不容易把共同语的语音形式推广到方言区。推广普通话运动之前,汉语书面语的词语不是通过"读"的方式,而是直接通过"看"的方式进入不同的方言区,与当地的方音挂钩,它的读音在不同的地区可以各不相同。碰到不认识的字,方言区的人只要知道它读如某字,就用自己方言里那个字的音去读它。

书面语体是口语体的加工形式。它虽然产生于笔头,也可以见于口头。新闻广播就是书面语的口头形式。人们用"掉书袋""文绉绉""学生腔""字儿话"等来形容用书面语说话的人。相反,通俗读物要求口语化,在剧本和小说的对话里,作家总是要努力写出口语来刻画人物性格;法庭上的供词、证言也要尽可能记录原话。这些又是书面使用口语的例子。

书面语是在口语的基础上产生的,按理人们应该更重视口语,至少也应该对它们一视同仁。但是实际情况正好相反,社会上、教育界长期存在"重文轻语"的倾向。为了读书写文章,人们不惜十年寒窗苦,而说话是孩提时期不知不觉地学会的,很少有人去研究。出现这种倾向有社会的原因,也有历史的原因。自有文字以来,政府法令、契约文书、经典文献、圣人立言等都是用文字来记载的。一切"高级"的、重要的交际任务都由书面语来完成,口语只用来料理衣、食、住、行等日常的交际。在这样的社会条件下产生"重文轻语"的倾向是不奇怪的。现在时代变了,以前非得由书面语来完成的交际任务也都能用口语来代替,录音、录像、通信、广播、电视等设备已经普及,口头信息能够伴随说话语境在顷刻之间传递到千里以外的地方去,同时为千万人听到;也能录成音档,和书籍一样大量复制,长期保存。随着生产和科技的飞速发展,口语将更多地进入过去由书面语独占的交际领域,扩大使用的范围。我们的语文教育和语言研究应该根据时代的发展做出调整,及时把握口语的新功能以及在新的使用范围中的特点,并在中小学教育中得到体现。

二、书面语的保守性和书面语的改革

书面语在口语的基础上形成,因而和口语基本一致。但是,口语容易变,书面语比较保守,因而在一定的历史条件下书面语会落后于口语的发展,产生言文脱节的局面。

书面语的保守性是怎么来的呢？人们只能听到同时代的人说话,听不到早一时期的人说话,这种情况促进口语的演变。可是人们不仅能看到同时代的书面语,也能看到早一时期的书面语,能够模仿早一时期的书面语写文章,因而口语中已经消失的词语和句式,往往在书面语里继续保留。宗教经典、法律条文,它们的权威性使人们不敢轻易改动其中的字句,优秀的文学作品和历史、哲学名著也起着类似的作用。因此在书面语的保守力量特别强的条件下,往往会形成书面语和口语的脱节。中国、印度、阿拉伯国家、古代罗马都曾出现过这种情况。但是,这种情况只有在文字的使用限于少数人,也就是多数人是文盲的条件下才能维持。一旦文化得到普及,这种情况就必定要被打破,与口语相适应的新书面语一定会取代古老的书面语。

文言文是我国古代的书面语。在先秦时期,它与当时的口语基本一致,《论语》《孟子》中记录的对话,大体上就是当时的口语。后来口语发生变化,而书面语还停留在原来的状态,造成书面语与口语严重脱节。这除了一般的原因以外,还有它的特殊原因。第一,"孔孟之道"是我国几千年封建社会的统治思想,记载儒家经典的语言自然也成了不得更改的万世楷模,是读书人必须模仿的榜样。第二,上面提到的汉字对书面语的特殊影响。这两种情况都加强了书面语的保守性,使它与口语的距离越来越远,直至完全脱节。据有关的文字记载,两汉时期,书面语和口语已有相当的距离,到了宋朝,书面语已与口语完全脱节。宋吕本中《轩渠录》有这样一段有趣的记载:①

---

① [宋]吕本中撰、韩酉山辑校《轩渠录》,《吕本中全集》(三),中华书局,2019年,第1206页。

族婶陈氏顷寓严州,诸子宦游未归。偶侄大琮过严州,陈婶令代作书寄其子。因口授云:"孩儿要劣孏子,又阒阒(音吸)霍霍地,且买一柄小剪子来,要剪脚上骨出(上声)儿,肐(音胖)胝(音支)儿也。"大琮迟疑不能下笔。婶笑云:"元来这厮儿也不识字。"闻者哂之。因说昔时京师有营妇,其夫出戍,尝以数十钱托一教学秀才写书寄夫。云:"窟赖儿娘传语窟赖儿爷,窟赖儿自爷去后直是忔(音胖)憎儿,每日恨(入声)特特地笑,勃腾腾地跳。天色汪(去声)囊,不要吃溫吞(入声)蠮讬底物事。"秀才沉思久之,却以钱还,云:"你且别处倩人写去。"与此正相似也。窟赖儿乃子之小名。

可见受过书面语训练的秀才无法对付当时的一些口语。拉丁文在中世纪的欧洲也是许多国家共同使用的书面语,它脱离口语的情况与汉语的文言文类似。

书面语完全脱离口语是违背语言发展规律的反常现象。随着社会的发展,人们会根据社会的需要,采取必要的措施,改革书面语,使它与口语一致。欧洲的文艺复兴,我国的"五四运动",在语文方面来说,都是一次改革书面语的运动。19 世纪末言文一致的呼声已经相当强烈,认为"愚天下之具,莫文言若;智天下之具,莫白话若","白话为维新之本",[①]要求用白话文代替文言。"五四运动"则为实现这种要求开辟了道路。"五四运动"高举"科学"与"民主"的大旗,提出了"打倒孔家店""反对旧道德提倡新道德,反对旧文学提倡新文学"的文化革命口号。这个波澜壮阔的运动坚决要求废除文言,用以人民大众的口语为基础的新的书面语作为表现新文化的工具。经过一段时间酝酿的言文一致的要求,到这时爆发成为群众性的白话文运动。从此,白话代替文言,成了汉民族的书面语。这与欧洲的文艺复兴有类似之处。文艺复兴时期,欧洲新兴的资产阶级国家在政治、经济或文化中心地区的方言基础上相继形成了民族共同语,出现了民族共同语的加工形式——新的书面语,以代替各国共同使用的拉丁文。脱离口语的书面语,是现代人硬要说古代人的话,人们当然可以采取革命的手段加以变革。

除了书面语和口语脱节的现象以外,历史上还出现过向别的民族借用书面语的情况。欧洲的好多民族在文艺复兴以前曾采用拉丁文作为书面

---

① 裘廷梁《论白话为维新之本》,《中国官音白话报》第 19、20 期,1898 年 8 月。

语,朝鲜、日本、越南也曾经使用中文作为他们的书面语。在这种情况下,书面语的学习和使用当然很不方便。这些民族后来都在本民族语言的基础上形成了自己的书面语,替代借用的书面语。

三、书面语的规范

语言是不断发展的,经常产生一些新的成分和新的用法。其中有些符合语言的发展规律,有些不符合语言的发展规律。语言规范的任务,就是要根据语言的发展规律为语言的运用确定语音、词汇、语法各方面的标准,把那些符合语言发展规律的新成分、新用法固定下来,加以推广,使之广泛地为人们的交际服务;而对于那些不符合语言发展规律的成分和用法,应该根据规范的要求,妥善地加以处理。

语言规范化的对象主要是书面语,因为书面语是口语的加工形式,它"通过印刷物在文化的发展上起着极其广大的作用,它领导整个语言,包括日常口语,向更完善的方向发展"[①]。

语言的规范化涉及语言的方方面面。在语音方面,如以下汉字的读音在实际语言生活中有分歧,而根据语音规范,普通话的"亚"应该读四声,不读三声;"质"读四声,不读三声或二声;"束"读 shù,不读 sù。在词汇方面,例如"像"与"象"容易混淆,根据规范,"像"指以模仿、比照等方法制成的人或物的形象,也包括光线经反射、折射而形成的与原物相同或相似的图景,如"画像""录像""人像""塑像""肖像""摄像"等;"象"指自然界、人或物的形态、样子,如"表象""形象""气象""景象""意象""印象""假象"等。在文字方面,比如"仿佛""彷彿""髣髴"等写法中,"仿佛"是规范的写法。在语法方面,如英语中 I don't have any 类句子是规范的用法,而 I don't have none 这种双重否定表否定的句子是不规范的。

语言的规范化要尊重语言的演变规律,不能把符合语言演变规律的新的语言现象误认为不合规范。当代汉语中出现的"动宾带宾"现象就是一个例子。"动宾带宾"指的是原本不及物的动宾结构带上宾语的现象。比如:

进军世界杯　　　亮相北京　　　造福人类
中意这座豪宅　　过境美国　　　牵手北大

[①] 罗常培、吕叔湘《现代汉语规范问题》,《现代汉语规范问题学术会议文件汇编》,科学出版社,1956年,第12页。

原来的标准说法是把动宾结构的关涉对象用介词引入:

向世界杯进军　　在北京亮相　　为人类造福
对这座豪宅中意　　从美国过境　　与北大牵手

有学者认为这种"动宾带宾"现象比较可疑,①但是如果从历时角度来看,"动宾带宾"现象是符合语言演变规律的。在汉语历史上,动宾结构从不带宾语演变到能带宾语的例子是很多的,比如"怀疑""关心"等,原来都不能带宾语,但现在都成了及物动词。②今天我们看到的"动宾带宾"现象由于出现时间不久,看起来比较新鲜,但实际上类似的现象在历史上发生过很多次了。因此,"动宾带宾"现象不属于不合规范的语法现象。

语言的规范化要尊重约定俗成的原则。比如,"邮政编码"的简缩形式最初有"邮编"和"邮码"两种形式,有些专家认为"邮码"这个形式比较好,因为"邮政编码"也是一种"码",以"码"为中心来构词,理据性比较强。然而,在实际的使用中,"邮编"的使用越来越多,而"邮码"却基本上没有人使用了,看似"无理"③的"邮编"打败了看似"有理"的"邮码"。④ 在这种情况下,就必须尊重约定俗成的原则,把"邮编"确定为规范形式并收入词典。再比如,"莫名其妙"是一个成语,意思是"没有人能说出其中的奥妙,表示事情很奇怪",其中的"名"是动词性的,是"说出"的意思,采用的是文言文中的用法。但在语言实践中,有人由于不知道"名"的这种用法,就把"莫名其妙"写成了"莫明其妙"。虽然"莫明其妙"最初是一种带有别字的不规范写法,但由于使用者越来越多,而且意思上也可以说通(义为"没有人明白其中的奥妙"),于是《现代汉语词典》(第7版)尊重约定俗成的原则,把这两个形式都收入了,对"莫明其妙"的释义是"同'莫名其妙'"。

语言是演变的,规范的标准也应该随着语言的演变不断地进行调整。例如"分(fèn)子"原来是贬义的,只用于要否定的人,如"盗窃分子""捣乱分子"等,现在已变成中性的,可说"积极分子"等;被动句原来大都指主语所

---

① 邢公畹《一种似乎要流行开来的可疑句式——动宾式动词+宾语》,《语文建设》1997年第4期。

② 董秀芳《词汇化:汉语双音词的衍生和发展》(修订本),商务印书馆,2011年。

③ 其实也不是完全"无理",只是语义上不太显豁而已,"邮编"是采用了"首音节缩略"的缩略模式,即在缩略时只保留双音节词的第一个音节,就像"北京大学"缩略为"北大"一样。

④ 罗福腾《无理的"邮编"打败了有理的"邮码"——"邮编"取代"邮码"的启示》,《语文建设》1996年第11期。

表示的人或事物的不好的遭遇,现在已没有这种限制,如"他被选为工会主席"已是完全合乎规范的说法。语言在演变中用法不断变化,新现象不断产生,因而规范化的工作不可能一劳永逸,需要经常进行。世界各国都关心语言规范化的工作,把成果固定在词典和语法里,通过学校教育和出版物来推广引导。像法国,这样的工作已由专门的机构连续进行了几个世纪。

近年来,随着互联网、移动通信设备、即时通信软件以及社交媒体平台等的发展,一些用阿拉伯数字、英文或汉语拼音的缩略、字母与汉字的组合、同音不同义汉字的谐音等方式造出的新型词语不断涌现,比如,"1314"表示一生一世(谐音),"ddl"表示截止日期("deadline"的缩略),"emo"表示失落、伤感、不如意等负面情绪("emotional"的缩略),"pyq"表示朋友圈(汉语拼音的缩写),"i 人"表示性格内敛的人("i"是"introversion"的首字母),"C 位"表示中间位置或最受关注的位置("C"是"center"的首字母),"杯具"表示悲剧(谐音),等等。这些形式是否应该加以规范或应该如何加以引导,为汉语的规范化提出了新的课题。

第六章 语言演变与语言分化

语言演变指的是语言随着时间的推移而发生变化。这里我们要区别"演变"与"发展"这两个概念。"演变"是仅就事实而言,不带评价的意味;"发展"不仅表示了变化,而且一般还带有较为积极的评价,即认为变化是正向的,是越变越好的。在谈到语言随着时间的推移而发生变化时,一般使用"语言演变"(language change)这一说法;而在谈到儿童习得语言时,则使用"语言发展"(language development)这一说法。语言的演变只是变化,无所谓变好还是变坏。语言随社会的变化而变化不能理解为语言对应于不同的社会阶段和状态而由低级向高级、由简单到复杂发展。社会的发展主要影响语言的词汇概念层面,并不影响语言的语音和语法。任何时代的语言都可以满足人们表达的需要,因此在功能上都是等值的,并不存在语言有缺陷的某个时期,因此不能说语言存在由低级到高级的发展。但是就个体的语言习得过程来看,语言能力有一个从无到有、从不完善到完善的过程,儿童的语言习得过程也是儿童认知发展的正向过程,因此在谈论儿童的语言习得时可以用"发展"一词。

本章以及接下来的第七章和第八章都涉及语言的演变。本章主要从宏观方面介绍语言演变,并介绍社会分化的不同状况引发的语言变化。第七章集中介绍社会接触的不同类型引发的语言变化。本章和第七章讨论的是语言演变的外部因素,而第八章讨论的则是语言演变的内部因素,主要论述语音、语法、词汇等不同的子系统的演变特点与演变规律。

第一节 语言演变的原因和特点

一、社会、人际交流是语言演变的基本条件

万物皆流,万物皆变,世界上没有固定不变的事物。语言也是这样,它无时无刻不在变化,时间久了,细微的变化日积月累,就反映出语言在不同时代的明显差异。我们阅读古书,即使每一个汉字都认识,也会有很多地方看不懂,有的地方似懂非懂,有的地方理解错了也不知道。要是古书不

是用方块汉字而是用古代的拼音文字写成的,那么不懂古音的人就一点也看不懂。这些困难主要是语言的演变造成的。

语言是存在于由人构成的社会之中的。同一个社会在历史的进程中有可能会分化为不同的社团或社会,不同的社团或社会在历史的进程中又有可能彼此接触以至统一。社会的分化、接触、统一会相应地引起语言的分化、接触和统一。

语言存在于人的运用之中。不再被人们运用的语言是死的语言,如果没有文字保存它的遗迹,它早就消失得无影无踪了。死的语言就谈不上变化了,但只要是还在使用中的活语言,就总是在缓慢地变化。

人们在用语言交际的时候,就会对语言进行一些塑造。比如,为了引起听话人更多的注意,人们常常换用一些"新鲜"说法,由此就会引发词汇或语法的变化;人们在说话时,还会追求发音的省力,这是引发语音变化的重要动因。比如,总是挨在一起出现的音会同化,使用频率特别高的虚词在语音上会弱化,等等。这些都是人与人的语言交流中产生的语言变化,与语言作为交际工具的属性密切相关。

二、语言中各种因素的相互影响和语言的演变

语言的演变与社会的变化、人们的交际息息相关,但是语言发生怎样的变化,还是由语言系统内部的各种因素的相互关系决定的,难以从社会或人际交流的因素中寻找直接的答案。

语言是符号系统,它内部的各种因素处于对立统一的关系之中,相互间呈现一种平衡的状态。如果其中某一种因素因为要满足新的表达要求,或受到其他语言的影响,或由于孩子学话的偏离,或者其他什么原因而发生变化,破坏了原有的平衡,那么系统内的有关部分就会重新调整相互间的关系,以达到新的平衡。

例如,语言符号是音和义的结合,符号和符号之间必须保持有效的区别。如果语言符号的区别性受到干扰、破坏,就会引起语言系统的变化。比如,远古汉语是单音词占优势的语言,那时候的语音系统比较复杂,声母和韵母中音位和音位的组合方式比较多样,因而单音节的词互有区别。之后先后发生了复辅音声母消失、辅音韵尾合流等变化,音节结构趋向简化,声调应运而生。两汉之后,音节结构进一步简化,使得语言符号的区别性较前减少,而新概念、新事物又随着社会的发展不断产生,需要有新的方式来解决这一矛盾。采用的新方式是增加词的长度,用复合构词法构成的双音节词代替古代的单音节词。现代汉语已经不再是单音节词占优势的语言了,原来的单音节词如"朋""友""道""理"等变成了构词语素,而由它们组合而成的双音节词在现代汉语中占据了主导地位。

　　语言的变化是一环扣一环的,随着双音节词的产生,一个词内部的两个成分之间的关系又出现一些新的变化:双音词内部的两个位置上因语素出现频率的不同而在语音、语义、语法上产生轻重主次的区别,固定位置上出现频率特别高的语素,语音上弱化为轻音(如"～子"),甚至失去音节身份而与另一个语素发生合音(如"～儿"),语义上发生泛化,语法上搭配能力大大增强,最终使得某些定位的高频语素词缀化(如"第～、老～、～子、～儿、～头"等),从而使汉语中出现了新的派生构词规则,汉语的面貌相应地发生了很大的变化。

三、语言演变的特点

　　任何事物的历史变化都有自己的特点,这是由事物的性质决定的。语言是人类最重要的交际工具,这种性质决定了它的变化只能是渐变的,而且系统内部的各个组成部分的变化速度是不平衡的。渐变性和不平衡性是语言演变的两大特点。

　　语言是社会的每个成员无时无刻不在使用的交际工具,它存在于不间断的使用之中,人们需要语言简直就像需要空气和水一样。交际要求语言保持稳定的状态,不允许它一下子发生大的变化。语言不能像机器那样停止运转,进行大修。但是,另一方面,把任何一种现代的语言和它古代的状况加以比较,都可以看到明显的差异。语言的演变采取的是渐变的方式,这表现在下面的事实上。在新的语言形式 B 取代旧的语言形式 A 的过程中,一定存在一个 A、B 共存的时期,即表现为以下的过程:A→A/B→B。这个公式展现了语言变化的典型的三个阶段:在第一阶段,语言中只有 A 形式;在第二阶段,B 形式出现,但 A 形式并没有马上停止使用,而是在语言中与 B 形式共存,同台竞争;经过一段共存期之后,到了第三阶段,B 形式胜出,A 形式退出历史舞台,语言中只剩下 B 形式。

　　语言演变还具有明显的不平衡性的特点,这表现在很多方面。

　　语言系统内部的各个子系统的演变速度是不平衡的。语言系统的各个子系统与社会联系的紧密度有很大的不同。词汇对社会发展和交际需求的反应最灵敏,变化最快。"公众号、微信、慕课、流量、网购、微博"等新词反映了我们这个时代。相比之下,语音和语法就稳定得多。语音和语法层面并不直接反映社会的变迁。词汇的变化也不会立刻带来语音和语法的变化。几十个音位的排列组合完全能够满足语言表达的需要。即使词汇数量增多，也不会立刻影响到音位系统。词汇的增减也不会影响到句法规则的改变，新的词可以用于旧有的句法结构中；虽然有的词消失了，但是句法规则还存在于许多其他词语中，因此不会随之消失。所以，词汇和语音、语法的变化可以不同步。

在语言系统的各个子系统的内部，不同方面的变化速度也是不平衡的。比如，在词汇内部，新词主要体现在一般词汇层面，基本词汇的层面是比较稳定的。基本词汇部分反映交际中最常用的基本概念，很不容易起变化。而且，构造新词的材料除了外语借入成分之外，几乎都是语言中古已有之的成分，构成新词的格式也是语言中现成的格式。因此，在新词中也有稳定不变的部分，绝大部分新词都是原有材料按已有格式的重新组合，是大家似曾相识的东西。

在同一个子系统内部，同样的语言现象由于所处的条件不同，其演变也可以是不平衡的。比如，汉语中舌尖音和舌根音的腭化只在齐撮两呼前发生，不在开合两呼前发生。

同一语言现象的演变速度、演变方向，在不同的地区也可以不一样，存在着地区演变之间的不平衡。某一语言现象在有些地区不变，有的地区这样变，有的地区那样变，因而产生了地域方言或亲属语言的差别。比如，同样在/i//y/前的/k//ts/，在北京变成/tɕ/，在广州却保持/k//ts/不变，在苏州则是/k/变成/tɕ/，而/ts/不变(/ts/后的撮口变齐齿)。

一般说来，语言在地域上的差异、语言系统中所谓的不规则现象(北京话/k//ts/和/tɕ/与韵母搭配时的空格、某些惯用法等)，都是古代语言保留在今天语言系统中的历史层积，是语言演变不平衡性的见证。这些现象为探索语言的历史演变提供了一些重要的线索。

第二节　语言的分化

一、语言随着社会的分化而分化

如果社会中人与人的交际密度是相对均匀的，那么语言的新变化就会在社会中均匀地传播开去，所有人的语言就会发生相同的更新，结果就会是语言虽然发生了变化却不会分化。然而实际的情况却是，同一社会总有程度不同的分化，每个现代社会中人与人的交际密度总是不均匀的。于是语言的创新总是在交际密度高的人群中或区域内优先传播,这就造成了语言的分化。社会的分化程度有三种不同的状况,与之相应,语言的分化也主要有三种不同的情况,形成了社会方言、地域方言和亲属语言。

二、社会方言

社会中的人群由于性别、年龄、职业、阶级、阶层、文化程度和社会分工等的不同而分化为不同的社团。在每个社团的内部,人们相互之间的联系比较密切,交际频繁,而不同社团之间的交际则相对稀疏。交际密度的不同影响到语言创新的传播:社团内部的交际密度高,语言创新就能及时地在社团内部推开;社团之间的交际密度低,语言创新就不能及时地传播到另一个社团;从而各个社团就会形成自己的语言特点,因此这些社团又被称为"言语社团"。各个言语社团的语言是在全民语言的基础上产生的各有自己特点的语言分支或语言变体,这就是所谓"社会方言"。

比如,人们因年龄的不同就可以组成不同的言语社团,在语言的使用上各具特色。以上海话为例,现在的老年人和年轻人的语言就有一些差别。例如,老年人对"烟"和"衣"、"简"和"既"两类字的读音分得很清楚,而年轻人已经不分。

北京则有一种性别加年龄的言语社团差异:年轻的姑娘在发/tɕ/、/tɕʰ/、/ɕ/的时候往往舌位偏前,带有明显的舌尖作用,这种发音特点被称为"女国音",中老年女性以及各个年龄的男性却没有这种现象。不同的性别可以组成不同的言语社团,语言上各有特色。这在日语里比较明显,有些词是只有成年男性才说的,另外一些词则是只有妇女和孩子才说的,因此教材里往往提醒学习日语的人要特别注意这种区别。

不同的社会阶层也有自己特殊的社会方言,一般称之为"阶层方言",主要表现在各阶层所用的一些特殊用语以及对一些词语的特殊理解上。旧社会我国的封建统治者所用的阶级方言,在描绘当时社会面貌的文艺作品中可以找到很多生动的实例,特别是专门反映清末吏治的种种腐败现象的谴责小说《官场现形记》,可以说是集官吏语言之大成。法国的贵族曾经有所谓"沙龙语言"和"闺秀语言",它们的样品通过莫里哀的喜剧一直保留到现在。在萧伯纳的著名喜剧《卖花女》中,我们更是可以看到社会下层的语言与贵族语言有多么大的差异。

人们平常说的"官腔、干部腔、学生腔、娃娃腔"等的"腔",都是对某一言语社团在语言表达上的一些共同特点的概括,表明这种"腔"就是一种社会方言。

　　社会方言是说话人很难掩饰的身份标记。优秀的作家正是因为明白不同的群体有不同的说话方式，才能写出各具特色的鲜活的人物语言。

　　语言中有多少种社会方言呢？确切的数量难以计算，因为言语社团的多少简直是无法统计的。只要有值得注意的语言特色，就可以看成一个言语社团。

　　社会方言的特点在语音、词汇、语法、语用等方面都可能出现。比如，根据美国社会语言学家拉波夫对纽约居民的发音调查，低层阶级发 r 音时较少卷舌，中层阶级则较多，这是社会方言在语音上的差异。说汉语的女性会更多地使用指自己的"人家"（如"人家心里烦，你还在那里笑"），而男性一般很少使用，这是社会方言在词汇上的不同。在标准英语中，双重否定通常表示肯定，但在美国黑人英语中，双重否定仍然表示否定。比如，要表达"我什么都不知道"，在标准英语中要说 I don't know anything，但在美国黑人英语中会说成 I don't know nothing 这种双重否定形式，这是社会方言在语法方面的差异。使用英语的女性较多用疑问句，比如，女性会更多地使用 Shall we go? 这样的疑问句来征询对方意见，而在相同的情况下，男性倾向于选择更直截了当的祈使句 Let's go!，这是社会方言在语用上的差别。

　　虽然社会方言的差别可以表现在语言系统的各个方面，但最主要的差异还是体现在词汇上。比如，不同的行业由于工作的需要而各有自己的一些特殊词语。比方说，"长刨、短刨、平刨、边刨、圆刨、槽刨、手锯、电锯"等是木工的行业用语，"彩超、血栓、粥样硬化、饮片"等是医药界的行业用语，"行头、龙套、生、旦、净、末、丑"等是戏曲界的行业用语。科学技术的术语也可以看作行业用语。比如，"音节、元音、辅音、主语、谓语、语素"等是语言学的术语，"有机、无机、催化、卤素、稀土"等是化学术语。

　　一般的社会方言没有排他性，不拒绝其他言语社团的人们去了解和运用，因而它们的有些词语也可以被全民语言吸收而成为日常的交际用语。比如，来自医药界的行业用语"休克"、来自戏曲界的行业用语"角色"等都逐渐被全民语言所接受。各种行业用语不断地输送给整个社会，已成为丰富语言词汇的一种重要途径。但是，黑话是一种特殊的社会方言，具有强烈的排他性，对本集团以外的人绝对保密。《林海雪原》中的杨子荣如果不是熟练地掌握座山雕所属盗匪集团的黑话，就无法打进匪窟，生擒匪首。

一个人如果交叉地生活在几个言语社团之中,就能同时掌握几种社会方言。比方说,一个部队医院的女司机就可能同时掌握部队的、医院的、司机的以及妇女的社会方言。一个人掌握社会方言的数量,取决于他的社会活动的广度和深度。一般说来,一个人的社会活动范围越狭窄,他所处的语言环境就越单纯,他所掌握的社会方言的数量也就越少;反之,他所掌握的社会方言的数量就越多。例如,商人、干部、演员等所掌握的社会方言的数量就要比常人多得多。正因为一个生活在社会中的人与社会方言有这种交叉的关系,因而发生在某一言语社团中的语言变异就可以扩散到其他的言语社团中去,从而引起整个言语社团的一些变化。

虽然不同的社会方言之间有差异,但差异并不是巨大的。社会方言所用的材料和结构规则基本上是全民共同的,是其他言语社团的成员都懂的或者能够弄懂的,一般不会因为社会方言的差异而影响相互的交际和理解。

三、地域方言

一个社会的生产力有了进步,通常会伴随着人口的增长和疆域的日益扩大。由于地理的阻隔,在一个地区中出现的语言新成分一般不大容易传播到其他地区去,语言中某些固有成分的改变或消失也不大容易波及其他地区。这样,各地区使用的本来相同的语言,共同点不断减少,不同点不断增加,逐渐形成各地区语言的相对独立的演变道路。于是原来共同的语言就在各个地区形成了变体,出现了地域方言,简称"方言"。

由于自然灾害、战争等原因,一个社会的一部分居民可能大规模地集体迁徙到很远的另一个地方,这也会促使方言产生。比如,汉语方言的一支——客家话,就是东晋到明朝初年间,原来住在中原一带的居民三次向我国南方大迁徙形成的。迁徙之后的人群所说的话既不同于当地人的话,也由于地理的阻隔,慢慢与老家人说的话有了不同,从而走上了独立演变的道路,形成了新的方言。

地域方言在汉语中俗称"话",如"江浙话""福建话""广东话"通常指的就是吴方言、闽方言和粤方言。汉语不同方言中的词语,如果用汉字写下来,差别不算大,各方言区的人大体上能看懂;但如果念出来,语音差别很大,相互之间就难以听懂了。看一段苏州话的例子:

苏州话	北京话
俚走出弄堂门口,叫啥道天浪向落起雨来哉。啊呀,格爿天末实头讨厌,吃中饭格辰光,还是蛮蛮好格哦,那咯会得落雨格介?又弗是黄梅天,现在是年夜快呀!	他走出胡同口儿,谁知道天上下起雨来了。咳,这个天实在讨厌,吃午饭的时候,还是很好很好的嘛,怎么会下雨呢?又不是梅雨天,现在是快年三十儿啦!

这里的语法差别比较小。苏州话的"蛮"相当于北京话的"很","蛮"可以重叠,而"很"不能,因而"蛮蛮好"只能译成"很好很好";苏州话的"……快",北京话说"快……",语序不同。词汇的差别比语法大。比如,苏州话叫"弄堂",北京话叫"胡同";苏州话说"落雨",北京话说"下雨";但其他方言区的人还大致看得懂。而语音上的差别很大,让北京人去听苏州人说上面这一段话,恐怕只能听懂两三成。总之,地域方言的差别,突出地表现在语音方面,词汇上也有不少差别,语法上的差别比较小。因此,学界划分汉语方言的主要依据是语音。

"方言"是一个总的概念,在它下面还可以分出各种"次方言",在"次方言"下面又可以分出各种"土语"。一般来说,方言、次方言、土语这三级区分就足够了。但如果一个方言涵盖的区域特别大,下面的方言分歧又十分复杂,当然还可以增加更多的层级,汉语方言就属于这种情况。比如,《中国语言地图集》把汉语方言分为了"大区""区""片""小片""点"五级。[①]

汉语方言的分歧很大,在划分方言的时候只能考虑语音上的几个重要的特点而暂时不管其他的细微差别。汉语一般可分为七大方言:官话方言、吴方言、湘方言、赣方言、客家方言、粤方言、闽方言。在每一个大方言内部,又可以根据各地方言的一些特点再逐级细分为次方言、土语。例如,闽方言可分闽北、闽东、闽南三个次方言,闽南次方言又可以分为闽南、潮汕、海南等土语群。

每一个方言在语音上都有一些共同的特点。像官话方言的代表点北京话,声母区分/ts//tsʰ//s/和/tʂ//tʂʰ//ʂ/,鼻韵尾有/-n/和/-ŋ/两个,有四个声调,没有入声,等等;吴方言的塞音和塞擦音声母分清不送气、清送气、浊三套(如双唇塞音有/p//pʰ//b/三个声母),舌尖声母大多只有/ts/

[①] 中国社会科学院语言研究所、中国社会科学院民族学与人类学研究所、香港城市大学语言资讯科学研究中心编《中国语言地图集》(第2版),商务印书馆,2012年。

/tsʰ//s/这一套而没有"卷舌声母"即/tʂ//tʂʰ//ʂ/①，韵母/ən/与/əŋ/、/in/与/iŋ/大多无法区分，有入声且以喉塞音/ʔ/收尾，等等。

方言间的词汇差别主要表现为名异实同，即用不同的名称来称呼相同的事物。鲁迅小说《社戏》里写阿发、双喜他们偷吃田里的罗汉豆，这"罗汉豆"是绍兴话里的词，绍兴附近的宁波话叫"倭豆"，相传明朝的时候这种豆成熟的季节最要防范倭寇的滋扰，因而得名。而这种豆在北方话中一般叫"蚕豆"。绍兴话、宁波话里也有"蚕豆"这个词，可指的却是北方话中的"豌豆"，这就是名同实异了。又如，同是向日葵，在汉语的各地方言中也有各种不同的叫法，河北唐山叫"日头转"，承德叫"朝阳转"，任丘叫"望天转"，山东济南叫"朝阳花"，昌乐叫"向阳花"，莒县叫"转日葵"，栖霞叫"转日莲"，湖南邵阳叫"盘头瓜子"，等等。

地域方言是在社会不完全分化的情况下形成的。方言所在的不同地域仍然处于同一个国家共同体之中，可能有共同的文字和书面语，各地的说话人会保持归属同一语言的语言认同，虽然彼此之间实际的差别可以很大。比如，汉语中北方官话与闽语、粤语等南方方言差别很大，大到不能通话的地步，但由于共同使用汉字，有共同的国家和共同的社会文化，因此说北方官话的人与说闽语、粤语等南方方言的人有语言认同，都认为说的是同一种语言——汉语。

研究方言，找出方言与普通话的异同和对应规律，不但对推广普通话有重要意义，对在方言区工作的外地人掌握方言，密切与当地群众的联系也有重要意义。方言材料也为研究语言的历史提供了可靠的宝贵资料。方言是古代的同一种语言分化的结果，古语里的成分在各种方言里的变化有快有慢，有时又呈现出不同的演变趋向，因而把各种方言里的有关成分放在一起进行比较，往往可以找出语言演变的线索。例如，有些方言保留浊声母和入声，在这些方面显然比北京话"古老"，把有关的现象加以比较，可以看出语音演变的痕迹。在词汇方面，有的方言词汇保留了较古老的词汇意义，例如，"收秋"（河北）、"割禾"（江西）、"食饭"（广东）等方言词汇反映了"秋""禾""食"的古义。另外，也是需要特别指出的，方言也完全可以作为一个独立的语言系统来进行全面的研究，从语言学的研究价值上看，方言和独立的语言具有相同的地位。

---

① 苏州老派还有卷舌声母，但哪些字读卷舌声母与北京话不尽一致。

四、亲属语言

一个社会可能由于战争或政治事件而完全分化,比如说分裂成几个各自独立的国家,并创制各自不同的文字和书面语。在不同地域已经完全分化为不同的社会的条件下,各地说话人的语言认同一般也会随之发生变化,不再认为各地所说的是同一语言。这些从同一语言分化出来的、存在于社会完全分化条件下的、说话人认同为不同语言的地域分支,彼此有同源关系,可以称为"亲属语言"。例如,随着古罗马帝国的解体,拉丁语的各个方言就发展成今天的法语、意大利语、西班牙语、葡萄牙语、罗马尼亚语等独立的语言,这些语言从历史上来看同出一源,因此它们是亲属语言。再如,汉语和藏语来自史前的原始汉藏语,它们也是亲属语言。

到此为止,我们可以看出,社会方言、地域方言、亲属语言是同一语言因社会分化状况不同而造成的语言分化程度不同的三种形式,三种形式相对应的社会分化程度依次增大。是方言还是亲属语言主要是由语言外的因素(是否隶属于同一国家,是否有语言认同)决定的。如果只着眼于语言内的表现,则方言和亲属语言都是历史上的同一祖语在地域上的分化,性质上没有什么根本的不同。因此,区分语言和方言不是纯粹的语言学问题。

亲属语言的源头语称为"祖语""母语"或"原始语""原始共同语",这些语言的后代称为"后代语"或"子语"。直接来源于同一源头语的几个后代语则称为"姊妹语言"。

所谓"亲属语言""母语""子语""姊妹语言"等都只是一种比喻的说法,和生物学上的"亲属""母子""姊妹"等并不完全相同。一是生物学上的母子是分开的个体,可以并存,而语言谱系上的母子却是演化关系。子语出现之后,母语一般也就不复存在。仅就这一点看,语言谱系上的"母子"倒是与蚕变蛹、蛹变蛾更相像一些。二是生物学上必须有父有母才能有子,子一代的基因有父和母两个来源,而同一语言的分化却是有母无父,后代语仅有一个母系的来源。尽管有如上不同,但如果仅着眼于一个语言可以分化出若干后代语,每一个第一代后代语又都可以分化出若干第二代后代语,生生不息,且衍生有层级,则人类语言的演变及分化与生物学的亲属关系又是可以类比的。

五、语言的谱系分类

根据语言的亲属关系对语言所做的分类,叫作语言的谱系分类。谱系分类可以用起于一根而不断分叉的"谱系树"图形来表示。所有由同一个祖语分化出来的语言是亲属语言，组成一个"语系"。同一语系中的语言还可以再根据它们亲属关系的亲疏远近依次分为语族、语支、语群、语言等。例如，原始印欧语分化出印度-伊朗语族、斯拉夫语族、波罗的语族、日耳曼语族、拉丁语族（又称"罗曼语族"）、凯尔特语族、希腊语、阿尔巴尼亚语、亚美尼亚语等。其中，斯拉夫语族又分化出东、西、南三个斯拉夫语支，而其中东斯拉夫语支又分化出俄语、乌克兰语、白俄罗斯语。

　　方言是语言的再分化，当然也可以纳入语言分化的谱系。但为了讨论的方便，一般是亲属语言的谱系树以共同祖语为开始，到各个不同的语言就为止了。而方言的谱系树则是以单个语言作为开始，往下分为不同的方言，或再往下分为次方言、土语等。

　　根据《中国大百科全书·语言文字卷》（第三版网络版）①，世界上的语言可以确定的有十余个语系和一些语群：印欧语系、汉藏语系、阿尔泰语系、南岛语系、南亚语系、达罗毗荼（德拉维达）语系、乌拉尔语系、高加索语系、阿非罗-亚细亚语系（也称"闪-含语系""非亚语系"②）、尼日尔-科尔多凡语系、尼罗-撒哈拉语系、科伊桑语系等和美洲印第安语、高加索诸语言、巴布亚诸语言、古西伯利亚诸语言等语群。有些语言，如朝鲜语、日语等，至今还没有弄清它们的亲属关系。

　　汉藏语系和印欧语系是使用人数最多的两个语系。汉藏语系的诸语言主要分布在亚洲东南部，西起克什米尔，东至我国东部边界。印欧语系诸语言的分布区域最广，亚洲的印度、欧洲、美洲和澳大利亚多数人都使用印欧语系的语言，其中，英语和西班牙语的使用者最多，地域分布最广。

　　在各个语系中，印欧语系是研究得最充分、最深入的一个语系，甚至可以说，"语系"这个概念本身就是在印欧语系各种语言的研究基础上提出和发展起来的。乌拉尔语系、阿非罗-亚细亚语系的研究也比较充分。汉藏语系的研究还相当年轻，只是近几十年来才有较大的进展。新中国成立以来，我国的语文工作者对国内的少数民族语言进行了广泛的调查，为汉藏语系和其他语言的研究积累了大量的材料，调查报告和研究成果陆续发表。汉藏语的研究在国际上也越来越受到重视。1968 年以来，世界各国研

---

　　① https://www.zgbk.com/ecph/words?SiteID=1&ID=27826&SubID=44584。（访问日期：2025 年 7 月 15 日）

　　② 也称作"亚非语系"。

究汉藏语的学者每年召开一次学术年会,交流汉藏语研究的成果,讨论汉藏语研究中的问题。这些都对推进汉藏语系的研究起了积极的作用。

汉藏语系究竟可以分为几个语族和语言,现在语言学界还没有一致的意见。我国学者大多认为汉藏语系包括汉、藏缅、侗台、苗瑶四个语族。他们的根据是这些语族在结构类型上有许多共同的特点:一般都有声调而没有词的重音;多用语序、虚词,而不像印欧语那样用词的内部形态变化表示语法关系;有一类专门的类别词(即量词);等等。国外的一些学者则认为汉藏语系只有汉和藏缅两个语族,具体介绍可参看徐通锵先生的《历史语言学》①。

我国是一个多民族的国家,境内各民族语言分属于汉藏、阿尔泰、南岛、南亚和印欧五个语系②,此外还有一些系属不明的语言。我国境内属于汉藏语系的语言最多,除汉语外,属藏缅语族的有藏语、彝语、景颇语、羌语、傈僳语、纳西语、拉祜语、哈尼语、土家语、独龙语等;③属侗台语族的有壮语、布依语、傣语、侗语、水语、仫佬语、毛南语、黎语等;属苗瑶语族的有苗语、瑶语、畲语等。④ 汉语分布在全国各地,其他语言主要分布在我国南部和西南地区。属于阿尔泰语系的有十几种语言,包括突厥语族的维吾尔语、哈萨克语、乌孜别克语、塔塔尔语、柯尔克孜语、撒拉语、西部裕固语等;属于蒙古语族的有蒙古语、达斡尔语、东乡语、保安语、土族语、东部裕固语等;属于满-通古斯语族的有满语、鄂温克语、鄂伦春语、锡伯语、赫哲语等。有六百多万人使用,主要分布在西北、内蒙古、东北等地区。属于南岛语系的有阿美语、排湾语、布农语、邵语、噶玛兰语、邹语、卑南语、雅美语等十几种语言,几乎都分布在台湾,⑤有二十多万人使用。属于南亚语系的有佤语、布朗语、崩龙语等语言,有二十多万人使用,分布在云南。属于印欧语系的有两种语言,即塔吉克语和俄语,有两万多人使用,主要分布在新疆。此外,朝鲜语有一百二十多万人使用,主要分布在吉林延边朝鲜族自治州;京语约有四千人使用,分布在广西东兴各族自治县沿海地区。

我国境内语言资源丰富,为研究语言学提供了得天独厚的充足材料。

---

① 徐通锵《历史语言学》,商务印书馆,1991年。
② 以下的介绍主要根据孙宏开、胡增益、黄行主编《中国的语言》,商务印书馆,2007年。
③ 《中国的语言》归为藏缅语族的重要语言还有白语。对白语的语族归属学界有不同的意见,有学者认为白语与汉语亲缘关系更近,属于汉-白语族。
④ 国外学者和不少国内学者认为侗台语族属于南岛语系,苗瑶语族属于南岛或南亚语系。
⑤ 分布在台湾的南岛语系诸语言曾长期被统称为"高山族语言"。

第七章 语言的接触

第一节 社会接触和语言接触

有些语言演变的发生有外来的因素,即受到另外一个语言系统的影响。说不同语言的人可能由于地域的邻近而产生往来和交流,本来地域不邻近的社会也可能因为贸易往来、文化交流、人口迁徙、战争征服、海外殖民等原因而产生彼此之间的接触。不同的社会有了接触,各个社会所使用的彼此不同的语言也就随之发生相互影响,这就是语言接触(language contact)。语言接触是引发语言演变的一个重要因素。

亲属语言和方言本来属于同一个语言,但在分化之后也可能会有后起的新的接触,也就是说亲属语言和方言之间也会彼此影响。亲属语言和方言相互接触的类型与非同源语言接触的类型基本相同,因此,本章放在一起讨论。为了行文的方便,在讨论它们相同的规律时,就以"语言接触"统而贯之,特殊之处才特别标明"方言"。

社会接触有接触方式的不同,有接触深度的不同,与之相应,语言的接触也就有各种不同的结果。语言接触可以改变语言的方方面面,词汇方面的影响最容易发生,随着接触深度的增加,也会发生语音上的借用和语法上的借用。在极端的情况下,一种语言可能完全替代另一种语言。根据接触的不同结果可以把语言接触分为不同的类型。本章主要介绍几种常见的语言接触的类型。

第二节 词汇借用

一、词汇借用是语言接触最容易产生的结果

语言接触最先影响到的就是词汇,在发生语言接触之初,一个语言从另一个语言引入词汇成分,这就是"词汇借用"。词汇借用是最容易发生的语言接触结果,因此在各种类型的语言接触中都有表现。如果不同的社会或民族在地域上不相邻,只有一般的贸易往来或文化交流,那么语言接触

的结果可能就只限于词汇的借用,而且借入的词汇是少量的、不成系统的,这样的语言接触就是一种较浅层次的语言接触。很少有语言能完全不与其他语言发生接触,因此,几乎每种语言里都有一定数量的借词。

为什么一个语言要向别的语言借词呢？最常见的原因是存在"词汇空缺",即一个语言中缺乏表达某一概念的词语。这通常是因为一个语言所在的社会中没有某种事物或者没有某种观念。比如,"荔枝"在英语中没有对应的词语,这是因为在说英语的国家没有荔枝这种水果,因此要指称这种水果,只能借用汉语的词。再如,汉语中的"风水"所表达的观念在英语文化中没有,因此也会被英语借用。不过,有时一个语言中并不存在词汇空缺,但还是会向另一个语言借词,这就是单纯由于另一个语言有着更高的声望或地位。比如,汉语中表示车站的词原来叫"驿"。南宋时汉语从蒙古语中借用"站",借用之初,"驿""站"两词并用。后来,随着元朝的建立,各地设立"站","站"就代替了"驿"。这一借用就不是由于词汇空缺,而是由于在当时蒙古语的社会地位比较高。元朝灭亡后,明朝皇帝曾通令从洪武元年起"改站为驿",但是老百姓的口语里一直使用"站",甚至明末的奏章中还有用"站"的现象。清朝时"驿""站"并用,"九一八"事变后日本帝国主义在东北建立伪满洲国,也改"站"为"驿"。但这些行政措施始终行不通。可见,借词只要符合社会的需要就会在语言中扎根。"站"在现代汉语中已经进入了基本词汇,用它来构成的词语很多,如"车站、站台、粮站、广播站、水电站、发电站、交通站、供应站、运输站、收购站、接待站、气象站"等。

二、借词与意译词

借词也叫外来词,指的是音与义都借自外语或外方言的词。借词和意译词不同。意译词是用本族语言的构词材料和规则构成新词,把外语里某个词的意义移植进来。我们不把意译词看作借词。

在汉语中,有很多借词后来被意译词替代了。下面的表中列出了汉语的一些借词以及相应的意译词。除了"麦克风"这个借词之外,其余的借词都被后起的意译词替代了。

表 7-1　汉语的借词及其意译词举例

语种	原词	借词	意译词
英	microphone	麦克风	扩音器
英	cement	士敏土，水门汀	水泥，洋灰
英	piano	披亚诺	钢琴
英	ink	因克	墨水
俄	хлеб	裂巴	面包

　　汉语的构词材料主要是一音节一义的语素，而外语的语素大多是多音节的，再加上汉语普通话没有复辅音，遇到外语中的复辅音，音译时经常要添加元音，从而增加了音节数量（如：ink—因克，原词的一个音节变成了两个音节）。这样就造成了借词在语音与语义的对应上不符合汉语的习惯，因为借词往往是两个或两个以上的音节才对应一个意义。汉语中的意译词实际上是用汉语的材料和规则为词义重新命名，所选择的语素和组合方式可以与外语原词没有任何关系。比如，汉语的"墨水"由"墨（写字绘画的用品或其颜色）"和"水"两个语素按偏正结构组成，而原词 ink 无法分析出两个语素。意译词完全符合汉语的习惯，因而更容易被汉语使用者接受。可以说，汉语一音节一义的特点是意译词取胜的原因。

　　只有个别例子，汉语的借词在与意译词的竞争中取得了胜利。比如，"麦克风"这个借词比意译词"扩音器"要常用得多，这可能与"麦克风"可以简称为"麦克""麦"这一事实有关。"扩音器"不能缩减为双音词或单音词，因此在竞争中落在了下风。

　　汉语在吸收外来成分的时候不喜欢借音，更喜欢用自己的语素来构词。在这一点上，汉语和英语、日语等有很大不同，更接近于德语。

　　意译词里面有一种仿译词，它的特点是用本族语言的材料逐一翻译原词的语素，不但把原词的意义而且把原词的内部构成形式（语素组合方式）也移植过来。例如："黑板"（英：blackboard），"足球"（英：football），"牛津"（英：Oxford），"鸡尾（酒）"（英：cocktail），"铁路"（英：railway，法：chemin de fer），"超人"（德：Übermensch），下载（英：download），等等。成语的借用也往往采用仿造的方式，例如："鳄鱼眼泪"（crocodile tears），"泥足巨人"（colossus with feet of clay），"走钢丝"（walk a tightrope），"鸵鸟政策"（ostrich policy），"烫手山芋"（hot potato），"尘埃落定"（the dust settles），等等。外来成语在汉语里已广泛使用。显然,仿译词比起其他的意译词来讲,受外语的影响更大一些。由于采用了外语中的语素组合方式,仿译词有时会带有一些异域色彩,看起来有些奇怪。比如"下载",在汉语中"下"和"载"放在一起很不自然,语义上不太好理解。

在吸收外来成分的时候,为了便于理解,有时采用音译加意译的办法。汉语中有相当一部分这种类型的借词。例如:

表 7-2 汉语中音译加意译类型的借词举例

语种	原词	借词
英	beer	啤酒
英	car	卡车
英	card	卡片
英	flannel	法兰绒
俄	traktor	拖拉机
蒙古	xapa	哈巴狗

表里的借词从构成来看分为两个部分,前一部分是音译成分,后一部分是意译成分。比如"啤酒"中,"啤"是对英语原词 beer 的音译,"酒"是意译的部分,实际上是给出了事物所属的类名,给前面的成分做了注解。表中其他词的内部构成也是类似的情况。

有一些例子需要仔细分辨,看起来似乎是音译兼意译,其实只是音译时选用了有意义的组合,目的是便于记忆,其意义与原词并不相同,这样的词实际上仍然是音译性质的借词。比如,"迷你"是对英语词 mini 的音译,只是在音译时选择了有意义的汉字组合,"迷你"组成了动宾结构,但原词 mini 是"小"的意思,并不是"使你着迷"的意思,因此"迷你"在本质上是借词而不是意译词。再如,"基因"的字面组合义是"基本的因子",与英语原词 gene 的整体词义似乎有关联,但其实 gene 的词源义是"出生于""有亲缘关系",因此"基因"本质上仍是音译。同样的例子还有"可口可乐"(Coca-Cola)、"粉丝"(fans)等。

现代汉语中有些意译词来历较为特殊,最初是由日本人使用,后来从日本传入了中国。由于日语从魏晋六朝以后借用了汉字并长期使用,因此,日语里的有些词完全是由汉字构成的,我们可以把日语里的汉字词原封不动地直接借进来,用汉字的读音来读,而不用考虑日语的读音。日本在明治维新后,提倡学习西方的先进科技,他们或者赋予原来从汉语借入的词以新的意义,或者用汉字构成新词,借以反映西方新事物、新概念,这实际上是日本人用汉字创造意译词。中国向西方学习晚于日本,因此,近代以来,汉语从日语中成批地移入了一些表达新概念的汉字词。例如,"思想、具体、资本、政治、演绎、政府、侵略、劳动、理性、想象、现象、垄断、悲观、乐观、储蓄、节约、自由、警察、选举、民法、间谍、交涉、列车、理论、助教、学士、博士、卫生、封建、反对"等是汉语中原有的词(如《三国志·魏书·华佗传》:"人体欲得劳动"),日语借去后用来翻译西方的一些新概念,赋予了这些古老的汉字词以新的意义,而汉语又从日语中引进过来。而"哲学、主观、共产、政党、方针、谈判、战线、领土、汽船、分子、原子、纤维、资料、学位、体操、支部"等,则是日本人民创造性地用汉语材料构成的新词,用来表示一些新概念,这些词也被汉语直接借用进来。这些来自日本的词语,从构词材料、构词规则甚至词语本身往往都是汉语所固有的,移到汉语中并不保留日语中的读音而换成了汉语的读音,所以从音义关联上看与汉语固有的词基本上没有差别,汉语母语者大多感觉不到它们有外来词的色彩,不知道它们是从日语借进来的词语。在当代,汉语仍然可以用这样的方式直接从日语中借来汉字词,如"萌、达人、宅"等。这种词可以称为"借形词",这些词的形成是因为两个语言有共享的文字。

三、借词的特点

借词在语音、语法上要服从本族语言的结构规则。如果碰到本族语言中没有的音,一般就会用相近的音去代替,而不会产生新的音位。例如,汉语借自俄语的"喀秋莎"中的"莎",是俄语 katjuša 中 ša 的对音,š 的音值是舌叶音[ʃ],汉语中没有这个音,于是就用相近的[ʂ]去代替。汉语的"茶""菽"两个词自从借入俄语以后,到现在已变成 čaj,soja(豆类;豆制成的酱油),它们不但在语音上有了俄罗斯风味,意义上有引申,语法上也归入一定的性,并且像别的名词一样有格的变化。

借词与原词的义项可以不完全对应。原词的义项可能有多个,借词可能只对应其中的一个义项。比如,汉语的"幽默"一词是对英语 humor 的音译,在《现代汉语词典》(第 7 版)中,"幽默"仅有一个义项"有趣或可笑而意味深长",但在《牛津高阶英汉双解词典》(第 10 版)中,humor 除该义外,还有多个义项,如:脾性、情绪、心绪;(动物)体液;(植物)汁液;古怪的念头。

在借词借进一个语言里的时间已经很久远了的情况下,人们可能就意识不到它是借词了。汉族自古就和其他民族交往,很早就从外族语里借入了一些词语。有些借词一直流传下来,例如,"葡萄、石榴、苜蓿、狮子"等词是汉代从西域借入的,汉语的一般使用者已经不知道它们的借词身份了。

汉语一些借词的用字选择存在一个变化过程。比如"狮子",最初曾用"师子"这一词形:

(1) 钜象、师子、猛犬、大雀之群食于外囿。(《汉书·西域传》)

后来用"狮"字替代了"师"。"狮"是一个形声字,形旁可以提示词义类属,这反映出汉语使用者倾向于让借词的词形在可能的情况下能够提示意义。再如,"葡萄"曾有"蒲陶"等与之并存的音译词形,但最终"葡萄"这一词形被母语者认可并流行;来自梵语的音译词"茉莉",从最初的"末理、末丽、没利、摩利"等词形并存,到最终选择"茉莉",其原因也是如此。

在词的借用过程中可能有借出去的词再借回来的现象,一出一进之间,音、义等方面都会有一些变化。比如,汉语的"百姓"一词借入蒙古语后成为[paiɕi],意思是"土房子",后来变成"店铺"的意义。汉语后来又把这个词从蒙古语中借回来,叫作"板生",简称"板"。现在呼和浩特市的一些地名如"麻花板""攸攸板""古楼板"等之中的"板",就是汉语的"百姓"借入蒙古语后再借回来的一个词。

四、借词与社会

语言中借用词语的方向取决于两个社会接触时文化传播的方向。如果文化传播是单向性输出或输入,则词语的借用也是单向的;如果文化交流是双向的,则词语的借用也是双向的。比如,汉代张骞通西域的文化交流属双向交流的性质,这一交流使汉语中出现了"葡萄、石榴、苜蓿、狮子"等西域词汇,而西域诸语言也因此而借用了汉语的"丝"等词汇。汉代之后佛教词汇的输入则属于单向输入:汉语中出现了大量的佛教词汇,而作为佛经原典语言的梵语、巴利语以及中亚地区的一些语言,却没有借进同期汉语上层意识形态层面的词汇。

借词能反映不同社会之间文化的交往,因此,借词是研究民族史、社会史的重要材料。

第三节　语言联盟与系统感染

一、语言联盟与社会

语言联盟也称"语言的区域分类"。它是指一片地理区域内的不同语言不仅在词汇上相互有大量的借贷，而且在语音、语法系统的结构格局、结构规则方面也十分相似，但各语言仍有相当数量的核心词根彼此不同。这说明它们的相似是后起的彼此接触造成的，而不是来自同一祖语或同一祖语中关系密切的后代。

语言联盟是不同民族深度且相对平衡接触的结果。也即，虽然不同民族在同一片区域内交错居住，有频繁的战争或频繁的经济文化往来和通婚关系，但诸民族在经济文化上相对平衡，各个民族人口比例相差不悬殊，且各个民族都至少有部分人口相对聚居。

语言联盟最常提到的例子有巴尔干半岛的语言联盟。从语源上说，巴尔干半岛诸语言中的保加利亚语、塞尔维亚-克罗地亚语属于斯拉夫语族，罗马尼亚语属于罗曼语族，阿尔巴尼亚语、希腊语则各自单独成一个语族。但是，从语音和语法系统的结构特点来看，这些亲属关系较远的语言与跟自己亲属关系更近的同语族语言的差异明显，它们彼此之间反倒在音系和形态上十分接近。这种情况与社会历史的情况相应。历史上这一片区域内动乱频繁，各个民族你兴我衰更迭不断，政治经济上的联盟变幻无定。有过希腊文化的辉煌，有过罗马帝国、奥斯曼土耳其帝国的征服，宗教信仰也有东正教、天主教、伊斯兰教的不同。在这种特殊的历史环境下，该地区各个民族有错综复杂的密切接触，但没有一个民族有长时期的绝对权威或人口的绝对优势，各个民族都至少有部分居民相对聚居。也即各个民族在文化、经济、政治、人口比例上均相对平衡。于是这一地区的居民虽然有不少双语或多语者，但各自的语言都保留了下来，只是结构上变得相似。

汉语，我国南部的侗台、苗瑶语族诸语言，藏缅语族的部分语言和境外东南亚地区属于南亚语系的越南语，属于侗台语族的老挝语、泰语等，在语音、语法的结构类型方面十分类似，据研究这也是语言接触造成的语言联盟，被称作"东亚/东南亚语言联盟"。下面就以这些语言为例讨论语言联盟在语言上的具体表现。

二、系统感染

"系统感染"是指处于同一地区的若干语言在语音、语法系统的结构格局、结构规则方面逐渐趋同,但仍然保持了各自语言的本质——有相当数量继承于自己语言祖语的核心词根。另外,这些语言也会有较大数量的词语借贷。经济、文化水平低的一方主要向高的一方借用文化、政治方面的词汇,而经济、文化水平高的一方主要向低的一方借用当地事物、风俗或观念的名称,但核心词根一定有相当数量还用各自语言原有的。

比如,东亚/东南亚语言联盟诸语言的类型是有声调的单音节孤立语。也即,这些语言都有区别意义的声调,语素基本上是单音节的,基本上没有构词上的形态变化,语法意义主要用虚词和语序来表达,许多语言有量词。研究表明,这些语言的以上相似点并非来自共同的祖语,而是后来才产生于这一区域的。与巴尔干半岛诸语言的情况相同,东亚/东南亚地区的这些语言与跟自己亲缘关系更近的语言在语音、语法结构上的差别较大,而它们彼此之间的不同却比较小。

先说声调。南亚语系的芒语与越南语亲缘关系更近,但芒语没有声调。有证据表明,越南语原本也没有声调,后来先是因韵尾的不同而产生平、升、降三个声调,又在十二三世纪因声母清浊的不同,原来的三个声调再分化为各有高低的六个声调。[①] 侗台语族从核心词根看与南岛语系(如台湾少数民族的语言、马来语等)的亲缘关系更近,但南岛语系的其他语言都没有声调。侗台诸语言虽然现在都有声调,但有证据表明它们的声调是在大约四千年前黎语先民移居海南之后才产生的,也即它们的共同祖语也是没有声调的。[②] 藏缅语族更是如此,历史上常与汉族居住在同一区域的彝、缅等民族的语言有声调,而藏语却有许多方言至今仍没有声调。

再说单音节语。与侗台语族亲缘关系更近的南岛语系其他语言都是多音节语,与汉族同居或曾经同居一片地区的侗台语族诸语言却是单音节语。来自南岛语系祖语的多音节核心词根,在侗台诸语言中只保留了最后一个音节。比如"眼睛"在南岛语系的马来语中为 mata,而在壮语中为第一调的 t^ha^1。在南亚语系中,深受汉文化影响的越南语和位于中国境内的佤

---

① 欧德利古尔(Haudricourt, A. G.)(1954)《越南语声调的起源》,译文载《民族语文研究情报资料集》第 7 集,中国社会科学院民族研究所语言研究室,1986 年。

② 梁敏、张均如《侗台语族概论》,中国社会科学出版社,1996 年。

语、德昂语、布朗语是单音节语,其他南亚语言则是多音节语。

与单音节语相关联的另一个语言类型是孤立型语言,即很少有构词上的形态变化,语法意义一般用虚词和语序来表达。

长期共存于同一地理区域、亲缘关系并不亲密的若干语言,在语言结构类型上却十分相似,这一定是语言长期密切接触的结果。同一地区若干语言的长期密切接触,会造成区域内的双语或多语现象。双语或多语是指一群人既会讲自己的母语,也会讲其他语言。而地区双语或多语,则是指在一片地理区域内若干民族的人既会说自己的母语,也会说同居一地的其他民族的语言,他们会根据交际的需要、交际的对象而选择使用其中的一种语言。地区双语或多语现象会使各个语言都出现非母语者所说的、带有其他语言味道的语言变体,而各个语言就有可能在这些语言变体的影响下逐渐趋同。有学者详细研究了这一过程,并命名为"互协"。[①]

近代发生过的实例为东亚/东南亚语言联盟的形成提供了很有说服力的样本。在海南岛的三亚地区,有一支 10~15 世纪才从越南占城迁徙而来的信仰伊斯兰教的居民,被称为"回辉人"。这支回辉人原来属于越南占城的占婆民族,所说的占婆话是一种属于马来语支的多音节无声调的语言。回辉人迁到海南岛后,回辉语与单音节有声调的黎、汉等语言密切接触,不过几百年的时间,变成了与黎、汉等语言一样的单音节有声调的孤立语。回辉语的核心词汇中还保留了相当数量的占婆语词根,只是那些原来是多音节的词根在回辉语中只留下了最后的那个音节。[②]

在这一片区域内,还有一些更小的区域表现出更多的系统相似。比如,广东、广西两省的汉语和壮侗族语言不仅都有声调,而且声调都可追溯到平上去入各分阴阳的四声八调系统,韵尾大多有-m、-n、-ŋ、-p、-t、-k,有长短元音,还有不少汉语方言像壮侗苗瑶语一样具有送气的鼻音和边音。而云南、四川省内交错分布的彝语支语言和汉语方言,则大多没有辅音韵尾,声调为四个且调值也基本相同。可见,接触越密切,系统感染的程度就越深。

20世纪50年代以后,随着经济的发展、文化的普及和大众媒体传播手段的不断更新,我国各民族的经济、政治和文化交流更加密切,语言系统的感染也进一步加深。与汉语接触密切的地区的一些民族语或它们的方言,

---

① 陈保亚《论语言接触与语言联盟》,语文出版社,1996年,第45—74页。
② 倪大白《海南岛三亚回族语言的系属》,《民族语文》1988年第2期。

近几十年来或是增加了与汉语相同的新的音位和复元音韵母,或是原来的一些音位变体在汉语的影响下变成了独立的音位。例如侗语中[pʰ][tʰ][kʰ][tɕʰ][pʰj][kʰw]等送气音原来只是相应的非送气音的音位变体,现在已变成独立的音位。西部裕固语除增加[ʃ][f]这两个辅音外,还增加了[ai][au][ei][ie][uo][ye][ian][iən][uai][iu][ia][io][ua][uə][ue][ya]等16个复元音,其中后七个复元音除了在汉语借词里使用以外,还用于本族语言的语词。水语等语言在大多数情况下把原来的"主语—宾语—谓语"的结构次序改变为和汉语相同的结构规则"主语—谓语—宾语"。壮语的名词性短语规则原来是"中心语+修饰语",现在已广泛地使用和汉语相同的规则"修饰语+中心语"。这种新的结构规则开始时只出现于汉语借词,随着民族关系和语言间相互影响的进一步发展,逐步扩大到了民族语词。例如侗语,原来把"我的书"说成"le² jau²"(书我),自从借用了汉语的"的"[tji]之后,语序就变为与汉语一样,说成"jau² tji⁶ le²"。这在侗语的北部方言中已经代替旧形式而成为唯一的结构规则。凡此等等,语法规则的借用使得这一区域的语言结构类型变得更为相像。

总之,社会的接触带来语言的接触,语言的接触带来语言的趋同。社会接触程度有不同,语言趋同的程度也有不同:不同社会的浅度接触带来语言中文化层次上的借词,较深而相对平衡的接触则造成同一地理区域内不同语言的系统感染而在语言的结构类型上趋同,但各个语言仍然承继了自己相当数量的核心词根。

第四节　语言的替换和底层

一、语言替换

语言替换是更深程度的语言接触。语言替换是不同民族[①]深度但不平衡接触的结果。深度接触指在同一片区域内不同民族交错居住,属于同一个国家共同体或经济文化圈。不平衡接触是指接触的诸民族中,有一个民族在人口和文化上具有十分显著的优势,这一优势民族一直保持有聚居的人口,而其他民族的聚居人口逐渐减少以至消失。语言深度但不平衡接触的一般结果是,优势语言排挤和替换其他语言而成为不同民族的共同交际

---

① 为了叙述方便,这里的"民族"一词兼指氏族、部落等社会共同体。

工具,弱势语言则因被替换而停止使用。① 语言替换,斯大林称为"语言融合"。他指出:"在融合的时候,通常是其中某一种语言成为胜利者,保留自己的语法构造和基本词汇,并且按自己发展的内在规律继续发展,另一种语言则逐渐失去自己的本质而逐渐死亡。"② 由于"语言融合"很容易被误解为两种语言的成分有机地混合起来并产生一种新的语言,所以这一术语已为学界废弃,而改称"语言替换"或"语言替代"。汉语在历史上曾替换了不少其他民族的语言,我们可以通过这些事实探讨语言替换的一般规律。

每个民族都有自己的语言。氏族合并为部落,部落合并为大的部落联盟,最后产生民族。根据对北美印第安部落联盟的人类学研究,文化上占优势的部落联盟不断扩张的过程,就是其语言不断替换其他部落语言的过程。从春秋战国时期开始,我国历史上就有关于东夷、南蛮、西戎、北狄的记载。所谓夷、蛮、戎、狄,都是居住在汉族周围地区的一些兄弟民族,它们各有自己的语言。《左传·襄公十四年》记载戎子驹支的话说:"我诸戎饮食衣服,不与华同,贽币不通,言语不达。"据汉刘向《说苑·善说》的记载,楚国子晳泛舟湖上,越人拥楫而歌,表示欢迎,但子晳听不懂,要求随员翻译:"吾不知越歌,子试为我楚说之。"③ 从这些记载中我们可以看到,这些民族的语言与汉语是不同的,相互之间不能通话。但经过春秋战国时期的会盟、战伐、兼并等,发生了民族的接触和语言的接触,因而后来史书上看不到各族人民往来时要求有翻译的记载。从这里我们可以推知,夷、蛮、戎、狄等许多民族的人已经会说汉语,甚至其语言已经被汉语替换。春秋战国是我国历史上的一个混乱时期,但从民族关系和语言关系上来说,却是一个民族大融合、语言逐渐统一的时期。在这一时期中汉语成为胜利者,继续按照自己的发展规律发展。

两汉以后,居住在我国北方的匈奴、鲜卑、羯、氐等民族和汉族发生了密切的关系;隋唐以后,契丹、西夏、女真等民族也和汉族发生了密切的关系。随着同一片区域内民族关系的发展,汉语和这些民族的语言的接触程

---

① 参看 Dixon, Robert (1997) *The Rise and Fall of Languages*. Cambridge: Cambridge University Press。

② 斯大林《马克思主义和语言学问题》,《斯大林选集》下卷,人民出版社,1979年,第520页。

③ 根据写音,越人拥楫歌的歌辞是:"滥兮抃草滥予昌枑泽予昌州州𩜁州焉乎秦胥胥缦予乎昭澶秦踰渗惿随河湖。"鄂君子晳听不懂,经过翻译,才知道是:"今夕何夕兮,搴中洲流;今日何日兮,得与王子同舟。蒙羞被好兮,不訾诟耻。心几顽而不绝兮,知得王子。山有木兮木有枝,心说君兮君不知。"

度也日益深化。汉语在这一片地区内的多语接触中继续成为胜利者。

从历史上看,春秋战国时期的民族融合和语言统一,为秦统一全国、形成一个统一的汉民族奠定了坚实的基础。两汉以来的语言接触和语言替换,也有沟通人民往来、巩固国家统一、促进民族融合等方面的积极作用。

二、语言替换的社会原因

两个或几个民族密切地接触,当然需要一种共同的交际工具。究竟哪一种语言能够替代其他语言而成为全社会的交际工具,这是由社会历史条件决定的。建立在生产资料私有制基础上的阶级社会,各民族在经济、政治、文化等方面的发展是不平衡的,有先进与落后、发达与不发达之分。当两个民族的关系日益密切而逐步发生融合的时候,生产力发展水平比较低、文化比较落后的民族,学习生产力发展水平比较高、文化比较发达的民族的经济、政治和文化,显然有利于自己的发展。政治上是否处于统治地位,并不是决定的因素。例如,汉民族在几千年的历史发展过程中曾数度被一些经济、文化比较落后的民族所统治,但由于它在经济、文化上处于先进的地位,汉语在语言接触中总是被其他民族所采用而成为胜利者。恩格斯在说明这种规律的时候说:"在长时期的征服中,比较野蛮的征服者,在绝大多数情况下,都不得不适应征服后存在的比较高的'经济情况';他们为被征服者所同化,而且大部分甚至还不得不采用被征服者的语言。"[①]

魏晋以后,原来居住在我国西北、东北的一些少数民族曾经相继入居中原,建立国家,把汉族置于它们的统治之下。当时,这些民族基本上还处于游牧时代,人数也比较少。像匈奴"毋文书,以言语为约束"(《史记·匈奴列传》),契丹"其俗旧随畜牧,素无邑屋,得燕人所教,乃为城郭宫室之制于漠北"(《旧五代史》第一三七卷)。女真族到金世宗的时候(相当于南宋孝宗时)还留恋原始社会的遗风,例如金世宗告诫群臣,"女直(即女真)旧风最为纯直,虽不知书,然其祭天地,敬亲戚,尊耆老,接宾客,信朋友,礼意款曲,皆出自然,其善与古书所载无异。汝辈当习学之,旧风不可忘也"(《金史·世宗本纪》)。这些经济、政治、文化处于落后状态的民族,要建立并巩固其在汉民族地区的统治,都意识到要学习汉民族先进的经济和文化。正是这种客观的要求促使这些民族学习汉语。这样一种历史发展的趋势是不可抗拒的。列宁说过:"经济流转的需要本身自然会确定一个国

---

① 恩格斯《反杜林论》,《马克思恩格斯选集》第三卷,人民出版社,1972年,第222页。

家的哪种语言使用起来对多数人的贸易往来有好处。"①正是这种"经济流转的需要"和文化学习的要求,才使汉语替代其他民族的语言而成为各民族相互间的共同交际工具。一些比较高明的统治者就顺应这种历史潮流,采取相应的措施,促进民族融合和语言替换的过程。北魏孝文帝的汉化政策就是我国历史上这方面的一个有名的例子。

　　语言替换还需要一个客观条件,这就是各族人民必须生活在同一地区,形成杂居的局面。据《晋书·匈奴传》记载,"前汉末,匈奴大乱,五单于争立,而呼韩邪单于失其国,携率部落,入臣于汉。汉嘉其意,割并州北界以安之。于是匈奴五千余落入居朔方诸郡,与汉人杂处。……后复与晋人杂居。由是平阳、西河、太原、新兴、上党、乐平诸郡靡不有焉"。其他如氐、羌等族的情况与此大抵类似,都散居在数量上占优势的汉族人民中间。像少数民族出身的统治者刘渊、苻坚、姚兴等不仅能说汉语,而且都熟读汉语的经史,刘渊还讥笑汉初的名臣名将"随陆无武,绛灌无文"(见《晋书·刘元海载记》)。鲜卑族的拓跋氏以及后来的契丹、女真(包括后来的满)等民族在入主中原以后也与汉族人民杂居,因而也逐步与汉族融合。只有蒙古族在建立政权之后继续保持相对聚居的局面,而且对于在汉族地区居住和做官的蒙古人,统治者因害怕他们被汉族同化,经常"诏互迁其久任者"(见清代赵翼《陔余丛考》卷十八"元制蒙古色目人随便居住"),元世祖还"遣使尽徙北还"(《元史·世祖本纪》)。由于这些措施,加上元朝的统治时间不长,聚居的蒙古族就没有与汉族融合,也没有换用汉语,只有一部分和南方汉族人民杂居而没有北归的蒙古人融于汉族。所以,跟数量上占优势的民族的人民杂居,完全失去自己聚居的人口,也是造成语言替换的一个重要条件。

三、自愿替换和被迫替换

　　在汉语替换其他语言的过程中,有些民族顺应历史发展的规律,自觉地放弃使用自己的语言,选用汉语作为共同的交际工具;有些民族为保持本民族的语言进行了艰苦的斗争,但迫于经济、文化发展的需要,也不得不放弃自己的语言,学会汉语,实现语言的替换。我们把前一种情况叫作自愿替换,把后一种情况叫作被迫替换。在我国的历史中,自愿替换和被迫替换都有不少的例子。就总的趋势看,隋唐以前,自愿替换占优势,而在隋唐以后,被迫替换的比重大一些。

---

① 列宁《关于民族问题的批评意见》,《列宁全集》第二十四卷,人民出版社,1990年,第122页。

从秦汉到隋唐,和汉民族发生融合关系的主要是所谓"五胡",即匈奴、鲜卑、羯、氐、羌等民族。这些民族在取得政权以前,多数已与汉族杂居,受汉民族的文化影响比较深。由于交际的需要,这些民族的人民大多已学会汉语,如氐族"语不与中国同",但"多知中国语,由与中国错居故也"(《三国志·魏书·乌丸鲜卑东夷传》南朝宋裴松之注引《魏略·西戎传》)。所以,这些民族在建立政权以后,把汉语作为相互间共同的交际工具,并没有多大的障碍。鲜卑族的拓跋氏在建立北魏王朝以前虽然没有与汉族杂居,但在中原地区建立政权之后,由于经济、文化发展的需要,也学会说汉语。为了加速语言的替换过程,魏孝文帝还制定了一系列政策,禁止讲本民族的鲜卑语,提倡说汉语。《魏书·咸阳王禧传》记载了孝文帝对咸阳王禧论述这个问题的一段话:

> 高祖曰:"……今欲断诸北语,一从正音。年三十以上,习性已久,容或不可卒革;三十以下,见在朝廷之人,语音不听仍旧。若有故为,当降爵黜官。各宜深戒。如此渐习,风化可新。若仍旧俗,恐数世之后,伊洛之下复成被发之人。王公卿士,咸以然不?"禧对曰:"实如圣旨,宜应改易。"高祖曰:"朕尝与李冲论此,冲言:'四方之语,竟知谁是?帝者言之,即为正矣,何必改旧从新。'冲之此言,应合死罪。"

鲜卑族为什么要学习汉语,实行汉化?目的很明确,就是避免"数世之后,伊洛之下复成被发之人",丧失拓跋氏的政权。因此魏孝文帝于太和十九年六月"诏不得以北俗之语言于朝廷,若有违者,免所居官"(《魏书·高祖纪》)。由于统治者的政策符合历史发展的规律,因而鲜卑族和汉族融合、鲜卑语被汉语替换的速度是相当快的。据《隋书·经籍志》记载:"后魏初定中原,军容号令,皆以夷语,后染华俗,多不能通。"我们可以从中窥见一斑。

魏晋南北朝是我国历史上民族融合的一个重要时期。及至隋唐,特别是唐,各民族顺着这一融合的势头融为一体。唐朝的很多王公将相,甚至连唐太宗的皇后长孙氏,都出身少数民族。这些情况都可以说明魏晋南北朝以来的民族融合已进入最后泯灭民族界限的时期,而语言的替换统一自然要早于这个时期。

唐以后与汉族融合并改为使用汉语的主要是契丹、女真(包括后来的满族)等民族。这些民族和魏晋南北朝时期的各个少数民族有所不同:一是在建立王朝以前没有与汉族杂居,二是在建立王朝以后反对学习汉语,总想采取一些相应的措施阻止语言的替换,最后的语言替换是被迫的。金世宗屡次告诫群臣,或发出诏谕,要求使用女真语,保持女真旧风。他命歌手唱女真词,以此告诫王子和诸王:

> 朕思先朝所行之事,未尝暂忘,故时听此词,亦欲令汝辈知之。汝辈自幼惟习汉人风俗,不知女直纯实之风,至于文字语言,或不通晓,是忘本也。汝辈当体朕意,至于子孙,亦当遵朕教诫也。(《金史·世宗本纪》)

金世宗还命令"应卫士有不闲女直语者,并勒习学,仍自后不得汉语"(《金史·世宗本纪》)。

这清楚地说明女真族的皇室成员、卫士已对女真的语言文字到了"或不通晓"、或不娴熟的程度,至于普通老百姓,大概多数只会说汉语了。金世宗在这种不可逆转的趋势面前想阻止融合的发展,规定"自后不得汉语","诸王小字未尝以女直语命之,今皆当更易","禁女直人不得改称汉姓,学南人衣装,犯者抵罪"(均见《金史·世宗本纪》)。他还设法改变女真人与汉人杂居的情况,免被融合:"(金)世宗虑种人(指女真人)为民害,乃令猛安谋克自为保聚,其土地与民犬牙相入者互易之,使种人与汉民各有界址,意至深远也。"①这个"意至深远",自然也包含防止被汉人同化的意思。但这些措施只能起一时的作用,无法改变女真族融入汉族、女真语被汉语替换的结果。

建立中央王朝之后而与汉族融合的最后一个民族是满族。它总结了以往少数民族与汉族融合的历史事实,竭力避免被融合的结果。入关前,清太宗皇太极就告诫群臣:"昔金熙宗循汉俗,服汉衣冠,尽忘本国言语,太祖、太宗之业遂衰。……诸王贝勒务转相告诫,使后世无变祖宗之制。"(《清史稿·太宗本纪》)但历史发展的规律是不以人的意志为转移的,汉族先进的经济和文化迫使满族学习汉语,所以满族入关后情况就发生了很大变化。顺治时已"渐习汉俗,于淳朴旧制,日有更张"(《清史稿·世祖本纪》),而到康、雍、乾三代则不能不进一步走上与汉族融合、换用汉语的道路。

---

① 〔清〕赵翼著、王树民校证《廿二史札记校证》卷二十八"金末种人被害之惨",中华书局,2013年,第673页。另,《廿二史札记校证》第17页"目录校证"第六条:"卷二十八'猛安谋克散处中原','猛安谋克'原作'明安穆昆',为清代改译之名,今改用原译名"。

上述所谓"自愿替换"和"被迫替换",只是就统治者所采取的政策而言,而不是说"被迫"中没有客观经济、文化发展的基础,"自愿"中没有斗争。北魏孝文帝的汉化政策是民族自愿融合的典型,但也曾遭到以太子为代表的贵族保守集团的强烈反对,最后不得不废弃太子,甚至处以极刑。在这些语言替换中,汉族在政治上处于被统治地位,因而不可能给其他民族的语言施加任何特权。这种不依赖特权而进行语言替换的方式,是符合历史发展规律的。

四、语言替换的过程

语言替换的过程大体上是先出现双语或多语现象,然后是几种语言中的优势语言逐渐排挤、替代其他语言而完成语言的替换。双语现象或多语现象的出现是语言替换过程中重要的、富有特征性的现象,是两种或几种语言统一为一种语言的必经的过渡阶段。在这一过渡阶段中,一方面是弱势语言母语者所说的第二语言(优势语言)越来越好,[①]另一方面是优势语言所使用的范围(官场、学堂、市场、与陌生人交谈、家庭中交谈等)越来越大,最终完全替换弱势语言。这是一个漫长的过程,不是在几年中就能得出结果的一次性行动。

双语现象形成后最终是否导致语言的替换,还要看社会历史的条件:如果两个民族向融合的方向发展,相互间的关系越来越密切,其中某一个民族完全失去了聚居人口,这个民族就会逐渐放弃自己的语言,完成语言的换用,例如前述的鲜卑与汉的关系;如果两个民族仍然保持相对平衡的状态或向分离的方向发展,各个民族都一直保持相当数量的聚居人口,那么他们就继续各说自己的语言,元与汉的关系大体上属于这一种情形。但语言替换必须经过双语现象的阶段,这一点是没有疑义的。

一般说来,当两个民族生活在同一地区的时候,由于交际的需要,都会互相学习对方的语言。这在史书的记载中可以看到不少线索。李冲反对魏孝文帝的"不得以北俗之语言于朝廷"(《魏书·高祖纪》),而主张"帝者言之,即为正矣,何必改旧从新"(《魏书·咸阳王禧传》),可以从反面印证做官的汉人必须会说"帝者"的语言。魏分裂后,北齐的高欢及其继承人虽然想提高鲜卑语的地位,免被汉语替换,但双语现象的存在是很清楚的。例如,《北齐书·高昂传》有这么一段记载:"于时,鲜卑共轻中华朝士,唯惮

[①] 参看陈保亚《论语言接触与语言联盟》,语文出版社,1996年,第30—45页。

服于昂。高祖每申令三军,常鲜卑语。昂若在列,则为华言。"可见北齐的鲜卑族统治者及其统辖的"三军"都同时掌握汉语和鲜卑语,因而既可以用鲜卑语讲话,也可以用汉语讲话。当时的汉人,也有很多人会说鲜卑语。例如刘昶"呵詈童仆,音杂夷夏"(《魏书·刘昶传》);北齐的一个士大夫为了取悦于鲜卑统治者,教儿子说鲜卑语和弹琵琶,"以此伏事公卿,无不宠爱"(《颜氏家训·教子》)。由于汉族在经济、文化方面处于先进地位,汉族人学鲜卑语不是当时的主流,而且被人讥笑为"不得邯郸之步而有匍匐之嗤者,此犹其小者耳"(《抱朴子外篇·讥惑》),而鲜卑等族学习汉语则是当时不可阻挡的历史潮流。

文字是记录语言的工具,双语现象时期语言间的相互影响也可以在文字中找到一些线索。顾炎武在《金石文字记·孝文皇帝吊殷比干墓文》中举了这么一条材料:

> 又考《魏书》,道武帝天兴四年十二月,集博士儒生,比众经文字,义类相从,凡四万余字,号曰众文经。太武帝始光二年三月,初造新字千余,颁之远近,以为楷式。天兴之所集者,经传之所有也;始光之所造者,时俗之所行,而众文经之不及收者也。则知《说文》所无,后人续添之字,大都出此。

天兴四年是公元401年,始光二年是公元425年,前后相隔24年,通用的新字就增加一千多个。这显然是因为在民族交融、社会大变动的时期出现了大量的新事物、新概念,相应地语言中出现了大量的新词语,原来的文字不能满足记录语言的需要,因而新字就适应这种需要而产生。南北朝时期不仅大量创造"《说文》所无"的新字,魏太武帝拓跋焘还利用行政的力量使"时俗之所行"的新字规范化、合法化,加以推广,又使得这一时期大量产生异体字,书写形体也有明显改变。① 这些现象都可以在一定程度上说明双语社会中不同语言之间的相互影响。

满文源自蒙文,后来随着满汉两族关系的发展,满语与汉语的关系日益密切,因而在改进满文的书写形式时就进一步考虑到和汉语的对音,以利于转写汉语的词语(见《清史稿·达海传》)。例如清初的满文,[s][z]不

---

① 顾炎武在《金石文字记·孝文皇帝吊殷比干墓文》中有这样一段话:"今观此碑,则知别体之兴,自是当时风气,而孝文之世,即已如此,不待丧乱之余也。江式表云:皇魏承百王之季,世易风移,文字改变,篆形错谬,隶体失真……盖文字之不同,而人心之好异,莫甚于魏齐周隋之世。"这种现象的产生与融合过程中各少数民族学习汉文、汉字有关。

分，只用一个表示[s]的字母，也就是说，表示[s]的字母既可以表示[s]，也可以表示[z]。而满语的[z]与汉语的[ts]相似，因而满文中多用[s]转写汉语借词的[ts]："罪"，满文作[sui]，"蝎子"，满文作[xiyese]。后来懂得汉语的满族人越来越多，知道[s]与[ts]不同，于是另造一个新的字母代表[ts]，以转写汉语的借词。这种现象反映了语言替换过程中的一个步骤。

现代多语地区的语言调查也说明了这一点。在云南汉傣两族共同居住的地区，如果汉族居民的人口比例很高，则当地傣族人群所说的汉语就逐渐地向当地汉语靠拢。①

五、语言替换与底层遗留

在双语阶段，必然会产生语言间的相互影响，即使是被替代的语言，也会在胜利者的语言中留下自己的痕迹。由于汉字不是拼音文字，历史上的这种痕迹今天已不甚清楚，但《颜氏家训·音辞》概述当时的汉语已经"南染吴越，北杂夷虏"，可见其一斑。

被替代的语言在胜利者语言中留下的痕迹，被称作"底层"。底层最主要的表现有两点。一是被替代的言语社团的一些特殊的发音习惯。发音习惯与音位系统和字音分合关系都不同，它只是具体音值、具体发音生理上的区别。比如，我国浙江、上海郊区、福建、广东、海南等地的一些汉语方言中，有一种气流由口外吸向口内的浊塞音（"浊内爆音"）声母，出现这种特殊音值声母的汉语方言，刚好都处于壮侗族先民居住的区域，而壮侗语是具有成系统的浊内爆音声母的语言。因此不少学者认为汉语方言中所出现的浊内爆音是壮侗语留在汉语中的底层。被替代的语言发音的保留可能是胜利者语言分化为不同地域方言的一个重要因素。底层另一个常见的表现是地名，地名最容易留下被替代语言的痕迹。例如东北的"齐齐哈尔""富拉尔基"等是满语的残留。

总之，在语言替换的漫长过程中，双语时期语言之间的相互影响会对语言的变化产生很大的影响，甚至在文字中也可以找到这种影响的痕迹。随着一种语言的消亡，这种痕迹就成为两种语言历史上密切接触的见证。

可以看出，语言联盟和语言替换有一些相同的地方。它们都是社会或民族密切接触的结果，都是原来不同的语言因后起的密切接触而趋同，都要经历漫长的双语或多语并存的阶段。但两者也有重要的不同。社会条

---

① 参看陈保亚《论语言接触与语言联盟》，语文出版社，1996年，第30—40页。

件的不同在于密切接触的各方力量是否相对均衡。这一重要不同带来接触结果的重要不同：各方力量相对均衡，密切接触的结果只是语言在结构类型上趋同，并不统一为同一个语言；各方力量失衡，则力量强的一方的语言会替换其他语言而成为唯一的胜利者，几种语言将统一为一种语言，至多使同一种语言带有不同底层的地域变体——方言。

第五节　不同类型不同等级的通用语言进入方言或民族语的层次

一、通用书面语与地方语

语言接触还有一种重要的类型，这就是一个国家中通用书面语对各地方言或语言的影响。

随着文字的产生，社会生活有了新的分化，语言也随之形成了新的变体。以文字为表达媒介的通用书面语，与文字学习、科举、政令制定和发布、外交、宗教、文化和科学技术的传承等社会的高层活动相联系，其使用的地域覆盖一个甚至若干个国家，所以有"官方语言""宗教语言""雅言""通语"等不同名称。通用书面语和地方语可以是同一民族语言的风格兼地域变体，如中国古代的"雅言""通语"与各地方言；也可以是完全不同的两种语言，如日本、朝鲜、越南和我国南方的不少少数民族都曾以汉语作为通用书面语。通用书面语具有高于地方语的地位，联系着不完全统一的社会。

通用书面语通过读书识字的特别途径传播，所及之地不一定地域相邻，这与语言替换和语言联盟在语言接触方式上有很大区别。通用书面语的地位和接触方式的特殊性，决定了通用书面语与地方语接触的结果也与语言替换和语言联盟有所不同。另外，通用书面语所联系的社会的分化程度、通用书面语与当地语是否为同一语言，也会造成接触的过程和结果的不同。

二、文白异读与汉语方言中的通用语层次

我国地域广阔，很长时期是中央集权的封建社会。在这种社会条件下，一方面各地经济独立，风俗各异；另一方面有政治、文化上的大一统：统一的政令和科举、统一的文字和通用书面语。通用书面语联系着各地政治和文化的统一，联系着各地人民的交际，有着高于方言的地位。

我国不少方言中有所谓"文白异读"的现象，特别是南方方言和山西的一些方言中，文白异读非常丰富。文白异读指一个方言中不少汉字（记录的是一个语素）有两个或多个有文雅/俗白风格区别的语音形式，形成成系统的层次。比如山西闻喜方言中，"平坪病明鸣名命丁钉听锭宁零铃领岭清晴井静荆惊经镜庆轻迎影"诸字都有韵母文白不同的两种语音形式：文读韵母为有鼻尾的 iʌŋ 韵，白读韵母为没有鼻尾的 iɛ 韵。文白形式的使用有语用上的区别，也有词汇上的区别。比如，"井"用于指称现代机井（用机械化的方式打出、用较细的铁管插到深层地下水层中、用电动水泵汲水）时一定要用文读韵母，指称农村传统式的吃水井则在当地人交谈时用白读韵母，读书开会（特别是与外地人开会）时用文读韵母。有些字的韵母有三种异读。如闻喜方言中的"水"，在本地人交谈提到"水"时，如果是出现于一般的"水、河水、水萝卜"等词汇中说/fu⁴⁴/，韵母为 u；出现于"自来水、水管"等词汇中用/fi⁴⁴/，韵母为 i；出现于"汽水"①一词中则说/suei⁴⁴/，韵母为 uei。"社"在本地人交谈提到"社火"时说/sa²¹³/，"合作社"等词汇中用/siɛ²¹³/，"社会主义"一词中用/sə²¹³/。

　　为什么一个语素会出现不同的语音形式呢？从语言历时变化的角度看，这是通用书面语对当地方言影响的结果。在绝大多数情况下，白读是当地语原有形式的继承和发展，文读是外来的、借助文字教育或戏曲传习而传承的通用书面语的形式。不同时期的通用书面语可能不同，所以文读也可能有多个层次。文读的风格身份不是一成不变的，当新的文读进入后，旧文读的风格色彩与之相比就相形而"土"了。所以，分析地方语与外来通用书面语的关系，也不能完全根据文白的风格色彩，特别是遇到有三个或者更多层次的情况时。

　　通过与历史文献资料和现代方言的对比可以知道，闻喜方言"井"的韵母为 iɛ 及其他一些白读的形式，与西夏重镇黑水城出土文献所反映的宋西北方音中的形式属于同一支方言；"水"的/fi⁴⁴/形式，与中原官话的关中方言中的形式属于同一支方言，是所谓"蓝青官话"的旧文读；最新的文读则是 20 世纪 50 年代后期推广普通话后新出现的层次。②

　　分析汉语方言的层次要特别注意我国历代通用书面语的更替。虽然

---

① "汽水"一词 20 世纪 60 年代才在当地出现，因此其中的"水"的读音为文读，接近普通话中"水"的读音。

② 王洪君《山西闻喜方言的白读层与宋西北方音》，《中国语文》1987 年第 1 期。

直至"五四运动"之前,我国的科举考试一直以先秦时代的文言文为语法规范,以在隋朝成书的韵书《切韵》的基础上精简而成的《平水韵》为语音规范,但是宋元以来实际上已经出现另外一系贴近当时语言的新的通用书面语,在文化教习(如宋代的《朱子语类》)、政令和外交文书(如《三朝北盟会编》的一些部分),特别是新兴的小说、戏曲等文学形式中广泛使用,当时叫作"天下通语"。元初周德清在《中原音韵·作词十法》中讲到编写曲文时说:"可作乐府语、经史语、天下通语","不可作俗语、蛮语、谑语、嗑语、市语、方语、书生语(按:指文言)"等。可见当时的"天下通语"已与文言分家,与乐府语、经史语并列,是一种以北方方言为基础的新的书面语。近人任中敏对这一点做过解释,说写文章、作词作曲时采用"天下通语,则天下尽通,后世易晓。若为市语方言,则虽便捷一时,称快一地,要无以明于天下后世"[1]。后来产生的小说如《三国演义》《水浒传》《西游记》《儒林外史》等都是用这种"天下通语"写的,而《红楼梦》《儿女英雄传》则是进一步用北方方言的代表点——北京话来写作的作品。同时宋元以后也产生了一些贴近当时北方语音的新的韵书作为词曲戏曲的音韵标准。

还要注意汉字给通用书面语带来的特殊性。由于汉字是不表音的,所以汉语的通用书面语的语音标准只有韵书,只有反切,只能从中得到声韵调的字音归属而没有具体的音值标准,于是各地的人们就可以以各自的音值去读。由于有音类的对应,所以交际时可以通过类的对应而达到相互的理解。直至民国时期灌制"国语留声片"之前,我国的通用书面语都是只有字音声韵调的归类标准,而没有音值标准,各地说各地的蓝青官话。

一个方言是不是有文白异读现象,取决于方言与同时期通用书面语的字音分合关系的差距大小。如果差距不大,则方言往往通过地区内部的言语社团的差异(如新老差异、读书人与文盲的差异)而向通用语靠拢。如果方言与通用书面语的差异很大,则会产生文白异读的现象。

文白异读与今天学习第二语言或普通话而出现的双语现象有所不同。不同在于,文读是在通用书面语没有音值标准的历史时期产生的,各地的文读都经过了各自方音系统的改造,带上了地方味儿,所以文读跟白读从音值看共用一套声韵调系统,都是当地的,听上去说的都是当地话,如闻喜话的上声(如"水、井"的声调)是 44 调而不是北京话的 214 调。文白的差别则在于字音中声韵调的同音关系不同,如闻喜话"水"的三种读音中声母、

---

[1] 任中敏《作词十法疏证》,《散曲丛刊》第十三种,中华书局,1930 年。

韵母的归属各有不同。推广普通话以后,我国的书面语有了语音的标准,它与地域方言不再是同居一个系统之内的文白层次,而是声韵调各有自己体系的两个完整的系统了。

与其他类型的语言接触相比,文白异读的一个重要特点是接触双方是源自同一语言的功能变体,亲缘关系比较接近,因此词汇相同的数量比较大,且音类上的对应关系较为明显。这样的接触会不会有什么特殊的结果?现在发现的一个显著特点是,这种接触会造成语音层次与词汇层次的不完全对应。一是同一语素声韵调的文白层次可能杂配,二是一些世代常用的词汇,只要不是本地独用的,也有可能换用文读。比如,"平平的"的"平",闻喜郊区老年妇女说/tʰie²¹³/,但青年人或男性却说/pʰie²¹³/,后者的声母换用了文读,①韵母还是白读。

文白异读为我们研究古代方音的情况、古今各个方言在区域上的扩大与缩小、历代通用书面语语音的更迭及在地域上的覆盖范围,提供了宝贵的资料,也为研究通用书面语与地方语这一特殊的接触类型提供了宝贵的资料。这方面的研究目前正在逐渐深入。

三、外族书面语的层次

不少语言在历史上曾经以其他民族的语言作为通用书面语,这主要有三种情况。

一是同居一个国家共同体之中人口较少、没有自己文字的民族,往往借用文化上占优势的其他民族的文字和通用书面语。比如我国的壮族,历史上很长时期借用汉字并以汉语作为自己的书面语。

二是借用其他国家的文字和书面语。比如日本、越南、朝鲜历史上曾长期以汉字、汉语作为自己的文字和书面语。

三是因战争被其他民族征服,一段时期内以他民族的文字和语言作为自己国家和民族的官方语言。比如下面所讨论的英伦三岛曾以法语为官方语言的情况。

他民族书面语的借用会在借入方的语言中造成整齐的词汇-语音层次,同时也可能在历史的不同时期多次地借用。比如,日本借用的汉语书面语,从语音上看主要有两个层次,一是南北朝时期从我国东南沿海借入的"吴音",一是唐朝时期从长安借入的"汉音"。英语借自罗曼语族的词汇

---

① 王洪君《文白异读与叠置式音变》,《语言学论丛》第十七辑,商务印书馆,1992年。

约占整个词汇的70%，其中很大一部分是来自拉丁语，从罗马帝国到文艺复兴之前，拉丁语一直是整个欧洲的宗教语言和科技语言。迄今，医学、药学、动植物分类学等领域，学术界仍然统一使用拉丁学名。另外一部分来自战争征服。公元1066年，法国诺曼底公爵威廉在哈斯丁斯之役中击溃了英格兰军队，在英国建立了王朝，法语成了国家、宫廷、教会的语言。在这一时期，英语从法语中借用了大量的词语，一直沿用到现在。例如 state（国家）、people（人民）、parliament（国会）、nation（民族）、honour（荣誉）、glory（光荣）、fine（美好的）、army（军队）、enemy（敌人）、battle（战役）、peace（和平）、vessel（船）、officer（军官）、soldier（兵士）、court（法庭）、justice（审判、司法）等，都是从法语借入的词。有意思的是，英语中的牛（cow）、羊（sheep）、猪（pig）的名称未变，而牛肉（beef）、羊肉（mutton）、猪肉（pork）都改用法语词。宫廷中的统治者只关心吃的是什么，而不关心养的是什么，反映了借词涉及的范围限于统治者关心的事物。

书面语借用的社会条件不同，结果也会有差异。在第一种社会条件下，书面语借贷双方的民族同处于一个国家共同体中，除书面语外，两个民族还有地理上相邻、交错居住、通婚等密切的日常接触。于是，他民族书面语的借入，一方面会形成完整的书面语词和书面语音的层次，另一方面在两民族交错居住的区域，两民族的语言系统还会相互感染而形成语言联盟。在第二和第三种社会条件下，书面语借贷双方的民族没有地域上的接触，或是只在短暂征服期有地域上的接触，因此在词汇大量借贷的基础上，可能会发生结构因素的少量借用，比如日语中新生了只用在汉语借词中的鼻韵尾，英语中产生了"拉丁式重音"（英语本族词的重音在词首，而拉丁语三音节及以上的词的重音很多在词的倒数第二音节），但不会导致借入一方整个语言系统在结构类型上的变化，即不会发生整体性的结构类型的变化。比如大量法语词语渗入英语之后，都接受英语语法规则的支配，英语并没有因此而丧失其独立性。另外，由于地域上不相邻，所借书面语的影响只能是单向地施加到借入一方，反向的影响不会发生，因而不会发生彼此的系统感染，不会产生语言联盟。

四、民族通用语言和国家通用语言

民族通用语言[①]和国家通用语言是资本主义之后出现的更高形式的通

---

① "民族通用语言"在一些文献中表述为"民族共同语"。

用语,这是有具体音值标准、涵盖书面语和口语两种变体的通用语言。民族通用语言和国家通用语言的区别在于,民族通用语言是一个民族基于本族语形成的通用交际语,而国家通用语言是一个国家各个民族共同的通用交际语。

先说说民族通用语言。

在封建社会,一个地域较大的国家经济上是各地相对封闭的。在这种社会条件下,如果政治上集权的力量强,文化上的统一程度高,就会产生中国式没有具体音值标准的通用书面语。而在欧洲,从西罗马帝国灭亡到文艺复兴之前的整个"中世纪"(约公元476年—15世纪末),一直没有一个强有力的政权,各地城邦林立,地方割据带来频繁的战争。再加上欧洲各地都使用表音文字,即使是使用同一套字母,同一国家中的不同方言写出来也各不相同。因此欧洲各国长期都是以罗马帝国所使用的拉丁文为通用书面语,没有各民族、各国家自己的通用语言。

文艺复兴之后,欧洲各地资本主义的因素逐渐发展,同一国家或同一个较大区域内部的经济文化联系逐渐加强,形成了内部远比封建时期统一的社会。与此相应,欧洲各国(包括新统一的德意志帝国)陆续出现了自己的民族通用语言和国家通用语言。

我国则在1923年由"国音字典增修委员会"提出以北京语音为我国"国语"的语音标准,并得到当时教育部的批准和支持。1956年中华人民共和国正式发布文件,确定"普通话"为现代汉民族通用语言的口语形式,并指出"普通话以北京语音为标准音,以北方话为基础方言,以典范的现代白话文著作为语法规范"。

一个民族的民族通用语言是在本族语的某一个方言的基础上形成的。究竟哪一种方言成为基础方言,并不取决于人们的主观愿望,而是取决于客观的社会经济、政治、文化等各方面的条件。现代汉民族通用语言,即普通话,确定以北方话为基础方言、以北京语音为标准音,这主要是政治的原因。我国北方的黄河流域的中段,即所谓"中原地区"是汉民族的发源地,是夏商周以至秦汉的中心地区,汉民族从这一中心地区逐渐扩展到了南方,而"中原"一直是汉民族心目中国家的中心。再加上用北方口语写的文学作品(宋元话本、元曲、明清白话小说等)有很大影响,说北方方言的人口也最多,因而北方方言就成了汉民族通用语言的基础方言。北京则是辽、金、元、明、清五代的都城,近千年来一直是一个政治中心。随着千年时间的推移,北京音在全国的影响越来越大,最终被确定为现代汉民族通用语言的语音标准。

伦敦方言成为英吉利民族通用语言的基础方言是由于经济的原因。英国产业革命之后,首都伦敦成为工业的中心,需要大量的劳动力,各地居民纷纷迁入伦敦。操各种方言的人杂居在一个城市之中,使英吉利民族通用语言在伦敦方言的基础上吸收其他方言的一些成分而发展起来。

多斯岗方言成为意大利民族通用语言的基础方言主要是由于文化的原因。意大利在统一以前,著名的文豪如但丁、彼特拉克、薄伽丘等人已用这种方言写了许多脍炙人口的作品,人们要欣赏这些作品,就得依照多斯岗方言去阅读,就得学习这种方言。因此,文化的力量使多斯岗方言在全国的方言中取得了特殊的地位,成为民族通用语言的基础方言,而该方言区的首府佛罗伦萨的语音就成为意大利民族通用语言的标准音。

总之,政治、经济、文化的原因都可以使某一个方言取得一种特殊的地位而成为民族通用语言的基础方言。

再谈谈国家通用语言。

在一个多民族的国家中,各民族之间往往还需要一个共同的交际工具,这一共同的交际工具常称作"国家通用语言"。目前,我国的国家通用语言是汉语普通话。2000年10月31日全国人民代表大会常务委员会通过、2001年1月1日起施行的《中华人民共和国国家通用语言文字法》,正式确认了普通话作为国家通用语言的法定地位。有的国家的国家通用语言不止一种,例如加拿大的国家通用语言有英语和法语两种,瑞士的国家通用语言有德语、法语、意大利语和罗曼什语(Romansh)。不过在这种情况下多以一种语言为主,如加拿大以英语为主,瑞士以德语为主。与民族通用语言对基础方言的选择相同,一个国家选择哪一个民族的通用语言作为国家的通用语言,也是取决于经济、政治、文化等因素。

民族通用语言和国家通用语言可以加强一个民族或一个国家内部的统一和联系,对于民族和国家的经济文化发展起着重要作用,对于民族认同、国家认同也起着至关重要的作用。作为中华人民共和国的公民,我们有义务、有责任学好普通话,积极推广普通话。同时,实践证明,民族通用语言和国家通用语言不能也不应该取代方言或其他民族语。方言和人口上占少数的民族的语言都是人类宝贵的非物质文化遗产。一个民族的内部共存有丰富的地域文化,一个国家的内部共存有多彩的民族文化,才能更好地提高民族和国家的经济文化水平。在推广民族通用语言和国家通用语言的基础上,鼓励多元文化的发展,对于民族和国家的认同将会更加有益。这方面的理论研究还亟须深入。

以上四节介绍的是语言接触的一般形式，也即在几种常见的不同社会条件下语言相互接触通常的结果。要说明的是，以上四种形式并不是截然划分的。比如，同一地区的若干民族可能在某一历史时期人口相对平衡，而另一时期战争等其他因素使得其中一个民族的人口比例突增而打破平衡；一个民族可能部分人口聚居而另一部分人口与他民族混居，因而语言替换只在与他民族混居的部分人口、部分地区中发生，其他人口和其他地区则形成语言联盟。再如，形成语言联盟的各个民族在人口和经济文化上往往只是相对平衡，仍可能会有一个经济文化上相对先进的民族，其他民族向这个民族借用的词汇就比较多，也会形成借词的层次，等等。语言接触会造成什么样的语言变化，语言变化与社会条件有什么关系、与语言自身有什么关系，是近几十年来历史语言学界研究的热点，许多问题还没有完全搞清楚。我国历史悠久，地域广阔，民族众多，又有独特的文字体系，是研究语言接触难得的田野基地，在这一领域，我们还大有可为。

第六节 语言接触的特殊形式——洋泾浜和混合语

一、洋泾浜

在旧中国，人们常用"洋泾浜"这种说法来指非正规学会的不登大雅之堂的外语，特别是英语。洋泾浜是上海外滩的一段，位于叫作"洋泾浜"的河流（早已填没）和黄浦江的汇合处。鸦片战争以后，上海辟为商埠，洋泾浜一带成了外国商人聚集的地方。他们和当地的平民接触，就用这种支离破碎的外语通话（官方的通译使用标准语），于是"洋泾浜"成了破碎外语的中国名称。来自洋泾浜英语的词像"康白渡"（comprador，买办）、"拉司卡"（last car，末班车，转指最后一个）、"何洛山姆"（all same，全部）、"温淘箩"（one dollar，一块大洋）等，曾经在新中国成立前流行于上海，现在上了年纪的"老上海"大概还有印象。

洋泾浜是出现在世界很多通商口岸的一种常见的语言现象，不是中国所特有的。可是国外语言学界对中国的洋泾浜产生了兴趣，根据中国人发英语 business 这个词的讹音，给这种语言现象起了一个学名，叫"pidgin"。

洋泾浜是当地人在和外来的商人、水手、传教士等打交道的过程中学来的一种变了形的外语。这种变形首先起因于外来者：他们为了使当地人明白自己的意思，常常在语言上做出让步，简化自己的语言，夹入一些当地语言的成分，于是这种变了形的外语就成了当地人模仿的榜样。另一方面,当地人在掌握这种语言的时候,会受到自己语言中语音、语法规则和表达习惯的干扰,对它进行相应的改变,而这些改变又被外来者所接受。最后,双方仿佛在语言上达成一种协议,产生了一种大家能够接受的交际工具。所以洋泾浜是当地人没有学好的外语,是外语在当地语言的影响下出现的变种。洋泾浜的共同特点是:语音经过当地语言音系的适当改造,语法规则减少到最低限度,词汇的项目比较少,往往要借助于迂回曲折的说法指称事物。

洋泾浜是一定社会条件下的产物,只有口头形式,用于和外国人交往的特殊场合,没有人把它作为母语或第一语言。中国的洋泾浜英语早在18世纪中叶就有记载。新中国成立后,中外交往都用标准语进行,洋泾浜英语失去交际工具的作用,不再被人们使用。在过去,这种语言是在中外人民的交往中随处形成的,没有统一的形式和规范,变体很多。我们根据前人的零散记载介绍它的一些特点。

语音方面,往往用 l 代替 r,比如 room 说成 loom,all right 说成 all light。以辅音收尾的词被加上元音,如 make 变成 makee,much 变成 muchee。汉语不少方言没有 /r/,只有 /l/,汉语的音节很少用辅音收尾,这些发音特点反映了汉语音系的影响。

洋泾浜英语可以说只用词干来造句,英语中数、格、人称、时、体、态等变化都消失了。另一方面,由于汉语有量词,piecee(=piece)这个词的使用很广,比如 two piecee book(=two books)。用 side 和 time(读如 tim)表示空间和时间,例如 top-side(=above),bottom-side(=below),farside(=beyond),allo-side(=around);what-tim(=when),nother tim(=again)。belong(或 belongey)的语法作用非常广泛,突出的是代替系词,例如:He belongey China-side now(=He is in China),You belong clever in-side(=You are intelligent),买东西问价钱通常说 How much belong?

词汇成分基本来自英语。chin-chin(招呼,邀请,请求,尊重)和 chow-chow(吃,食物)是两个常用的中国来源的词。此外还夹杂英国人从印度等地带来的词,如 chit(信,账单)、godown(货栈)。有些动词性词语后面加 -lo,可能就是汉语的"啦、啰",例如 die-lo,buy-lo,say-lo,pay-lo;wailo(走开!)可能是 away 加 -lo。常用词中的 numpa one(=number one)表示"呱呱叫",catchee(=catch)表示"得到,具有",plopa(=proper)表示"对,好"(You belong plopa? =Are you well?),使用范围都比英语词大得多。由于词汇成分少,不少事物要用比喻或拐弯抹角的办法来指称。现在保存下来的一个典型的例子是把"双烟囱三桅汽船"描绘成 Thlee piecee bamboo, two piecee puff-puff, walk along inside, no can see(三根竹竿,两个吐烟管,走路的家伙在里面,看不见)。

世界上现存最有活力的洋泾浜是广泛使用于新几内亚的 Tok Pisin。它经过长期发展,已经成型,有自己的文字、文学、报纸、广播,并且曾经在联合国大会上被用来发言。它的主体是英语,在大约 1500 个词汇项目中,80%来自英语,有简单而明确的音位和语法规则。

Tok Pisin 的音位数目比较少,每一音位可有好些变体发音,比如/s/有[tʃ][ʃ][s]三种自由变体,machine 一词中的 ch 可以随便发成这三个音中的一个。实词的形态变化已大大简化,因而语序严格。及物动词须带后缀-m,例如:Mi driman long kilim wanpela snek(＝I dreamed that I killed a snake),其中的及物动词 kili(杀)就带着后缀-m。

和一般的洋泾浜一样,Tok Pisin 的词汇量比较小,不便于表达细微的意义差别,许多词的意义负担很重,要靠上下文来排除歧义。使用拐弯抹角的比喻说法的场合比较多,比如,"胡子"叫 grass belong face(脸上的草),"口渴"叫 him belly alla time burn(肚子里直发烧)。过去的材料里还有这样的例子:"受惊"叫 jump inside,"思考"叫 inside tell him,"伤心"叫 inside bad,"知道"叫 feel inside,"改变主意"叫 feel another kind inside,"失眠"叫 take daylight a long time。有些迂回说法贴切生动,反映出创造者的机智和幽默感。

洋泾浜这种语言现象的产生与 17 世纪以后帝国主义的殖民扩张有联系,是语言接触中的一种畸形的语言现象。它的使用范围比较狭窄,发展的前途不外两个:一个是随着社会制度的改变而消亡,像我国的洋泾浜在新中国成立后便停止通行;一个是发展为混合语,成为某一地区人们通用的交际工具。

二、混合语

洋泾浜的特点之一在于它是一定场合下使用的特殊语言,没人把它当作母语来学习使用。但是在一定条件下,它也可能被社会采用为主要的交际工具,由孩子们作为母语来学习。在这种情况下,洋泾浜就变成了混合语,又叫克里奥尔语(Créole,是"混血儿"的意思)。例如非洲某些地区的种植园,不但欧洲殖民者和非洲劳工之间没有共同的语言,就是非洲劳工,由于来自不同的部落,彼此也不能通话。在这样的社会共同体里,唯一通用的交际工具只能是经过洋泾浜化的殖民者的语言。随着不同种族、部落的人互相通婚,克里奥尔语就在家庭里扎根,被下一代的孩子作为母语来学习使用。在非洲以外的地区,像海地有以法语为基础的克里奥尔语,牙买加有以英语为基础的克里奥尔语。美国佐治亚州、南卡罗来纳州沿海岛屿上非洲人后裔使用的嘎勒语(Gullah),也是一种克里奥尔语,它的基础是英语。洋泾浜一旦升格为克里奥尔语,在一个社会的全体成员的口头中扎下根,就会扩大词汇,严密语法,迅速地丰富发展起来,最后也可能会变得和其他语言一样完备。

洋泾浜和克里奥尔语都是语言接触的一些特殊形式。它们之间有共同的特点:一种语言远渡重洋,立足异域,或者作为特殊语言使用于有限的范围,或者在那里落户生根。在这个过程中,它必定和当地语言发生密切的关系,吸收对方的一些成分,放弃自身的一些特点。语言接触的这种特殊的类型实际上也是遵照一胜一败的方式进行的,这同基础方言替代某些土语方言、经济文化上优越且人口数量较多的民族语言替换其他民族的语言,大体上是同样的过程。所不同的是,方言的统一是一个民族语内部的问题,语言的替换是不同民族语之间的问题,但这两者又有共同点以区别于洋泾浜和克里奥尔,即它们都是在一个社会共同体、一片连续的地区里进行的,这一过程牵动了整个的社会。洋泾浜和克里奥尔则是语言"远征"的结果,是语言随着殖民者深入异域的产物;使用这种语言的民族只是在老家以其经济、文化、技术上的优势遥为支持,使它在他乡有一个临时的立足之地,或者在当地缺乏有效通用语的情况下逐步替代当地各语言。

三、我国境内的土汉语和混合语

与殖民远征无关,在现今我国境内,也发现了一些与洋泾浜或克里奥尔性质类似的语言。

先说类似洋泾浜的情况。

我国从宁夏经陇东、青海、川西到云南、贵州,是汉语和多种少数民族语言相互接触的一个集中地区,学界称之为"语言走廊"。在这一区域内流行着一种洋泾浜式的、未作为母语传递的"土汉语"。比如,川西北的阿坝藏族羌族自治州是汉、藏、嘉戎、羌、回等民族的杂居地区,各族人民为了相互往来而采用汉语作为共同的交际工具。各族人民由于自己母语的干扰,他们所掌握的汉语与汉语的实际状况有很大的区别,形成一种"似汉非汉"的土汉语;而汉族的干部、工人、教师等为了让兄弟民族居民听懂自己的话，也跟着学说这种土汉语，并且自编自创，促进了这种土汉语的使用。

据调查，阿坝地区的土汉语在语音、语法、词汇等各个方面都有"似汉非汉"的特点。声调由于受到当地没有声调的藏、嘉戎等语言的干扰而在土汉语中消失了。例如，"老师"可以说成"老四"，也可以说成"老死"，"保卫"可以说成"包围"。这种现象在学生的学习中就以大量的错别字的形式反映出来，如"天华(花)板""高矮不异(一)"。在辅音的区别特征和音节结构方面，邻近的汉语没有浊塞音、浊塞擦音，也没有复辅音，当地的少数民族语言却具有这些成分，这些成分被带入了土汉语。例如把"成都"说成[tʃʰən ndu]，"担保"说成[tɐn mpou]。另外，当地少数民族语言基本上只有单元音，没有复元音，因而韵母中的介音和韵尾在土汉语中不见了。例如"粉条""扁豆"由于其中的"条""扁"失去介音 i 而说成"粉桃"和"板豆"；"光了"由于其中的"光"失去介音 u 而说成"钢罗"；"幼儿园"由于其中的"园"失去介音 y 而说成"约日烟[jo rə jɐn]"。汉语的音节只有-n、-ŋ 两个鼻音韵尾，当地的民族语言却有更多类型的辅音韵尾，这些韵尾在土汉语的词中也都有出现。例如"萝卜"说成[lo pək]，"桌子"说成[tʃok tsə]，"帕子"说成[pʰɐ tsət]，"灯盏"说成[tən ntʃɐr]等。以上土汉语语词的音韵特点，既不是汉语的，也不完全是当地任何一种民族语言的，是一种"似汉非汉"的混合形式。

土汉语的语法结构也出现了混杂的形式。当地少数民族语言宾语在动词前面，能愿动词在主动词后面（如"能说"说成"说能"），修饰语在中心语的后面（如"白马"为"马白"）。这些结构特点也渗入土汉语，使当地土汉语的语序和汉语相去甚远。请比较：

（1）头发剃没有。（没有理发。）
（2）牙齿洗没有。（没有刷牙。）
（3）张三同意常委的请举手。（同意张三为常委的请举手。）

在嘉戎语里，例（3）的"张三"是宾语，出现在动词"同意"的前面，这符合嘉戎语的规则，但"举手"又按汉语的规则组合，把动词"举"放在"手"的前面，两种规则混杂。全句的主语应该是"你们"，这在嘉戎语里由动词的形态变化表示出来，因而省略了；"为"的意思也由形态成分表示，这里也去掉了。类似这样的句法特点都是几种语言相互干扰的结果。

如果各族人民全用自己的语法规则来组织汉语的词语，那么土汉语的语序也应该是有规律的。但是使用语言的人往往是"兼收并蓄"不同语言的结构特点,因而使语言现象复杂化。比方说,当地的汉族人希望迁就兄弟民族的语言习惯,但实际却矫枉过正,连主语的位置也加以挪动,如把"我饭吃"(我吃饭)、"我他打"(我打他)说成了"饭吃我""打我他"。这就把语言规律搞乱了。词汇的差异也会使语言现象复杂化。同样的意思甲语言用这几个词来表达,乙语言用那几个词来表达,结果使"似汉非汉"的土汉语又增加了一些洋泾浜的色彩。例如:

(4) 我心里不来。(我想不起来了。)

(5) 老乡饭吃一个没有?(老乡吃饭没有?)

(6) 尿动身。(想撒尿。)

(7) 他(的)耳朵里不去。(他听不进去。)

像这种混杂有不同语言的结构特点的土汉语,其他地区的汉族人是听不懂的,但在当地却有一定的生命力,少数民族居民乐于接受和使用。和少数民族居民生活在一起的汉族居民,特别是一些教师和干部,也使用这种土汉语。他们不仅用来跟当地的少数民族居民交谈,而且还在会上说,在上课时说,甚至到了大城市见了汉人也说。由于有很多人使用,这种土汉语在当地的日常交际中有一定的影响。但应该承认,这不是一种正常的现象,而是社会生活发生急剧的变化、各族居民交往日益频繁而产生的一种临时性的畸形语言现象。它虽一段时期内在学校教学中使用,但效果不好,不利于语言教学和文化科技知识的传播,也不利于更大区域的语言交际。从语言政策看,我们应当提倡多语并存而不应该提倡这种洋泾浜式的临时性的交际语。这种现象应该会随着民族地区经济文化的不断发展而逐渐改变。

除了做临时交际语的土汉语外,在我国多民族混居的地区,还发现了为数不多的混合语。说这些混合语的人口都很少,但的确已经作为母语来传承。根据 2007 年出版的《中国的语言》,中国境内研究较充分的混合语主要有四种[①]:①广西融水县的"五色话",又称"诶话",使用人口 5000 人左右,为壮侗-汉混合语;②青海同仁县的"五屯话",使用人口 2000 人左右,为藏-保安-汉混合语;③甘肃东乡县的"唐汪话",使用人口 20000 人左右,为汉-东乡混合语;④四川甘孜藏族自治州雅江县的"倒话",使用人口 2600 余

[①] 孙宏开、胡增益、黄行主编《中国的语言》,商务印书馆,2007 年,第 2561—2636 页。该书列出了 5 种混合语,其中西藏察隅县的扎话的性质还不是很清楚,这里暂不讨论。

人(共八个村寨),为汉-藏(康方言)混合语。从语言的特点看,这几种混合语都是语法结构主要取自一种语言,而词汇主要取自另一种或另几种语言。从社会环境的特点看,说这些话的人都是双语者,他们除了会说作为母语传递的混合语外,还会说当地居民人口最多的另一种语言。下面简单介绍一下倒话的情况。①

  将倒话作为母语使用的居民仅有甘孜地区的八个村寨,这些村寨周围的居民主要是藏族。据研究,说倒话的居民是清朝的汉族军队、船夫进驻雅江河口镇并与当地藏族长期联姻的后代,有藏汉两个民族的血缘成分。

  倒话的词汇几乎全是汉语的,包括基本词汇和绝大多数的一般词汇,只有某些反映当地社会环境特色的语词来自藏语。倒话的音节结构也与周边汉语类似:有依附于音节的四个声调;有 i、u、y 三个介音,i、u 两个元音韵尾;有鼻化韵,没有鼻尾韵。但在音位成员和语法规则方面,倒话又具有明显的藏语特点,与汉语差别颇大。从音位成员看,倒话像当地藏语一样有成套的与清音对立的浊塞音声母和成套的鼻冠音声母。比如"青蛙"为 /be^{332} bɐ^{51}/,"小腿"为 /kɔ̃^{554} ndu^{554}/。语法方面,倒话不仅像藏语一样是 SOV 型语序,而且在动词的体、态等多种语法范畴和名词的格标记等方面都与邻近的藏语康方言基本一致。比如,动词后加 /k^{h}ɐ-ʂɿ^{332}/ 表示现在进行体、亲验情态,加 /k^{h}ɐ-se^{332}/ 表示现在进行体、非亲验情态,加 /di-jiu^{51}/ 表示持续体、亲验情态等;而名词后加轻声的格标记 /ki/ 则表示及物动词的施动者或工具。另外,形容词做定语要放在中心语之后,也是与汉语不同而与藏语相同的。

  我国境内的土汉语和混合语,是研究语言接触的社会条件与语言变化之间关联性的珍贵案例。弄清它们所处社会条件的特殊性,更长期地跟踪其语言变化的全过程,不仅对于了解语言接触的特殊形式有直接意义,而且对于更好地了解语言接触的具体路径,特别是其中的一些细节,也一定会有珍贵的价值。

---

 ① 孙宏开、胡增益、黄行主编《中国的语言》,商务印书馆,2007年,第2621—2636页。

第八章 语言系统的演变

前两章我们从语言变化的外部动因出发，分别讨论了语言的分化和语言的接触，在"语言的接触"这一章中还比较详细地讨论了语言接触引发的语言变化会有什么样的过程和结果。本章则聚焦语言系统内部，从语音、语法、词汇三个子系统分别来观察语言内的变化有什么规律。特别要讨论在不考虑外来影响（语言接触）的条件下，语言系统自身各个子系统的演变会有什么样的结果，演变的方式和途径又是怎样的。语音、语法、词汇三个子系统各自相对独立，自成系统，但三者之间也有密切的联系。一个子系统的变化可能会引发其他子系统的调整，有关现象我们在分别讨论三个子系统时都会提到。

第一节 语音的演变

一、何以知道语音的演变

在留声机和录音机发明以前，语音一发即逝，无影无踪，但我们还是有办法知道语音在变，而且还能在一定程度上知道它是怎样变化的。我们的凭借主要有三个：一是方言和亲属语言，二是记录了语言的过去状态的文字，三是古代借词。

语言演变的不平衡性使同一语言在不同的地区表现出差异。这些差异往往代表某一语言现象的不同发展阶段，我们正可以从地域的差别中去探索有关现象的发展过程。例如，汉语有些方言的声母分尖、团，有些方言不分，这种歧异的现象为研究语音的发展提供了一条重要的线索。尖音和团音是汉语音韵学、方言学经常运用的两个术语。通俗地说[①]，舌面前塞擦音、擦音与齐、撮二呼的组合叫作团音，京剧里的"基"念/tɕi/就是团音。这是中古汉语的舌根音在/i//y/前发生腭化的结果（参看第六章"语言演变与语言分化"）。舌尖前塞擦音、擦音与齐、撮二呼的组合叫作尖音，京剧里的

[①] 更严格的定义请参看唐作藩《音韵学教程》（第五版），北京大学出版社，2016年。

"祭"念/tsi/就是尖音。如果齐、撮二呼前的舌尖前塞擦音、擦音也因腭化而变成舌面前塞擦音、擦音,那就说明尖、团合流,在语言中不分尖、团。我们只要把方言的有关差别稍加排列,就可以看到这种尖、团合流的轨迹。请看吴方言尖、团分合的一些情况:

表 8-1 吴方言尖、团分合举例

例字	苏州	上海	宁波
基	tɕi	tɕi	tɕi
祭	tsi	tɕi	tɕi
旗	dʑi	dʑi	dʑi
齐	zi	zi(老),ʑi(新)	dʑi, ʑi
权	dʑiø	dʑyø	dʑy
全	ziɪ	ziɪ(老),ʑiɪ(新)	dʑiy,dʑø(少数人)

从这个表中可以看到,苏州、上海、宁波三地的尖、团分合各不相同。苏州话不论清浊都分尖、团,说明尖、团没有合流。宁波话不论清浊都不分尖、团,说明尖、团已经合流,但从一些两读的字(如"全"可读[dʑiy],[dʑø])中可以看到,某些/ts/组字还可读它本来的舌尖前音,说明它变成/tɕ/组音即尖、团合流的时间还不太久远。① 上海话的清音不分尖、团,而老派的浊擦音还分尖、团,说明它还没有完成最后的合流过程。② 这些差别向我们提供了吴方言尖、团合流的一些线索:从地域分布看,从南向北,宁波话先合流,上海话次之,现在还没有完成合流的全过程,而苏州话还分尖、团两套。从合流的时间看,还不太久远。一部分上海人的语音情况还为上海话尖、团合流的发展顺序提供了一个重要的信息:合流的先后与发音方法有关,清音和浊塞擦音先合流,浊擦音晚合流。这些情况说明,一种语言在地域上的差别可以反映语音在时间上的发展序列,在同一地点上不同人群中的差别也可以反映语音在时间上发展的不同阶段,只是后者反映的时间跨度

---

① 根据德国人穆麟德(P. G. von Möllendorff)编写的 *Ningpo Colloquial Handbook*(《宁波方言便览》,上海美华书馆,1910)所提供的材料,19世纪末20世纪初的宁波话还分尖、团。

② 根据《江苏省和上海市方言概况》(江苏省和上海市方言调查指导组编,江苏人民出版社,1960)的材料,上海话一律分尖、团。我们这里举出的是一部分上海人的语音情况,它比较清楚地反映出尖、团合流的过程。

更小,阶段更细密。如果我们把全国方言的差别做一个系统的比较,几乎可以整理出一部活的汉语语音史来。总之,研究方言或亲属语言的差别是探索语言发展史的一条重要的途径。

文字是记录语言的书写符号,文字的读音和拼写规则要适应语言的状况。文字具有保守性,语言起了变化,文字往往还是老样子,或者虽然做了调整,但过了一些时候又会落在语言的后面。我们正可以利用文字的保守性去探索过去的语言面貌和它的演变线索。这在一些采用拼音文字的语言中是一种行之有效的方法。英语 fight,light,height 等字中的-gh-不发音,根据拼写法并参照现代方言的读音,我们可以知道它过去念[x],后来消失了。又如 a,e,i 这三个字母在现代英语中每一个都至少有两个读音,一长一短,比较拼写法和现代读音,可以发现长元音经历了很大的变化。原来字母 a 代表低元音[aː],e 代表半高元音[eː],i 代表前高元音[iː]。15—17 世纪的时候,长元音[iː]变成复合元音[ai],留下[iː]这个空格,吸引[eː]高化成[iː],同样,[aː]也就高化成[eː]。大概到了 18 世纪的时候,长音[eː]又变成复合元音[ei]。经过这些变化,现代英语里字母 a,e,i 的长音发成了[ei],[iː],[ai]。例如 name[neim](名字)、play[plei](游戏)、geese[giːs](鹅,复数)、detail[diːteil](详情)、fleet[fliːt](舰队)、mediate[miːdieit](调解)、wine[wain](酒)、mice[mais](老鼠,复数)、nine[nain](九)。从这种读音和字母的比较中,我们就可以知道英语元音的实际发音已经经历了一个很大的变化。

阅读拼音文字的古代文献,如果不知道词的古音,就没法读懂。汉字不是拼音文字,阅读用汉字书写的古书不会发生这种问题。比如"人"字的读音已几经变化,但书上的字的书写形体并没有随语音的变化而改变,不管历代读什么音,方音如何分歧,它都代表着汉语中那同一个词。汉字的跨时代、跨地区的特点显然给考察语音的变化带来了困难,因此要探索汉语语音的变化,必须通过别的途径。古人喜欢作诗,作诗讲究押韵,我们可以从诗文的用韵中看到古音的痕迹。《诗经》代表先秦时代的上古音,唐诗代表中古音。我们这里举几首唐诗的例子。如李白的《静夜思》:

床前明月光,疑是地上霜。
举头望明月,低头思故乡。

"光""霜""乡"押韵,今天在多数方言中也还押韵,说明它们从唐代到现代经历了基本相同的变化。崔颢的《长干曲》情况就不同了:

家临九江水，来去九江侧。
同是长干人，生小不相识。

"侧""识"押韵，而这两个字在今天的普通话里，一个读[tsʰɤ]，去声，一个读[ʂʅ]，阳平，二者不押韵，说明"侧"和"识"各自都发生了相当大的变化。如果我们参照"侧""识"在现代方言中的读音，还可以进一步发现这种变化的痕迹。在上海话里"侧"读[tsəʔ]，"识"读[səʔ]，均为阴入调，韵母和声调都相同，仍旧押韵。我们可以顺着这个线索去寻找语音变化的轨迹。

汉字的意音文字体系以形声字为主，声旁代表语音，形旁代表意义。在造字的时候，同声符的字读音相同或相近。现在"舅"字的读音与声符"臼"（jiù）相同，"杞"字的读音与声符"己"相近。但很多汉字的声符已经不再代表汉字的实际读音了，例如"通"从"甬"得声，"移"从"多"得声，"橘"从"矞"得声，"潘"从"番"得声，这些字的读音与其声符并不相同，这是语音演变的结果。按照谐声造字的原则，它们在古代的读音应该是相同或相近的。根据有些语言学家的推测，"甬""移""矞"原来也有声母（"甬""移"丢了一个与[d]相近的边音[*ɾ]或[*l]，"矞"丢了一个[*g]）；"番"原来的声母也是双唇音，和"潘"的声母的发音部位相同，这还可以在广东的地名"番[pʰan]禺"的读音中找到印证。对汉语语音史的研究来说，形声字是一项重要的资料，不过研究中应该以古文字为准。

古音还可以从古代的借词去探索。东汉以后，随着佛教的传入，翻译了大量经文。很多词语都用当时的汉音去对译梵音。① 这些译名的读法在汉语里虽然发生了很大的变化，但原文是拼音文字，我们可以从拼写中大致知道相应汉字的古代读音。例如佛经中"佛陀"是梵语 buddha 的译音，这就清楚地告诉我们，在当初翻译的时候，"佛"大致念"bud"，"陀"大致念"dha"。把这些读音和今天的语音进行比较，我们就可以找到音变的线索。这是古汉语从外语借入的词所提供的线索。另一方面，外语从古汉语借去的词同样也能提供音变的线索。隋唐时期，汉民族的文化对日、朝、越等国有很大的影响，它们从汉语借去大量词语，这些词语的读音仍在不同程度上保留着当时汉语的语音特点，有重要的参考价值。例如"鸡""饥"两字：

---

① 汉译佛经的原本可能用的是梵语、巴利语，也可能用的是一些中亚地区的语言。

	日译吴音	日译汉音	朝鲜译音	越南译音
鸡	kai	kei	kiei	ke
饥	ki	ki	kɯi	ki

这说明"鸡""饥"两字在隋唐时韵母不同,不是同音词,它们的声母是[k],还没有腭化成现在的[tɕ]。

古代借词,不论借入借出,都要考虑到年代和地域的因素。比如日语从汉语借去的吴音,在年代上早于汉音;吴音是从东南沿海一带的方言借去的,汉音是从华北借去的,所以同一个汉字,吴音和汉音就不一样。借用的时候,为了迁就自己的音系,对原来的音可能会做不同程度的变更,这就要求我们在使用借音材料的时候要谨慎小心,不能粗枝大叶。总的说来,对音的材料愈丰富,可用来印证和比较分析的价值就愈大,可以为古代某个时期的语音面貌提供可靠的线索。

综上所述,通过对社会方言、地域方言或亲属语言、文字、诗词、借词等材料的分析,我们可以知道一种语言语音演变的轮廓和线索。

二、语音演变的规律性和演变机制

不受外系统接触影响的语音演变,其结果通常是很齐整的,可以用"规律"的形式表达出来。为什么语音系统自身演变的结果通常是很齐整的呢?是什么样的演变方式导致了这样的演变结果呢?研究表明,这是由于每个音位都处于系统之中,是音系的平行对称性(参见第二章第五节)制约了音系演变的方式和结果。

音位是一束区别特征。有共同区别特征的音位构成一个聚合群。辅音音位的聚合一般按照发音部位和发音方法来安排。例如,语言学家推测汉语在隋唐时代的辅音音位系统大致如下:

p	pʰ	b	m				
t	tʰ	d	n				l
ʈ	ʈʰ	ɖ					
ts	tsʰ	dz		s	z		
tʂ	tʂʰ	dʐ		ʂ	ʐ		
tɕ	tɕʰ	dʑ	ŋ	ɕ	ʑ		
k	kʰ	g	ŋ	x	ɣ		

横行的辅音音位发音部位相同,纵列的辅音音位发音方法相同(其中[ts][tʂ][tɕ]三行的头三个音为塞擦音)。音位的演变以区别特征为单位,某一区别特征的变化不只涉及一个音位,而是会涉及同一聚合群中具备这一区别特征的其他音位。比方说,"清—浊"是中古汉语的一对区别特征,后来浊音这个区别特征在很多方言中消失了,①影响所及,上表中画方框的音位全部消失。②

"浊音"这一区别特征的消失使原来的浊音与同部位、同方法的清音合并。清擦音没有送气与否的区别,浊擦音的清化,不发生送气的问题;清的塞音和塞擦音都有送气与不送气两种,汉语北方话选择的是把原先浊音中的仄声特征同不送气特征结合起来,平声特征同送气的特征结合起来。这样,原来的浊音就发生了如下的分化:

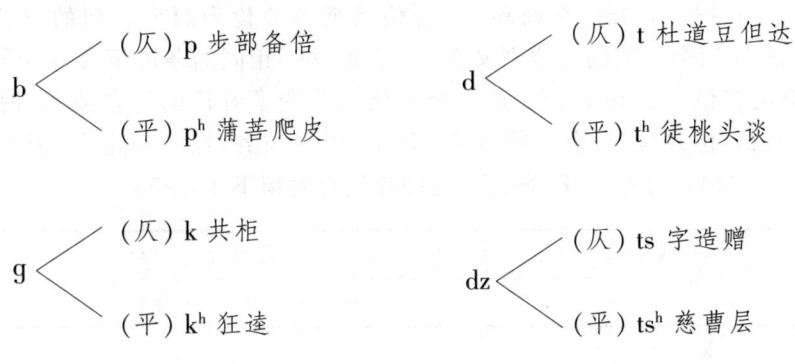

……

这一演变的规律可表述为:
(1) 浊擦音和同部位、同方法的清音合并。
(2) 浊塞音和浊塞擦音在与相应的清音合并时又依声调的平仄而分为:
　　① 平声的浊塞音、浊塞擦音和相应的送气清音合并。
　　② 仄声的浊塞音、浊塞擦音和相应的不送气清音合并。
我们前面讲到过的/i//y/前的/k//ts/在不少方言中都变成/tɕ/,发音部位发生了变化。根据某一区别特征的变化必定涉及同一聚合群中所有具备该特征的音位的原理,/i//y/前的/k/由舌面后(舌根)变成舌面前,那

---

① 严格来讲,消失的是全浊音,即发音时声带振动的塞音、擦音、塞擦音。
② 北京话声母中的[ɻ](如"日""人"的声母),是从上表中的[n̠]变来的。

么和/k/处于同一聚合群中的所有舌面后音/k kʰ g x ɣ/①都会发生同样的变化;同理,/i//y/前的/ts/由舌尖前变成舌面前的时候,也会涉及同一聚合群中的/ts tsʰ dz s z/,结果引起了一系列音位的分化和合并。例如北京话里:

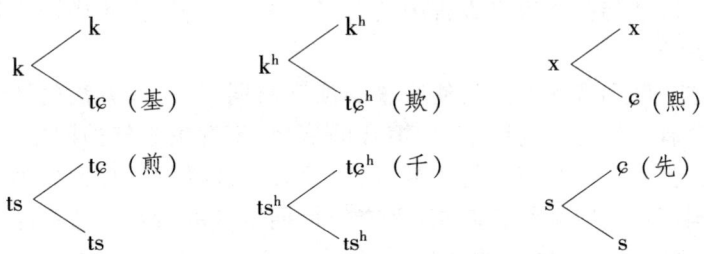

这样,/k/音位系列和/ts/音位系列各分化为两个系列的音位,而/k//ts/这两个系列的音位则又在/i//y/前这一相同的条件下合并为同一个系列的音位/tɕ//tɕʰ//ɕ/。这一个变化也改变了音位的组合关系,使/k//ts/两组音位只与开、合二呼组合,而/tɕ/组只与齐、撮二呼组合,因而/k//ts//tɕ/三组声母在与开、齐、合、撮四呼组合时留下了空格:

声母	韵母组合			
	开	齐	合	撮
k	＋		＋	
ts	＋		＋	
tɕ		＋		＋

这种空格对探索语音的历史变化往往有启发作用,能使人去推测变化前的情况。

总之,语音的变化有很强的规律性。这种演变的规律性有几个明显的特点。第一,变化有一定条件的限制。比如/k//ts/两组腭化为/tɕ/组的条件就是在齐、撮二呼的前面。浊音清化的条件限于辅音中的口音,不涉及鼻音和边音,更与元音无关;其中浊塞音和浊塞擦音清化时还按声调的平仄而有送气与不送气的区别。凡符合条件的一律都变,没有例外。如果出现例外,那也可以找出产生这种例外的原因。比如宁波话,古代的/k/在相

---

① 这里发音部位的变化只涉及口音,鼻音的变化自成一类,所以没有/ŋ/。

当于上述齐、撮二呼的条件下也和北京话一样腭化成/tɕ/（基、鸡），所以在语音系统中应该不再有像/ki//kʰi/这样的音位组合。但是，我们在实际的语言中却发现有/ki/（甘、干、敢）、/kʰi/（看，"让我看看看"中的头两个"看"）等的音位组合。这些音为什么没有在同样的条件下如同"基"那样也腭化成/tɕ//tɕʰ/呢？这就涉及语音演变规律的第二个特点：时间性。语音演变规律只在一个时期中起作用，过了这一时期，即使处于同样的条件下也不会遵循原来的规律发生语音变化。现代宁波方言的/ki/（甘）、/kʰi/（看）等音位组合是在腭化规律起作用的时期之后产生的语音现象，所以不受这一规律的支配。语音演变规律的第三个特点是地区性。前面讲过，语言的演变是像波浪一样从一个中心向外扩散的，而且扩散有地域的限制，所以音变只在一定的地域中进行。浊音清化的规律在北方话系统中是普遍起作用的，而在吴语区和湘语区则仍保留原来的浊音，并没有发生清化的现象，其他方言区还有另外的清化规律。总之，语音演变的规律性及其所具有的特点，为我们研究语音演变的历史提供了广泛的基础。

三、语音对应关系和历史比较法

从一种语言分化而来的方言或亲属语言，虽然由于语言发展的不平衡性，各方言或亲属语言的语音呈现出种种差异，但是语音的发展有严整的规律性，这就使得差异之中存在着有规律的对应关系。晚清白话小说《二十年目睹之怪现状》第三十四回有这样一段叙述：

> 端甫道："其实广东话我句句都懂，只是说不上来；像你便好，不拘那里话都能说。"我道："学两句话还不容易么。我是凭着一卷《诗韵》[①]学说话，倒可以有'举一反三'的效验。"端甫道："奇极了！学说话怎么用起《诗韵》来？"我道："并不奇怪。各省的方音，虽然不同，然而读到有韵之文，却总不能脱韵的。比如此地上海的口音，把歌舞的歌字读成'孤'音，凡五歌韵里的字，都可以类推起来：'搓'字便一定读成'粗'音，'磨'字一定读成'模'音的了。所以我学说话，只要得了一个字音，便这一韵的音都可以贯通起来，学着似乎比别人快点。"端甫道："这个可谓神乎其用了！不知广东话又是怎样？"我道："上海音是五歌韵混

---

① 《诗韵》指《平水韵》，它是供作诗查韵的书。同韵的字选择一个字做代表，叫作韵目，置于韵首。下文谈到的"四豪、五歌、六鱼、七虞"中"四、五、六、七"是韵目的排列次序，"豪、歌、鱼、虞"是韵目。

了六鱼、七虞,广东音却是六鱼、七虞混了四豪①,那'都''刀'两个字是同音的,这就可以类推了。"端甫道:"那么'到''妒'也同音了?"我道:"自然。"端甫道:"'道''度'如何?"我道:"也同音。"端甫喜道:"我可得了这个学话求音的捷径了。"

这说明不同方言之间存在着对应规律,有些人还自觉地在运用这种对应规律。"豪""歌"两韵在今天的北京、上海、广州三地的对应大体如下表所示("鱼""虞"两韵的对应比较复杂,这里从略)。

表 8-2　"豪""歌"两韵在今北京、上海、广州的语音对应

韵母	条件	北京	上海	广州	例字②
豪		au	ɔ	ou	操刀袍 毛高遨
歌	双唇	o	u	ɔ	波磨
歌	舌尖	uo	u	ɔ	多罗陀 梭搓
歌	舌根 零声母	ɤ	u	ɔ	歌和俄

汉语方言间的语音对应关系是由语音演变的规律以及它所具有的特点(条件性、时间性和地区性)决定的。这种对应不仅存在于韵母中,也存在于声母和声调中。前面讲到浊音这一区别特征的消失曾引起汉语语音系统的巨大变化,由于这种变化规律是在一定的地区、时间和条件下进行的,因而尽管时过境迁,我们却可以找到浊声母在各地的有规律的对应关系。例如上海话和北京话的双唇塞音有如下对应:

① 上海话的 p 相当于北京话的 p;
② 上海话的 pʰ 相当于北京话的 pʰ;
③ 上海话的 b 相当于北京话的 p 或 pʰ,条件是:仄声字相当于 p,平声字相当于 pʰ。

这种对应规律可表示如下:

---

① 广州话的"补、捕、布、步、部"等的韵母也读 ou,所以说"六鱼、七虞混了四豪"。
② 关于《诗韵》的例字可参看王力主编《古代汉语》(第四版),中华书局,2018 年。相关内容见"附录·(六)诗韵常用字表",第 1628—1641 页,豪韵、歌韵在第 1631 页。

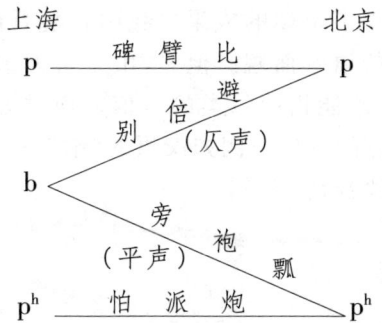

上海话的浊塞音和浊塞擦音都可以通过这样的规律去寻找它和北京话的对应关系。掌握了这种对应关系，方言区的人在学习普通话的时候，就可以成批地类推，不必一个字一个字地死记。语音对应规律是推广普通话中经常使用的有效工具。

有的方言随着社会的分化可以变成亲属语言。亲属语言之间也一定存在着语音对应关系。像法语、西班牙语、意大利语、葡萄牙语、罗马尼亚语等罗曼语族的语言之间，英语、德语等日耳曼语族的语言之间，都存在着有规律的语音对应关系。

总之，语音演变有高度的齐整性，如果处在某种条件下的甲音变成乙音，那么所有处在同样条件下的甲音都会变成乙音。正因为这样，语音的演变可以用规律的形式表述出来。我们正是根据这种有规律的语音对应关系来确定语言的亲属关系的。

方言之间或亲属语言之间的语音对应关系为研究语言的历史发展提供了广泛的可能性。我们现在只能看到方言或亲属语言的现状，看不到它们所从出的原始祖语的面貌。但是，如果把方言或亲属语言的基本词汇里面的词加以比较，从中归纳出语音对应关系，我们也就可以推知原始祖语的许多事实。根据语音对应关系，比较方言之间或亲属语言之间的差别来拟测原始祖语的方法，叫作历史比较法。历史比较法以今证古，推测一群方言或亲属语言的原始面貌。有了这个起点，整群方言或亲属语言的分化、发展的过程也就能得到说明。所以历史比较法是推溯方言或亲属语言的演变过程的有效方法。这种方法曾经系统地应用于印欧系语言的研究，拟测出各个语族乃至整个语系的原始祖语，使印欧语系的语言的演变过程大致得到了说明。

这种方法同样可以用来研究其他语系的语言。应用这种方法研究汉语的中古音系已经取得了丰硕的成果。我国自魏晋南北朝以来就有好多韵书记录了不同时代的语音面貌。但是，由于古人缺少有效的标音工具，韵书只能反映音的类，未能指明每类的音值。通过方言的比较，我们就能为古代的音类提供拟测的音值。例如汉语的"纳""擦""百"三字是入声字，它们在下列方言中的读音是：

	纳	擦	百
北京	na	tsʰa	pai
苏州	nɤʔ	tsʰaʔ	pɒʔ
梅县	nap	tsʰat	pak
广州	naːp	tsʰat	pak
厦门	lap	tsʰat	pɪk, paʔ

比较这些字的韵尾，有的方言有[p][t][k]三种，有的方言只有[ʔ]一种，有的方言失去辅音韵尾。这三种共存的状态可以构成历史演变的三个阶段：最早是[p][t][k]，它们后来合并成[ʔ]，这个[ʔ]后来又脱落，变成北京话的开音节。正像根据事故的现场推断肇事的经过一样，按照音理，这是唯一可能的推断。如果说北京话代表最初的状态，就无法说明苏州话的[ʔ]是怎么来的，广州话的[p][t][k]又是怎么出现的。如果说苏州话代表最初的状态，同样无法解释广州话[p][t][k]的出现条件。上述这个结论正好和记录中古音系统的韵书的分类一致。我们可以推断，汉语在中古时期存在这三个韵尾，而且还可以说，汉语中有一类辅音韵尾经历了从[p][t][k]合并为[ʔ]到最后脱落的发展过程。显然，这是在材料所及的范围内得出的结论。要是今天的广州话变得和苏州话一样，而古人又没有给我们留下韵书，那么我们就很难知道在[ʔ]之前还有[p][t][k]的阶段；要是既没有古代的韵书，而今天所有的方言又都失去了辅音韵尾，那么我们就压根儿不知道汉语中曾经有过这类韵尾。能够揭示的历史演变情况的详细程度是与用来比较的方言和亲属语言的材料的丰富程度成正比的。

第二节　语法的演变

语法规则具有高度的抽象性，因此也具有巨大的稳固性。尽管这样，它们还是会在使用中随着时间的推移而发生逐渐的演变。本节主要介绍常见的语法演变现象和语法演变的机制。

一、常见的语法演变现象

1. 语序的演变

很多语言的语序在历史上都发生过变化。比如,从古印度的文献《梨俱吠陀》中可以看出,印欧语最早采用的语序是将宾语放在动词的前面。与此相联系,关系从句放在中心语之前,修饰语也放在中心语之前。① 随着语言的演变,印欧语系的大部分语言经历了由"宾—动"语序变为"动—宾"语序的过程,关系从句也相应地从中心语之前转移到中心语之后,修饰语也移到了中心语的后面。这个变化经历了漫长的过程,直到现在,英语修饰语的位置还没有完全变过来,还处在两可之间。例如,"学生的书"既可以说成 the student's book,也可以说成 the book of the student。用介词 of 表示原来所有格表示的意义从而使修饰语后置,这是后起的格式。据统计,公元 10 世纪的时候,of 结构只占领属结构的 1%;到 14 世纪,增加到了 85%;现代英语中,of 结构在领属结构中的占比还要高。表达领属关系时领属语前置和后置两种形式同时并存的情况,说明英语还没有彻底实现上述语序的转变;而在法语中,这些语序变化已经完成,修饰语基本上都位于中心语的后面。

在先秦时期,汉语的普通名词做宾语时是放在动词之后的,与现代汉语的语序一致,但是代词在否定句中做宾语时要放在动词之前,与现代汉语的语序不同。比如:

(1) 莫余毒也已。(《左传·僖公二十八年》)

(2) 偻句不余欺也。(《左传·昭公二十五年》)

(3) 不吾知也。(《论语·先进》)

先秦时期,疑问代词做宾语时也是放在动词之前的。比如:

(4) 乃入见,问:"何以战?"(《左传·庄公十年》)

(5) 吾谁欺?欺天乎?(《论语·子罕》)

---

① 语言类型学的研究表明,语言倾向于在不同的句法结构中采用相同的语序安排策略。从这个角度看,语言可以分为两大类:中心语居前的语言和中心语居后的语言。中心语(head)指的是一个短语的核心部分,是决定一个短语的句法性质的关键词。比如,名词短语的中心语是名词,动词短语的中心语是动词,介词短语的中心语是介词。中心语居前的语言在各种结构里都把中心语放在前面,中心语居后的语言在各种结构里都把中心语放在后面。原始印欧语是一种中心语居后的语言。

(6)"许子冠乎?"曰:"冠。"曰:"奚冠?"曰:"冠素。"(《孟子·滕文公上》)

自汉魏以后,特别是南北朝以后,汉语中代词宾语的位置逐步移到了动词后面,与名词性宾语的语序变得一致了。

现代汉语的偏正结构里有一种"小名+大名"的类型,"小名"(即下位概念)在前,限定后面的"大名"(即上位概念)。例如,"桑树""北京市","桑""北京"为小名,"树""市"为大名。但是在上古汉语中却有一种与此相反的语序,这可能反映史前汉语的一些特点。在甲骨卜辞里可以找到不少大名冠小名的地名,如"丘商""丘雷"等,联系《左传》中的"丘舆"(成公二年)、"丘莸"(昭公四年)、"城颍"(隐公元年)、"城濮"(僖公二十八年)、"城棣"(襄公五年)等地名来看,大概在更早的汉语里表示地名是以大名在前、小名在后的语序为常。清人俞樾在概括这类现象时说:"古人之文,则有举大名而合之于小名,使二字成文者。如《礼记》言'鱼鲔',鱼其大名,鲔其小名也。《左传》言'鸟乌',鸟其大名,乌其小名也。《孟子》言'草芥',草其大名,芥其小名也。《荀子》言'禽犊',禽其大名,犊其小名也。"(《古书疑义举例》卷三)。王引之在《经义述闻》中还令人信服地证明了《礼记·月令》中两见的"蝗虫"实为"虫蝗"之误。这种"正—偏"语序可能是更古的汉语语法规则的遗留。

介词结构的语序在汉语的历史上也发生了一些变化。上古汉语中,介词短语既可以出现在动词前,也可以出现在动词后。出现在动词前的例子如:

(7)楚子自棘泽还。(《左传·襄公二十四年》)
(8)遇丈人,以杖荷蓧。(《论语·微子》)

出现在动词后的例子如:

(9)冬,王归自虢。(《左传·庄公二十一年》)
(10)齐景公田,招虞人以旌。(《孟子·万章下》)

更能说明问题的是,在《孟子·梁惠王上》中既有"以羊易之"也有"易之以羊"。但是在上古汉语中,介词短语居后的情况比较多。根据统计,《左传》中介词短语位于动词前 2228 次,位于动词后 3312 次,介词短语居后的例子占总数的 59.8%。到了《史记》(据第八册的统计),介词短语位于动词前 1447 次,位于动词后 475 次,介词短语居前的例子占总数的 75.3%。[1] 在之后的演变中,介词短语在动词前的比例继续增加,在动词后的比例继续减少。[2] 到了现代汉语中,大部分介词短语都居于动词之前了,只有极少数介词短语还可以居于动词之后。比如:

(11) 小猴子跳在马背上。(介词短语表示目标)
(12) 他来自北京。(存古用法)

"五四"以后,汉语由于受到西方语言的影响,在语序方面也出现了一些新的特点。比如,汉语中的主从复合句一般都是从句在前,主句在后,而在英语等西方语言里,从句前置和后置都可以。"五四"以后,汉语中的从句也出现了后置的情况。例如,"可是我得省着钱,万一妈妈叫我去……我可以跑,假如我手中有钱"(老舍《月牙儿》)。再比如,在描写人物的话语时,传统上是言说主体与言说动词构成的引导句前置于话语,形成"言说主体+言说动词+言说内容"这种形式。在"五四"以后,出现了言说主体与言说动词构成的小句出现在言说内容之后或者出现在两部分言说内容中间的情况。例如:

(13) "你休息一两天,去拜望亲戚本家一回,我们便可以走了。"母亲说。(鲁迅《故乡》)
(14) "根据我过去的经验,"他抢口回答道,"也只有往多处报呵!"(茅盾《腐蚀》)

不过,这些所谓的"欧化"格式其实都是在汉语句法结构许可的范围内做了一些调整,不涉及结构规则本身的重大改变。

2. 语法化:语法形式和语法范畴的产生

语言中的实词有指称意义,它们指向现实世界或人的主观世界中的事物。比如,"树"指称世界上存在的一类植物,"走"指称世界上存在的一种运动形式,"高兴"指称人的一种心理感受。但是,语言中的虚词和词缀(特别是屈折词缀)意义空灵,它们没有指称意义。比如,汉语中的"的""了"等虚词、英语中动词的第三人称单数形式-s,并不指向某种事物或现象,而是表示抽象的语法关系。这些虚词和词缀是如何形成的?语言的历时考察

---

[1] 何乐士《〈左传〉、〈史记〉介宾短语位置的比较》,《语言研究》1985 年第 1 期。
[2] 详细演变情况可参看张赪《汉语介词词组词序的历史演变》,北京语言文化大学出版社,2002 年。

表明，虚词和词缀往往是从语义实在的成分演变而来的，这种演变被称为"语法化"。

简单来讲，"语法化"是指在特定的环境中，词汇性成分变为语法性成分、语法性程度较低的成分变为语法性程度较高的成分的变化。

所谓"词汇性成分变为语法性成分"，一般就是指实词性成分变为虚词或词缀，属于汉语研究中所说的"实词虚化"。比如，现代汉语的体标记"了"是由表示完结义的动词演变而来的。"了"在古代汉语中作为动词的例子如：

(15) 郑玄欲注《春秋传》，……玄就车与语曰："吾久欲注，尚未了。"(《世说新语·文学》)

在以上的例子中，"了"前面出现了副词"未"，表明"了"是动词。在晚唐五代时，"了"变为体标记，较早的例子如：

(16) 几时献了相如赋，共向嵩山采茯苓。(张乔《赠友人》，《全唐诗》卷 639)

"了"的体标记用法与"了"表完结义的动词用法之间是有密切关联的，二者构成了多义关系，而不是偶然的同音关系，体标记用法是从动词用法语法化而来的。

在当代汉语中，"了"的新旧用法还可以同时存在于一个句子当中，如：

(17) 他终于了了一桩心愿。

例(17)中第一个"了"是动词，读 liǎo；第二个"了"是体标记，读 le。

有时，语法化之后，旧的实词用法完全消失了，只剩下虚词用法。比如，英语的定冠词 the 来自指示代词，但语法化之后，其指示代词的用法已经不存在了。

语法化还可以指语法性程度较低的成分变为语法性程度较高的成分，这表明语法化是一个连续渐进的过程。比如，一个虚词可以演变出更虚的功能，如从介词变为连词[①]，或者从虚词变为屈折词缀。

[①] 如何衡量一个形式的语法性程度，不是一个容易解决的问题，目前学界仍然没有共识。连词比介词的语法性程度高，这一点比较有共识。一方面，相比于介词，连词的词汇意义更为虚化，介词可以指明其所引进的名词性成分与动词的各种关系，但连词只起连接作用；另一方面，介词比连词的类型更为多样，范畴的封闭性比连词弱，而封闭性是虚词的一个重要特征。实词是开放类，成员数量多，新的成员容易产生；虚词是封闭类，成员数量少，新的成员较难产生。封闭性越强语法性程度越高。

语法化的连续进行可以形成这样一个演变的链条:①

实词＞语法词②＞附着成分(clitics)③＞屈折词缀

在以上的演变链条中,越靠左的成分越实,越靠右的成分越虚。语法化的演变会沿着这个链条从左到右进行,而不会反过来,也就是说,语法化的演变具有单向性④,只能由实变虚,而不可能由虚变实。单向性可以表现在以下多个方面:一个语言形式在语法化的过程中,语义上会由具体变为抽象;在组合方面一般会由自由变为黏着,由可用可不用变为必须使用;语音上由正常形式变为弱化形式,甚至音质成分完全消失。

汉语是孤立型语言,在语法化的演变链条上也体现出了一些特点。比如,汉语的语法化主要体现为实词演变为虚词,极少有虚化为屈折词缀的。汉语虚词进一步的演变往往是失去语法功能,变为不贡献语义的词内成分。⑤ 比如,"随着""按着""跟着"等双音词中的"着","但是""可是""总是""若是"等双音词中的"是","算了"、"好了"(好了,就讲到这里)、"对了"(对了,他叫什么名字来着?)等双音词中的"了",都已经失去了原来作为虚词的功能,成为不贡献语义的词内成分。

词汇意义相近的词往往发生相似的语法化。比如,表示意愿的动词往往会演变为表示将来的助动词。如:

(18) a. 我要一杯牛奶。(要:表示意愿的动词)
　　　b. 火车要开了。(要:表示将来的助动词)
(19) a. 姜氏欲之。(《左传·隐公元年》)(欲:表示意愿的动词)
　　　b. 山雨欲来风满楼。(许浑《咸阳城东楼》,《全唐诗》卷533)
　　　　(欲:表示将来的助动词)
(20) a. 我想回家。(想:表示意愿的动词)
　　　b. 这个天想下雨。(想:表示将来的助动词。山东济宁话)

从以上例子中可以归纳出一条语法化演变路径:意愿＞将来。

---

① Hopper, Paul J. and Elizabeth Closs Traugott (2003) *Grammaticalization* (2nd edition). Cambridge: Cambridge University Press. p. 7.
② 语法词也就是通常所说的虚词。
③ 附着成分是介于词和词缀之间的一种形式,是一种句法上独立、语音上依附的词。
④ 吴福祥《关于语法化的单向性问题》,《当代语言学》2003年第4期。
⑤ 参看董秀芳《"是"的进一步语法化:由虚词到词内成分》,《当代语言学》2004年第1期;董秀芳《汉语的词库与词法》(第二版)第六章第二节,北京大学出版社,2016年。

有些语法化路径具有跨语言的普遍性。比如,表示"持拿"义的动词演变为引介工具、动作对象的标记,表示"结束、终了"义的动词演变为表示过去时或完成体的标记,在许多语言中都发生过,甚至在同一语言的不同时期多次发生。

同一个源头形式可以沿着不同的语法化路径演变为具有多种不同功能的语法形式,这种情况被称为"多重语法化"。比如,"就"原本是一个动词,意思是"接近",这一含义还保留在现代汉语的"就位""就职"等说法中。"就"发生语法化之后获得了多种语法功能。"就"可以做副词,有多种含义,这里列举两种用法:表示在很短的时间以内,意义类似于"马上",如"我就来";表示前后事情紧接着,如"想起来就说"。"就"也可以做介词,一种用法是表示"趁着;借着",如"就着灯光看书";还有一种用法是表示动作的对象或话题的范围,如"他们就这个问题进行了讨论"。"就"还可以做连词,表示假设的让步,比如"你就送来,我也不要"。跨语言的调查表明,一些词汇项,比如表示"来""去""得到""说"等义的动词,很容易发生语法化,可以语法化出七个甚至更多的语法功能。

同一个语法功能也可以来源于两个或更多的源头形式。比如,将来时标记可以来自位移动词,也可以来自意愿动词。英语恰好提供了一个这样的例子,表示将来的 be going to 来自位移结构式(go 是位移动词),而 will 则来自意愿动词。完成体标记可以来源于拥有义动词(如英语 have、法语 avoir)、完结义动词(汉语"了")、处所结构[约鲁巴语(Yoruba)中的 ti,原义是"从……来"]。①

3. 语法形式和语法范畴的失落

语法化是语法形式和语法范畴从无到有的演变,也有与之相反的变化,那就是一个语言中原有的语法形式和语法范畴后来消失了。比如,上古汉语中的虚词"之"可以出现在主谓之间,具有取消句子独立性的作用,使句子变成名词性短语或从句,如:

(21) 桑之未落,其叶沃若。(《诗·卫风·氓》)
(22) 岁寒,然后知松柏之后凋也。(《论语·子罕》)
(23) 仁之胜不仁也,犹水胜火。(《孟子·告子上》)

---

① 参看 Kuteva, Tania, Bernd, Heine, Bo, Hong et al. (2019) *World Lexicon of Grammaticalization* (2nd edition). Cambridge: Cambridge University Press. pp. 100, 179, 342—343.

这种取消句子独立性的"之"到中古以后就消失了。

英语原来是有性范畴的,在古英语时期(450—1150),英语名词有阴性、阳性和中性,但是到了中古英语时期(1150—1500),名词上阴性、阳性和中性的区分消失,英语中不再存在性范畴。

4. 实词语法功能的改变

实词的语法功能在演变中可能发生变化。前面提到了实词可能会语法化为虚词,这里讲的实词语法功能的改变不包括实词发生语法化的情况。

上古汉语中名词和形容词能够比较自由地活用为动词,比如:

(24) a. 三过其门而不入。(《孟子·离娄下》)(门:名词)
　　　b. 晋侯围曹,门焉,多死。(《左传·僖公二十八年》)(门:活用为动词)

(25) a. 滕,小国也。(《孟子·梁惠王下》)(小:形容词)
　　　b. 孔子登东山而小鲁,登泰山而小天下。(《孟子·尽心上》)(小:活用为动词)

但在后来,名词和形容词不能再自由地活用为动词。① 总起来看,汉语实词的发展趋势是:活用减少,句法功能比古代确定,词类的界限比古代清楚。

现代汉语中时间名词可以做状语,普通名词做状语的很少见。但在上古汉语中,普通名词可以直接做状语,如:

(26) 豕人立而啼。(《左传·庄公八年》)

(27) 嫂蛇行匍伏。(《战国策·秦策一》)

但在后来的演变中,普通名词做状语的功能大大衰落了,像以上两例中表示比况义的名词做状语的情况则是完全消失了。

以上我们介绍了常见的几种语法演变现象。不同类现象的演变之间往往是有关联的。比如,语法形式和语法范畴的失落与语序的演变之间就有关系:格范畴的衰落会引起语序的固定化。举例来说,拉丁语名词上有丰富的格变化,格可以显示名词与动词之间的关系,每个名词在句子中的角色都可以通过格的变化来确定,因而语序不占重要地位。比如,"女孩爱

---

① 现代汉语中,形容词还有少量使动用法,如"繁荣经济""丰富文化生活"等。

母亲"这样一句话可以有多种语序(matrem——母亲,宾格;puella——女孩,主格;amat——爱),不同语序所表达的句子的命题意义都是一样的:

(28) a. Matrem puella amat.
　　 b. Matrem amat puella.
　　 c. Amat puella matrem.
　　 d. Amat matrem puella.
　　 e. Puella matrem amat.
　　 f. Puella amat matrem.

由于音变,拉丁语中原来表示格的变化的词缀在法语里由弱化而脱落,名词在句子中的角色只能靠语序来表示,因此"女孩爱母亲"这句话的意思在现代法语中的语序只有一种:

(29) La　　　fille　　aime　　sa　　mère.
　　 定冠词　女孩　　爱　　她的　母亲

二、语法演变的机制

以上我们介绍了一些常见的语法演变现象,下面我们介绍一下语法演变背后的机制,也就是回答语法是如何变化的问题。

1. 重新分析

重新分析(reanalysis)是指语法结构在外部形式不变的情况下被赋予了与原先不同的新的理解。换句话说,重新分析改变了一个语言形式的底层结构,但不改变其表层显示,是一种"旧瓶装新酒"式的变化。[①] 在重新分析中外部形式不变,指的是语序、形态标记等直观可见的方面没有变化;重新分析会改变语义解读和底层结构,反映在结构层级、语法关系、组成成分的词类属性等方面的变化。

重新分析在语法演变中比较常见,语法化的过程一般要借助重新分析才能实现。

以"把"字结构的重新分析为例:[②]

[①] 参看 Langacker, Ronald W. (1977) Syntactic reanalysis. In Li, Charles N. (ed.) Mechanisms of Syntactic Change. Austin: University of Texas Press. pp. 57—139。

[②] 引自王力《汉语史稿》(中册),中华书局,1980年新1版,第410—418页。

(30) a. 无把铫推耨之劳,而有积粟之实。(《战国策·秦策四》)
　　　b. 莫愁寒族无人荐,但愿春官把卷看。(唐 杜荀鹤《入关因别舍弟》)
　　　c. 莫言鲁国书生懦,莫把杭州刺史欺。(唐 白居易《戏醉客》)

(30a)中的"把"毫无疑义是动词,是"用手拿着"的意思,所搭配的"铫"(一种大锄)是可以用手拿的东西。(30b)有了重新分析的可能,"把"可以理解为主要动词,"把卷看"意思是"拿着卷看卷","看"补充说明"把卷"的目的;"把"也可以理解为处置标记,句子的主要动词是"看","把"的作用是使宾语提前,"把卷看"的意思就是"看卷"。(30c)无论如何不能理解为"拿着刺史欺负刺史","把"只能理解为处置标记,因为"刺史"是无法用手拿着的。重新分析前和重新分析后,"把"所在的句法结构的表层没有发生变化,都是"把+NP+VP",但是重新分析之后,"把"从动词变成了虚词,传统上看作引进处置对象的介词,"把+NP+VP"从连动结构变成了状中结构,句子的语义解读也发生了变化。

可见,重新分析是建立在歧解的基础之上的。在某个特定的句法环境中,一个结构形式有了歧解的可能性,其中一种理解是结构旧有的意义,而另一种理解则是新产生的意义。当新产生的意义越来越多地出现,并逐渐成为结构唯一的意义时,句法结构的演变就完成了。

2. 类推

假如一个语言中的语法规则是齐整划一、没有例外的,学习起来就会比较方便。但实际上,任何一种语言的语法规则都会存在一些例外。语法规则的效能常常会因为交际中追求新颖的表达效果的需要、语音等其他子系统的制约以及外语的影响等情况而受到限制,不能到处贯彻。所以,语言是既有规则、有条理,又到处存在着例外的系统。语法中存在着齐整划一的趋势和抗拒这种趋势的矛盾。前者是语法演变中经常起作用的一种力量,往往通过"类推"(analogy)来实现。类推表现为规则适用范围的扩大,即把规则推广到更多的个体身上。类推所作用的对象在语言系统中往往比较孤立,没有相关现象给予模式上的支持,因而不稳定,容易向有大量同类现象支持的规则模式靠拢。在很多情况下,类推铲平了语法中的坎坷,给语言带来更大的条理性。

很多语法演变的事实可以从类推中得到解释。比如,古英语的名词原来有三个数:单数、双数、复数。后来双数的形式消失,只分单数和复数,-s 成为复数的标记,单复数的对立就看-s 的有无。有些原来并不表示复数而只是在语音形式上以-s 结尾的英语名词,在类推作用下被重新解释为复数,只能又另外创造相应的单数形式。例如,来自古英语 byrgels 的中古英语的 beriels(埋葬)原来是单数,因为结尾的辅音是-s,因而被重新解释为复数,并创造出了对应的单数形式 beriel,后来仿照 funeral(丧事),形式上变为 burial。

  类推作用可以使一些不规则的形式规则化。比如,英语 swell(膨胀)的过去分词原先是 swollen。由于英语中绝大多数过去分词的形式是在词干后加-ed,这就形成了一股力量,要求把不规则的 swollen 也拉到合规则的行列里来。与 swell 有类似语音组成成分的 fell,shell 等词的过去分词形式都是通过加-ed 得到的,在类推作用之下,swell 也改为通过加-ed 构成过去分词。这样,规则形式 swelled 就出现了,与不规则形式 swollen 并存在英语中。这里发生的情况很像数学中比例式的求解:

  比例式:fell∶felled=shell∶shelled=swell∶x
  解:x=swelled

  再比如,英语形容词比较级的形式一般是通过加后缀-er 构成的,最高级形式是加后缀-est 构成的。但是,存在一些例外,即不规则形式,比如形容词 little 的比较级是 less,最高级是 least。由于类推作用,现在也出现了 littler,littlest,用来表示 little 的比较级和最高级。但是这个类推还没有被大家普遍接受,因为 less,least 使用频率高,抗拒类推的力量比 swollen 强得多。

  前面讲过的汉语否定句中的代词宾语和疑问代词宾语从前置于动词变到后置于动词,也有类推在起作用。许多学者认为,在尚未有文字记录的原始汉语时期,汉语应该是像藏语一样的 SOV(主宾动)型语言,但后来逐渐向 SVO(主动宾)型语言演变。根据甲骨文、金文和其他上古文献,到了上古汉语时期,动宾语序已经占了优势,但否定句中的代词宾语和疑问代词充当的宾语还是会采用宾动语序,成为规则中的例外。在类推的作用下,残余的宾动语序也慢慢向主流的动宾语序演变,最后都变成了动宾语序。

  类推和不规则形式的斗争仿佛一场拔河赛,哪方取胜,要看力量对比,这个力量表现在使用频率上。印欧语系各种语言里的系词(如英语的 be、

法语的 être、德语的 sein）和表示完成体的助动词（如英语的 have、法语的 avoir、德语的 haben）都是变化最不规则的词，它们的使用频率极高，类推难以触动。

有时，类推作用和抗拒类推的力量势均力敌，处于胶着状态。比如，英语的 who 和 whom 的竞争就是一个例子。现代英语中只有六个词还保留着主格和宾格的对立。I—me, he—him, she—her, we—us, they—them, who—whom。保持主格和宾格的对立在英语中是极少数情况。who—whom 的使用频率很高，所以抗拒类推的力量是相当强大的。另一方面，也有一些因素在促使 who—whom 放弃主格和宾格的对立。who—whom 是代词，与其语法性质相同的 which, what, that 等词，使用频率也很高，但它们都已失去格的变化。who—whom 作为疑问代词，与疑问副词 where, when, how 虽然词类不同，但都表示疑问，功能上有很大的相似之处，而疑问副词是没有格的。which, what, that 和 where, when, how 这两组词联合起来，形成一股类推的力量，促使 who—whom 向它们看齐，放弃主宾格的区分。这种类推已经在一定程度上奏效，例如，原来应该说 Whom did you see?，但现在口语中很多人会说成 Who did you see?。这就是说，原来该用 whom 的地方已经可以被 who 来替代。但是，在一些书面语和一部分知识分子的口头表达中，who 和 whom 的格的差别还继续保持着，whom 还在被使用。这是当前仍在进行的一种类推和反类推的拉锯现象，也许会以 whom 的消失而告终，但是谁也无法预料什么时候会出现这样的结局。

总起来看，类推作用在语言的演变中非常普遍，但是类推作用的效能有一定限度，一则它推不倒根基深厚的旧山头，二则语言中的演变到处都在发生，一波未平，一波又起，所以语言总是达不到井然有序、毫无例外的境界，而类推作用也总是有它的用武之地。

除了重新分析和类推之外，语言接触也会引起语法演变，属于语法演变的外部机制，有关内容在本书的第七章已简单涉及。

第三节 词汇和词义的演变

词汇和词义的演变也可以从演变结果、演变原因、演变方式与途径等方面来考察。从演变结果看，词汇无非是新词产生、旧词消亡和词语替换，词义无非是扩大、缩小和转移。从演变原因看，词汇和词义的演变都与社会的变化有关，与系统内的聚合或组合关系有关，也与一个语言内部语音、语法等其他子系统有关系。比如,下面第二小节将介绍的汉语史上创制新词的方法曾经历了由单音节的词族孳生法为主到以双音节的复合构词法为主的演变,就跟语音系统中音节结构的简化有关。系统内的原因还会决定创制新词的方式和途径。词义演变的方式和途径则与人类的认知规律有关,具体说主要就是隐喻和转喻。

一、新词产生、旧词消亡和词语替换

　　词汇和社会的发展、人们对现实现象的认识的联系最为紧密。新事物的出现、旧事物的消亡和认识的深化,都必然会在词汇中打上自己的印记。这具体表现在下列三个方面:新词的产生、旧词的消亡和词语的替换。

　　新词的产生与现实中出现新的事物有联系。随着工农业生产和科学技术的发展,新事物层出不穷,语言为表达这些新事物而产生新词。例如"导弹、核弹、登月、污染、集装箱、气垫船、纳米、克隆、课件、博客、新冠"等都是语言中新出现的词语。构成新词的材料,少数从外语借来(参看第七章第二节),多数是利用语言中原有的语素按照固有的构词规则构成的。完全新创的词,如英语中的gas(瓦斯)、kodak(柯达,指小型照相机)、bleep(电子仪器的哔哔声)、zap(炮弹的飞过声)等是很少见的,这就保证了新词作为表达新义的工具,容易被社会接受。

　　旧词的消亡也是语言中经常出现的现象。旧事物的消失是引起旧词消亡的一个原因。例如汉语中"马褂、顶戴、朝珠、杠房"等词语都随着旧事物的消失而基本不用了。词汇系统的变动、认识的变化也可以引起旧词的消亡。在上古,汉族人对某些现实现象的划分很细,同类的事物或现象稍有不同就给以不同的名称。例如马这种牲畜,只要肤色、年龄、公母不同就有不同的称呼:公马叫"骘"(zhì),母马叫"騇"(shè),后左脚白的叫"翑"(zhù),四条腿膝下都白的叫"騬"(céng),四只蹄子都白的叫"騝"(qián),前两脚都白的叫"騱"(xí),后两脚都白的叫"翑"(qú),前右脚白的叫"启",前左脚白的叫"踦"(qī),后右脚白的叫"驤",身子黑而胯下白的叫"騟"(yù),黄白相间的叫"騜",纯黑色的叫"骊",白毛黑鬣的叫"骆"(根据《尔雅·释畜》)。马在词汇系统中做这样的区分不是孤立的,牛、羊、猪等也有跟马相应的区分。同样,表示"行走"的意义,只要走的场合和方式稍有不同,也各有不同的说法:在室中慢步走叫"跱",在堂上小步走叫"行",在堂下举足徐行叫"步",在门外快走叫"趋",在中庭快走叫"走",在大路上疾行叫"奔",在草丛、山林中走叫"跋",在水中走叫"涉",等等。表示事物性质的词语也是如此,例如表示白的颜色也因所表示的事物的不同而有不同的说法:月白为"皎",人白为"皙",鸟白为"皠"(hé),霜雪白为"皑",草花白为"皅"(pā),玉石白为"皦"(jiǎo),等等。后来这种种不同的名称和说法都消失了,只要是同类的事物或现象就用同一个词语去表达:各种不同的马都是"马",在各种场合或用各种方式走都是"走",各种事物的白都是"白"。这样,语言词汇系统中只留下"马""走""白"三个词,其他的词或者消亡了,或者作为构词语素保留在现代汉语的复合词或成语中(如"奔跑""跋山涉水")。由于词汇系统的这种变动,先秦时期大量的旧词消失了。词汇的这种演变,过去人们都归之于从具体到抽象。如果从语言的交际功能来看,它也符合经济、简易的要求。随着社会生活的变化(例如从以畜牧业为主的社会过渡到以农业为主的社会)和认识的发展,舍弃对现实现象的一些不必要的区分,精简词语,这自然会减轻人们记忆的负担;如要表达同类事物或现象的不同的小类,可以用词语的组合来实现,如三岁的马不叫"駣"(táo),可叫"三龄马"。

  新词的产生和旧词的消亡是语言词汇演变结果的两个重要方面。总的看来,基本词汇是稳固的,变动小,一般词汇则处于经常的变动之中。词汇演变的总趋势是随着社会的发展而日益丰富。至于那些消亡了的旧词语,在无文字的语言里可能消失得无影无踪,而在有文字的语言里则一直保存在文献里,如有需要还可以随时让它复活。比如2007年值得特别关注的是在气象预报中开始大量使用现代汉语中久已不用的语素"霾",组成"阴霾(旧已有之)、雾霾(新造)、尘霾(新造)"等词来表示因污染造成空气中烟、尘等微粒很多的情况。

  词语的替换也是词汇演变中的一种常见的现象,这种现象的特点是只改变某类现实现象的名称,而现实现象本身并没有发生变化或没有发生大的变化。基本词汇比较稳定,一般词汇的词语替换则比较频繁,它与社会的变化密切相关。例如,我国古代称三十年为一世,唐初因避唐太宗李世民的讳,用"代"替换"世"。我国封建社会的官吏有朝廷发的"俸禄",包括"俸米"和"俸银",随着封建社会的消亡,人们的社会关系和获取工作报酬的方式起了变化,这些词语就弃之不用了,代之而起的是"薪水"一词,而"薪水"后来又被"工资"所替换。社会生活的急剧改变、社会观念的改变都会引发语言出现相当数量的词语的替换。新中国成立以后,汉语中好多词语被认为是反映了旧社会的等级观念而改变了说法,例如"司令官—司令员、厨子—炊事员、车夫—司机、信差—邮递员、手民—排字员"等。每种语言都有社会因素所促成的词语替换。比如，美国白人原来称美国黑人为 Negro，后来改称 the American-Blacks 或 Afro-American 了。这是因为，Negro 是专门用来指从非洲大陆贩卖来的黑奴的词语，是一种蔑称，所以当反对种族歧视的观点在美国日益被接受并用法律的形式确定下来之后，原来的蔑称就逐渐被废弃了，新的替代词语产生了，只有那些顽固的白人种族优越论者还在使用旧的蔑称。再比如，女权运动是 20 世纪六七十年代以来英美社会变革中的一个突出方面，它导致了 sexism（性别歧视）、feminist（男女平等主义者）、househusband（家庭妇男）等新词语的出现。

基本词汇里面的词表示生活中最经常碰到的事物，是稳固而不易起变化的，但是有些词也在缓慢地更新。有人甚至算出适用于各种语言的每千年的更新百分比，拿来推算语言的年代。用来替换的新词大多是与原先意义相近的词，例如"脚—足、脸—面、眼—目、嘴—口、红—赤、走—行、闻—嗅、房—舍"；或者是语音上有联系的词，例如"顶—颠、晚—莫（暮）"；少数是借词，例如"站—驿"等。被替换下来的成分大都成了构词语素，出现在如"面目、颠倒、口齿、手足"等词里面。

二、词汇演变与语言系统

词语的替换要受到词汇聚合关系的制约。如何创制新词，则还与语音、句法等其他子系统有关系。

先看词语替换与词语聚合群的关系。词语的替换往往不是孤立地发生的，有不少的替换相互之间有紧密的联系。我国古代关于人的某些肢体、器官的名称与其他动物的有关名称是不同的，例如"口、肤、肌"只用于人，"嘴、皮、肉"只用于兽，"毛"可兼用于人、兽，而"羽"只指鸟毛，区分很严，不能混淆。后来在词汇演变中，在这些相关的语词之间发生了有的扩大使用范围、有的废弃不用的变化："嘴、皮、肉"这些词不再专门用于兽类，也可以用于人，"嘴、皮、肉、毛"替换了"口、肤、肌、羽"，被替换下来的成了构词语素。

词语的替换有时在很短的时间内完成，有时却是一个长期的过程。以"嘴"代替"口"为例，前后经历两千多年，直到不很久以前才最后完成替换的过程。秦以前，"兽虫之口曰喙，鸟曰咮"（朱骏声《说文通训定声》），到了汉代，"嘴"代替了"喙、咮"，指鸟兽的嘴。人的"口"和禽兽的"嘴"分得很清楚，后来人们在斥骂、挖苦、讽刺的时候，用"嘴"来指人的"口"，就是说，"嘴"指人的口只用于贬义。像《水浒传》《西游记》等小说还保留着这种用法。例如：

(1) 柴进一来要看林冲本事,二者要林冲赢他,灭那厮嘴。(《水浒传》第九回)
(2) 武松道:"我却不是说嘴,凭着我胸中本事,平生只要打天下硬汉,不明道德的人。"(同上,第二十九回)

这里的"说嘴"相当于今天的"吹牛"。

(3) 宋江便道:"兄弟(指李逵)休要论口,坏了义气。"(同上,第三十八回)

这里的"论口"正好和上例的"说嘴"相对,没有任何的贬义色彩。在《西游记》里,一般人的嘴唇称"口唇",说到孙悟空、猪八戒则用"嘴""嘴唇",还保留"嘴"的本来的意义和用法。请比较:

(4) 这大圣上前,把个雷公嘴噙着那皇帝口唇,呼的一口气吹入咽喉。(第三十九回)
(5) 模样与大圣无异:……也是这等毛脸雷公嘴。(第五十八回)
(6) 那八戒丢倒头,正睡着了,被他照嘴唇上扢揸的一下。(第三十二回)

从这两本小说的用法中,我们还可以看到"口"与"嘴"的分别;"嘴"已开始用于指人的"嘴",但用于贬义。直到《红楼梦》等比较晚近的小说,"嘴"才失去了贬义色彩,完全代替了"口",连许多金陵裙钗的"口"也都说成"嘴"了。例如"尤氏等用手帕子握着嘴,笑的前仰后合"(第五十四回)。可见"嘴"代替"口"的时间还不长。

创制新词的方式,与语音、句法等其他子系统以及不同子系统之间的关联也有关系。

汉语词汇—语音两个子系统的关联在"一音节一义"的语素,汉语创制新词的方法主要有两个阶段:南北朝之前,以词形内部交替的单音孳生法为主;南北朝开始,两个单音词根的复合法逐渐占优。

内部交替的单音孳生法在远古、上古汉语中很常用,它是在原有单音词意义引申的基础上,替换其音节内部的某个成分,比如声母辅音、韵尾辅音、元音或声调,专门用来表达后起的引申义,从而孳生出一个与原词词义相近的另一个单音词。由于时代久远,现在我们很难搞清楚哪个词是最早的源头,哪个词是后来孳生的,但由同一个词孳生而来的同族词具有古音相近、古义相关的关系。从这点出发,有希望确定古汉语中不少的词族,不少学者已经在这一方面做出了很好的贡献。另外,汉语的同族词还往往在汉字形体上使用同一声符,更为判定同族关系提供了方便。比如我们在第五章中已经提到过的"贱钱浅笺栈",都有表小的意义,声母有小的差别但古韵相同。判定同族关系主要看音义两个方面是否相近或相关,文字的声符只是重要的参考,不是最后的根据。比如,"半班判别辨片"的声符并不都相同,但它们或者只有声母清浊或送气的不同,或者只有韵尾 n/t 的不同,语音上相近,意义上都有"中分"的意思(半,物中分也;班,分瑞玉也;判,分也;别,分解也;辨,判也;片,判木也),所以它们也是同族词。

现代人最容易注意到的是所谓"四声别义"的同族词,也即用替换声调的方法来表示相关意义的一组词。四声别义的手段可能出现稍晚,这些词有的有了字形的分化,有的至今用同一个汉字表达。由"张"派生出"帐、账、胀、涨"是四声别义型词族的一个典型例子。"张"本来是一个动词,本义是"施弓弦"(《说文·弓部》),就是把弓弦张开。在这个意义的基础上产生"打开、展开"的意思,如"予口张而不能嚵"(《庄子·天运》)。"张"的"打开、展开"的宾语常是营帐帷幕之类需要张开、打开之物。在先秦时,凡是可以打开、张开之物已以"张"计,如"子产、子大叔相郑伯以会。子产以幄、幕九张行,子大叔以四十"(《左传·昭公十三年》)。表示帷幕、营帐等的"帐"派生自"张"。《说文·巾部》:"帐,张也。"段玉裁注:"以叠韵为训。"《释名》曰:帐,张也,张施于床上也。……古亦借张字为之。"记"账"的"账"大概是从"帐"派生来的,但详细情况还有待考察。物体在体积上的扩大也可以说"张",例如:

(7) 将食,张(指腹胀),如厕,陷而卒。(《左传·成公十年》)

到了汉代,这个"张"改写为"胀"。"张"的"物体在体积上的扩大"这个意思后来又派生出"涨",开始多用于水之弥漫,后来逐渐用于其他事物的充满。由"张"引申出来的几个意义后来在声调上发生变化,字形上发生分化:"张"是平声,"帐、账、胀、涨"是去声(现在"涨"在"涨水、涨价"中读上声)。这样,一个词就分化成五个词。

声调的改变巩固了词义引申的结果,标志着一个词由于词义的引申衍生而正式分化成几个词。例如:

例字	A	B
间	平声,名词:间距、田间	去声,动词:间隔
空	平声,形容词:空虚	去声,动词:使空
传	平声,动词:传递	去声,名词:传记
妻	平声,名词:男子的配偶	去声,动词:以女嫁人
好	上声,形容词:优点多的;使人满意的	去声,动词:爱好

类似的例子很多,有一些和"张"一样,还在字形上做了区分,例如"知"与"智"、"旁"与"傍"等。类似的构造新词的方法在古印欧语里也较常用,表现为词根元辅音的交替,如英语的 sit(坐)—set(安放)、long(长)—length(长度)、give(给)—gift(礼物)。

汉代开始,用复合法构造的双音词开始增多,南北朝以后新词中复合双音词已占绝对优势,单音孳生法已基本不再使用。复合双音词占据优势的一个原因是,魏晋之后汉语的语音系统大大简化,许多原来不同音的词魏晋之后变得同音了。人们在运用语言表达思想、进行交际的时候,用词总是力求经济、明确,避免可能的混淆。语言中同音词过多会给交际带来一些麻烦,例如《现代汉语词典》(第 7 版)中读 jiàn 这个音的词(包括语素)有 33 个,光说一个音节 jiàn,就不知道是"见"还是"建""剑""箭""践""渐"……为了使语言能有效地表达思想,避免同音混淆带来的歧义,汉语在发展过程中就用复音词来替换单音词,如用"看见"替换"见",用"践踏"替换"践",用"宝剑"替换"剑",用"逐渐""渐渐"替换"渐",等等。语言表达的精密化也会引起大量双音词的产生:同一个动词"保",古代可以表达很多意思,不易区分,现在分别说成"保护""保卫""保存""保养""保持""担保"等。

值得注意的是,南北朝之后的许多双音组合形式,其实在更早的时期就已出现,只是身份上原来是短语而后来变成词了。比如,"堕落"在《诗·召南·摽有梅》毛传中就已经出现:"盛极则堕落者,梅也",但那时的"堕落"还是由表示"向下掉落"的两个近义单音词构成的并列词组;后来两词根的搭配逐渐凝固,表示的意义逐渐抽象化为"道德品行变坏","堕落"也就从词组变成了词。①

复合双音词的大量出现使得汉语的词汇系统发生了重大的变化,单音词占优势的汉语因此而变成了双音词占优势。

三、词义的演变

词义的演变是指词的形式不变,而意义发生了变化。

名词所指称的事物的具体样态可能随着时代的变化而变化。比如,"笔"的具体所指古今不同,这方面的变化属于概念的外延性的变化,而不是内涵性的变化,"笔"作为书写工具的内涵始终未变。同理,"房屋"的具体形制虽然有很多变化,但是"房屋"作为人居住的建筑物的内涵却没有变化。外延性的变化与社会文化的演进有关,很难从语言学上加以概括,因而一般被排除在词义演变研究之外。词义演变研究一般针对的是词义内涵上的变化。词义内涵没有变化就可以说词义没有变化。

1.词义演变的结果

从词义演变的结果看,新义不外是旧义的扩大、缩小或转移。

一个词的词义,如果演变后所概括反映的现实现象的范围比原来的大,这就是词义的扩大。比如,汉语的"江"原来专指长江,"河"原来专指黄河,现在"江""河"泛指河流,这就是词义的扩大。再如,"菜"原来指蔬菜,后来连肉类也包括进去,到菜市场买菜,或者在饭馆里叫菜,都是荤素全在内,否则得特别声明要"素菜"。"墨水"原来只指作为书写工具的黑色液体,现在则指各种颜色的这种液体,人们可以说"红墨水""蓝墨水""蓝黑墨水"等。英语的 arrive 原来是靠岸的意思,现在泛指到达,不管是经由水道、陆路还是经由航空路线的到达。place 原来只指"大街""广场",现在泛指一切地方。这些都是词义扩大的例子。

如果演变后的词义所反映的现实现象的范围比原来的小,这就是词义的缩小。例如,汉语的"瓦"原来指一切烧过的土器,现在只指屋顶上盖的那种烧过的片状土器。"丈人"原来是年长的人的通称,现在专指岳父。"臭"原指一切气味,包括香味和臭味,因此古人可以说"其臭如兰"(《易·系辞上》),现在只指臭味。"谷"原来是谷类的总名,现在北方只指粟(去皮后为小米),南方专指稻谷。俄语的 ružě 本来是各种武器的总称,现在只

---

① 更多的例子、更详细的讨论请参看董秀芳《词汇化:汉语双音词的衍生和发展》(修订本),商务印书馆,2011年。

指枪这种武器。英语的 meat 原来指食品,现在只指肉;deer 最初的意义是动物,现在只指鹿。这些例子演变后的词义比演变前狭窄,都属于词义的缩小。

如果原来的词义表示某类现实现象,后来改变为表示另一类现实现象,这种演变就是词义的转移。例如,汉语中的"步"原来指行走,今天的"徒步""安步当车"中还保存这个意义,后来指脚步(原先是跨出一脚再跨出一脚的距离叫"步",现在指只跨出一脚的距离)。"听"原来指用耳闻声,现在有些方言指用鼻闻味儿。"涕"原指眼泪,如"哭泣无涕,中心不戚"(《庄子·大宗师》),到了西汉时期,"涕"已转指鼻涕,如"目泪下落,鼻涕长一尺"(王褒《僮约》)。俄语的 glaz 本来指鹅卵石,后来指发亮的圆珠,现在指眼睛。英语的 book 原来是一种树木的名称,即山毛榉,这种树的皮在古代曾经用作书写的材料,现在 book 就用来表示写成的书了。英语的 pen、俄语的 pero、法语的 plume、德语的 Feder,原指羽毛,因为人们曾经用羽毛来作为书写工具,因而后来就用来指钢笔。这些都是用原来指称甲的词来指称乙,都是词义转移的例子。

词义发生变化后,如果原来的意义仍然保留,则形成多义词。比如,"火"原来指"物体燃烧时所发的光和焰",后来引申出"指枪炮弹药""火气""形容红色""形容紧急""怒气""比喻发怒""兴旺;兴隆"等意义,而且,这些意义都在现代汉语中使用,"火"就成了一个多义词。

2.词义演变的系统性

词语处在语义场中,语义场中的成员形成一个小的语义系统,彼此之间有关联和互动,新成员的加入或旧成员的退出以及成员的词义变化都会影响到其他成员的词义。

比如,"吃"在近代汉语中支配的对象不限于固体食物,液体饮料、流体食物都可以用"吃",在《水浒传》等小说中,"吃酒"之类的说法比比皆是。后来由于"喝"分担了"吃"的一部分意义,"吃"的对象才只限于固体食物。

又如,在洗涤语义场中,古汉语中的动词比较多,根据所洗涤的不同对象,可以使用不同的动词。比如,"沐"表示洗头,"浴"表示洗身,"盥"表示洗手,"漱"表示含水洗荡口腔,"沬"表示洗脸,"浣"表示洗衣,"洗"表示洗脚。到了现代汉语中,能够独立运用的洗涤动词基本只剩下"洗"和"漱"了,"洗"的使用最为普遍,可以搭配很多不同的对象。

再如,在行走语义场中,"走"从跑义变成了步行义,成为现代汉语中表示步行的最常用的动词。受其影响,原本表示步行的"行"在这一义项上从自由动词降格为黏着语素,原本表示步行的"步"则在口语中失去了动词用法,主要用作名词和量词了。

3. 词义演变的规律性

词义扩大、词义缩小和词义转移,其实只是词义变化的三种逻辑可能性,不能从本质上反映词义演变的特点。而且,词义扩大和词义缩小是方向相反的变化,如果只是罗列这样的变化结果,就会让人感觉词义的演变似乎是随机的、没有规律的。

实际上,词义的演变是非常有规律的。词义演变的规律性表现在具有共同语义基础的词往往会发生相似的语义引申。同义词和反义词以属于同一语义领域为前提,因此有着共同的语义基础,所以,同义词和反义词在词义演变上往往表现出相似的演变路径。比如:

熟:食物熟——植物成熟——熟习——熟悉
生:食物生——植物不成熟——不熟习——陌生
清:水清——(声音)清脆——清高
浊:水混浊——(声音)重浊——恶浊
冷:温度——冷静(较早就有此义)
热:温度——头脑发热(出现较晚)

以上例子显示了三对反义词出现了类似的语义引申。

下面再看同义词出现类似语义引申的例子。比如,"叫"和"喊"在下列一系列义项上都表现出同义关系,表明它们经历了同样的语义引申:

发出大的声音:大叫/大喊
称呼:叫妈妈/喊妈妈
呼唤,招呼:有人叫你/有人喊你
　　　　　　把他们都叫到这来/把他们都喊到这来
让:叫他做/喊他做(四川方言)

再比如,在汉语中,表示"喜爱"义的心理动词经常转变为表示"容易"义或"经常"义的副词,表示发生某种情况的可能性大,但没有发现反向演变的情况:

爱

(8) 爱人者,人恒爱之;敬人者,人恒敬之。(《孟子·离娄下》)(动词:喜爱)

(9) 时时爱被翁婆怪,往往频遭伯叔嗔。(《敦煌变文校注·父母恩重经讲经文(一)》)(副词:相当于"容易"或"经常")

好

(10) 吾未见好德如好色者也。(《论语·子罕》)(动词:喜爱)

(11) 人事好乖,便当语离。(陶渊明《答庞参军诗·序》)(副词:相当于"容易")

喜

(12) 我有嘉宾,中心喜之。(《诗·小雅·彤弓》)(动词:喜爱)

(13) 人命难知,计算喜错。(《百喻经·婆罗门杀子喻》)(副词:相当于"容易")

有些语义引申路径具有跨语言的普遍性,比如从空间到时间的引申。在很多语言中都会发现,一些原本表示空间义的词语在语义引申中获得了表示时间的意义。比如,"前""后"既可以表示空间,可以说"房子前""房子后",也可以表示时间,可以说"三天前""三天后",表示时间的用法是从表示空间的用法引申而来。英语 be going to 最初表示的是在空间中的位移,如 He is going to the market,后来演变出表示将来时的用法,如 He is going to think about it。从生理域到心理域的语义引申在语言中也很常见。比如,"苦"既可以表示味觉上的苦味,如"这种菜很苦",也可以表示"辛苦""痛苦"等心理感受,如"他这几年的生活很苦"。英语的 bitter 一词也有同样的语义引申,表示生理域的用法如 The leaves taste rather bitter,表示心理域的用法如 Losing the match was a bitter disappointment for the team。

词义演变最主要的机制是隐喻和转喻。基于隐喻的引申着眼点在于相似性,基于转喻的引申着眼点在于相关性。因为隐喻和转喻是两种最为普遍的认知机制,所以词义演变才表现出一些跨语言的共性和规律性。

探求词义演变的路径与规律是当前语言演变研究的一个热点。